W0229884

ANZUG UND EROS

ANNE HOLLANDER

Anzug und Eros

EINE GESCHICHTE
DER MODERNEN KLEIDUNG

AUS DEM AMERIKANISCHEN
VON NELE LÖW-BEER

BERLIN VERLAG

Die amerikanische Ausgabe mit dem Titel
Sex and Suits
erschien 1994 bei
Alfred A. Knopf in New York
© 1994 by Anne Hollander
Für die deutsche Ausgabe
© 1995 Berlin Verlag
Verlagsbeteiligungsgesellschaft mbH & Co KG
Berlin
Alle Rechte vorbehalten
Umschlaggestaltung:
Nina Rothfos und Patrick Gabler, Hamburg
Gesetzt aus der Apollo und der Shelley Andante
Druck & Bindung: F. Pustet, Regensburg
Printed in Germany 1995
ISBN 3-8270-0177-3

Gedruckt auf chlor- und säurefreiem Papier

Inhalt

EINLEITUNG

Sex und moderne Form   11
Was Mode ist   22

DAS WERK DER MODE

Mode, Nicht-Mode und Anti-Mode   31
Bedeutung in der Mode   46
Form und Sexualität   54
Frühe Modegeschichte   69
Spätere Veränderungen   82
Weibliche Kreativität   92

DIE GENESE DES ANZUGS

Die große Wasserscheide   105
Vernunft und Phantasie   118
Nüchternheit und Einfachheit   128
Antike natürliche Nacktheit   136
Helden in Wolle   143
Klassizistische Erotik   151
Konfektionierte Männer   164
Der einstige und künftige Anzug   177

DIE MODERNE

Worth und seine Wirkung 187

Die Reform der Frauen 204

Stützen 219

Die Frauen neu entwerfen 226

Moderne Verwandlungen 239

Neuere Revolutionen 258

HEUTE

Informalitäten 271

Geschlechter 280

Enthüllungen 285

Ängste 292

Wahrnehmungen 300

ANHANG

Ausgewählte Bibliographie 311

Verzeichnis der Illustrationen 314

Namensregister 317

IN ERINNERUNG AN MEINE MUTTER
JEAN BASSETT LOESER

Einleitung

SEX UND MODERNE FORM

OBWOHL MÄNNLICHE STAATSOBERHÄUPTER ANZÜGE bei Gipfelkonferenzen tragen, männliche Stellenbewerber sie zu Vorstellungsgesprächen und Männer, die der Vergewaltigung und des Mordes angeklagt sind, sie vor Gericht tragen, um ihre Chancen auf Freispruch zu verbessern, wird das Hosen-Jacke-Hemd-und-Krawatte-Kostüm, sei es formell oder informell, häufig als langweilig bezeichnet oder gar noch abfälliger beurteilt. Wie andere besondere und einfache Dinge, ohne die wir nicht auskommen können, haben die Anzüge der Männer in letzter Zeit einen ärgerlichen ästhetischen Beigeschmack angenommen, ich würde sagen, eine irritierende *Perfektion*. Ihre subtile Schönheit ist oft ein Affront gegen postmoderne Empfindlichkeiten, gegen Augen und Geist, die auf das rauhe und turbulente Klima des späten 20. Jahrhunderts eingestimmt sind. Die gegenwärtigen Triebkräfte des Jahrtausendendes neigen, was Stil und Politik anbelangt, zur Desintegration; die Anzüge der Männer sind jedoch weder postmodern noch minimalistisch, weder multikulturell noch konfessionell – sie sind gnadenlos modern, im besten klassischen Sinne. Sie scheinen überdies zu überleben, trotz ihrer augenblicklich schlechten Presse und einem unleugbaren Rückgang der Verkaufszahlen in ökonomisch schwierigen Zeiten.

Die folgenden Überlegungen haben sich aus der Betrachtung der maßgefertigten Bekleidung moderner Männer ergeben. Damit meine ich insbesondere Anzüge, aber allgemein auch die gesamte Bandbreite eleganter Jacken, Hosen, Westen, Mäntel, Hemden und Krawatten, die die männliche Standardkleidung überall auf der Welt ausmachen. Warum hat dieses Schema der Schneiderkunst so lange überdauert? Was macht seine stilistische Kraft und Dauerhaftigkeit aus? Was hat die Herrenschneiderei mit moderner männlicher und weiblicher Sexualität zu tun? Welchen Bezug hat sie zum modernen Design von Kleidern oder Sonstigem? Warum haben Frauen seit ihrer Erfindung so verzweifelt versucht, sie zu kopieren? Und was ist ihre Zukunft?

Jedermann weiß, daß Kleidung ein soziales Phänomen ist; Veränderungen in der Kleidung *sind* soziale Veränderungen. Es heißt weiter, daß politische und soziale Veränderungen sich in der Kleidung spiegeln; da aber Anzüge seit zweihundert Jahren faktisch gleichgeblieben sind, muß ihre Kontinuität etwas anderes bedeuten. Ich glaube, daß die Widerstandskraft der Herrenbekleidung zeigt, daß eine visuelle Form ihre eigene Autorität haben kann, ihre eigene, sich selbst perpetuierende symbolische und emotionale Kraft. Das ist eine moderne Einsicht, und genau in der Art, wie moderne Anzüge aussehen, kommt dieser Gedanke zum Ausdruck. Er wird durch ihren spezifisch abstrakten formalen Charakter erläutert – dadurch, daß sie so aussehen, wie sie sind, auch wenn ihr Stil sich immer leicht verändert. Trotz der Verschiedenartigkeit der einzelnen Exemplare bringt ihre Botschaft einer rein formalen Kontinuität der heutigen Welt anscheinend immer noch tiefe Befriedigung.

Indem die Herrenbekleidung gleich blieb, obwohl sie ständig innere Veränderungen durchmachte, wurde sie zunehmend erfolgreicher und wertvoller, statt ihre Kraft oder Gültigkeit zu verlieren. Sie hat an Autorität gewonnen, statt ihre Kraft während der zwei Jahrhunderte der ständigen Veränderungen zu vergeuden, so daß sie die Erwartungen mehr und mehr zufriedenstellte. Da die geschneider-

ten Anzüge nicht verschwanden, sondern statt dessen den
Standort und ihren visuellen Akzent und außerdem ihre
soziale und sexuelle Bedeutung wechselten, erwiesen sie
sich als unendlich dynamisch, verkörperten eine eigene modische Energie. Die Rebellion gegen eine derartig beharr-
liche Stärke ist nur natürlich, besonders im gegenwärtigen
Klima unserer Zeit, auffallend ist aber, daß jetzt einfach das
Tragen von Anzügen vermieden, nicht aber ihr Design verändert oder aufgegeben wird. Im Bereich des Designs selbst
wird seine Autorität vorläufig umgangen, nicht angegriffen,
und ein direkter Angriff wäre meiner Ansicht nach aus-
sichtslos. Ein Grund dafür ist, daß Frauen offensichtlich mit
den Motiven männlicher Kleidung noch nicht abgerechnet
haben, selbst wenn einige Männer sich zur Zeit nicht wohl
in ihnen fühlen. Und es steht von dem, was sich bisher und
äußerst vielfältig abzeichnet, noch mehr zu erwarten.

Weit davon entfernt, gut geschnittene Anzüge zusammen
mit anderen älteren Moden, die von der Handwerkstradition übriggeblieben sind, abzuschaffen, waren Fortschritte
in Technologie und ökonomischer Organisation während
der vergangenen zwei Jahrhunderte darauf aus, den Charakter der Herrenbekleidung zu *bewahren* und ihre Ver-
wendbarkeit auszuweiten, sie immer anpassungsfähiger
zu machen. Das gute Aussehen von Herrenanzügen zu
bewahren, war keine absichtlich konservative, antiquierte
Handlung; es ergab sich von selbst, als Reaktion auf eine
kollektive Phantasie, die offenkundig noch immer die Szene
beherrscht.

Es ist meiner Meinung nach die Phantasievorstellung der
modernen Form als dem geeigneten materiellen Gefäß für
Schönheit und Macht, für positive Sexualität. Um alle diese
Dinge gleichzeitig auszudrücken, empfehlen die modernen
Regeln des materiellen Designs, daß alle Linien, Formen
und Abmessungen, wie immer sie arrangiert sind, ein vi-

suelles Modell dynamischer Kohärenz produzieren sollten
statt eines Modells komplexer Pracht oder roher Kraft oder
eines Modells, in dem das letztgenannte durch das erste
überlagert wird. Um einen wahrhaft wirkungsvollen Eindruck zu erzeugen, sollte jeglicher Schmuck einen Teil der
Gesamtkomposition bilden, und alle Materialien sollten
offen und unverstellt sein.

In diesem Jahrhundert wurden, wie alte Modezeichnungen zeigen, die abstrakten Formen und einfachen Texturen
moderner Anzüge mit dem visuellen Vokabular moderner
abstrakter Kunst verknüpft; aber noch eindrucksvoller und
konsistenter fanden sie Eingang in die formale Autorität
modernen praktischen Designs. Ein wichtiger Aspekt, der
ihnen weiterhin eigen ist, ist ihre erotische Ausstrahlung,
sie wirken selbstsicher und kraftvoll. Anzüge sind immer
noch sexy, genauso wie Autos und Flugzeuge. Ein Geheimnis ihrer erotischen Anziehungskraft ist die einheitliche
Lässigkeit, die an das natürliche Kleid von Tieren erinnert.
Panther und Gazellen werden in der visuellen Werbung oft
auch mit Autos verglichen; ihre gutsitzenden »Anzüge«, die
allen Exemplaren eine gute Figur verleihen, sind ideal für
eine moderne Art des Bekleidungsdesigns, das versucht, die
Effizienz und Eleganz der Natur nachzuahmen. Denn die
Natur schreibt vor, daß Menschen durch Kleidung vervollständigt und nicht nackt in ihrer eigenen ungenügenden
Haut belassen werden.

DAS VERLANGEN NACH ZWINGENDER INTEGRITÄT DES DESIGNS
scheint sich in der westlichen Welt in der zweiten Hälfte
des 18. Jahrhunderts entwickelt zu haben, nach der Verabschiedung des Rokoko und mit der Entstehung der Aufklärung. Die klassische Herrenbekleidung, die uns heute so
universell vertraut ist, entstammt dem Klassizismus. Sie
wurde zwischen 1780 und 1820 erfunden und perfektio-

niert, zu dem Zeitpunkt, als die einfachsten visuellen Motive im klassischen Design die Kraft und Klarheit der griechischen Demokratie und der römischen Technologie suggerierten. Beide gewannen erotischen wie politischen Reiz; fundamental Griechisches oder Römisches erschien als die richtige Form, in die man die verschiedenen neuen sozialen und emotionalen Bestrebungen des Augenblicks gießen sollte.

Dieselbe Phantasie tauchte in dem Jahrhundert in Kunst und Design auf, in dem der moderne Stil – der nach dem Niedergang des viktorianischen Geschmacks und in Verbindung mit industrieller Expansion und praktischer Demokratie – erfunden wurde. Die moderne materielle Version hatte Ursprünge und Ziele, die sich von der klassizistischen unterschieden; aber im Bereich der Herrenbekleidung – und nicht in der Architektur, dem Wohndesign oder der Damenmode – haben dieselben Formen bis heute Bestand, trotz der Eingriffe und Veränderungen der Spätromantik, der viktorianischen Zeit und des Jugendstils.

Anzüge behielten ihren männlichen sexuellen Reiz, der anscheinend der kumulativen Kraft der Form selbst innewohnte. Obwohl die Mode das Schnittmuster ständig veränderte, wurde es nie aufgegeben oder radikal umgestaltet. Es waren der Kontext und die Konnotationen von Herrenanzügen, die sich veränderten, nicht ihre Grundform. Rhetorische Äußerungen haben ihnen immer wieder neue Bedeutungen hinzugefügt; ein Großteil davon war auch in anderen Zeiten als der unseren unfreundlich, dennoch blieb der Anzug in seiner Form erhalten.

ICH HABE DIE MODERNE HERRENBEKLEIDUNG ZUR GRUNDLAGE meiner Geschichte gemacht, weil ich zu der Überzeugung gekommen bin, daß im gesamten Verlauf der Geschichte der Mode die männliche Bekleidung immer eindeutig fortschrittlicher war als die weibliche, und sie hatte die Tendenz, Vorbild zu sein, den Standard zu setzen, ästhetische Vorschläge zu machen, auf die die weibliche Mode reagierte. Die Bekleidung der Männer war seit dem Mittelalter formal interessanter und innovativer und weniger konservativ als die der Frauen, und ich finde, daß die Erfindung moderner Anzüge ein gutes Beispiel für genau diesen Trend ist. Aber ich glaube auch, daß jede richtige Darstellung der Kleidung beide Geschlechter zusammen im Auge haben muß, was ich in meinen folgenden Betrachtungen auch tun werde.

In der modernen Mode ist die sexuelle Konnotation ausschlaggebend; Kleider wenden sich zuallererst an das Ich, und erst danach an die Welt. Kleine Kinder lernen, daß Kleider ihnen eine private Identität geben, Vorstellungen vom eigenen Körper definieren, die mit eigenen Vorstellungen von Sexualität beginnen. Wenn man diese Definition ausweitet, wird die in der Öffentlichkeit getragene Bekleidung von Erwachsenen schließlich zu einer reziproken sexuellen Geste in einer generell zweigeschlechtlichen Welt. Die zur Zeit weitverbreitete Aufregung über Transvestismus zeigt nur, wie fest wir immer noch an die symbolische Trennung der Bekleidung von Männern und Frauen glauben, obwohl sie sich doch zu vielen Gelegenheiten gleich anziehen.

ABER GANZ EGAL WIE ÄHNLICH ODER WIE VERSCHIEDEN DIE Kleidung von Männern und Frauen scheinen mag, das Arrangement der einen wird immer im Hinblick auf die andere gemacht. Männliche und weibliche Kleidung zusammengenommen illustrieren, wie sich die Menschen die Beziehung zwischen Männern und Frauen wünschen, abgesehen davon, daß sie auf den jeweiligen Frieden hinweisen, den jedes Geschlecht, wann auch immer, mit der Mode oder mit den Sitten macht. Ohne sich anzusehen, was Männer tragen, ist es unmöglich, die Kleidung der Frauen zu verstehen und umgekehrt. Die Geschichte der Kleidung, einschließlich ihrer gegenwärtigen Geschichte, muß insofern als Duett von Männern und Frauen wahrgenommen werden, die auf derselben Bühne spielen. Es mag eine Zeit kommen, in der nicht mehr die Vorstellung herrschen wird, daß die Mode in zwei geschlechtliche Hauptkategorien aufgeteilt wird; aber einstweilen ist es noch so.

ZUR ZEIT DES KLASSIZISMUS LEGTEN ANZÜGE ENDGÜLTIG fest, daß auffallende Kleidung für ernsthafte Männer, gleich welcher Klasse, zu mißbilligen war. Zugleich bestätigten sie eine verschärfte visuelle Trennung zwischen der Bekleidung von Männern und Frauen, gleich welcher Klasse. Die klaren, einfachen Formen des modernen Designs, wie sie zuerst für die klassizistische Architektur konzipiert waren, wurden als naturwüchsig männlich wahrgenommen. Die ästhetische Theorie jener Zeit ist voll von Worten wie »viril« oder »muskulös«, sie dienten der Beschreibung des Charakters von Gebäuden, die mit der neuen, auf antiken Vorbildern beruhenden Einfachheit der Form erschaffen wurden. Eine Analogie in bezug auf Bekleidung würde sich daher im männlichen zivilen Kostüm und nicht in der weiblichen Mode finden. Es verstand sich seit langem von selbst, daß Frauen den einst beiden Geschlechtern gemeinsamen alten Gewohnheiten des Sich-Schmückens nachkamen, die man nach wie vor für ihr bleibendes Privileg, vielleicht sogar für ihre Pflicht hielt, und die abwechslungsreiche Prachtentfaltung der Frauen war eine Sache, die ihre Kleidung essentiell *konservativer* als die der Männer machte. Zur Zeit des Klassizismus waren es Männer, nicht Frauen, die einen radikalen Sprung in die Moderne machten.

Diese Periode fiel mit dem Beginn der Romantik zusammen, als eine starke Spannung zwischen den Geschlechtern

imaginativ notwendig war, und die unterschiedlichen Klei-
dermoden der beiden Geschlechter illustrieren diese Vorstellung sehr deutlich. Aus dieser kurzen Epoche (und
gewissen Tendenzen in der vorhergehenden Generation)
datiert die Sitte, nur Frauen in farbige, geschmückte Kostüme zu stecken und Männer in einfache, dunkle, un-
dekorierte Formen zu kleiden. Danach sollte sich die Mode,
die Mode der modernen Welt, zum ersten Mal in ihrer jahr-
hundertealten Geschichte auf einer deutlich geteilten Spur
bewegen, zwei separate Wege einschlagen, die erst heute
wieder zu konvergieren beginnen. Damals entwickelten
sich die Unterschiede zwischen männlicher und weiblicher
Kleidung sprunghafter als je zuvor. Das prägte die gesamte
Moderne bis zur desintegrativen Epoche der Gegenwart.

Vergleicht man die Geschichte der Kleidung vor 1800 mit
dem, was danach kam, wird deutlich, was die Modernität
der Schneiderei ausmacht und durch welche Qualitäten sich
die Kleidung der modernen Welt auszeichnet. Das Kleid der
Frau erhebt immer einen starken, fast theatralischen visuellen Anspruch, aber das Kostüm der Männer setzt den wirklichen Standard. Das geschneiderte Kostüm, auf das ich
mich beziehe, schließt überdies die informelleren Versionen
ein, die sportliche und die ländliche Freizeitbekleidung, die
sich die Szene mit der formellen städtischen Bekleidung für
Arbeit und Spiel teilte. Arbeitskleidung, die Jacken der
Holzfäller und die Jeans der Viehtreiber, ebenfalls Teil des
allgemeinen Schemas, entwickelten sich zur gleichen Zeit,
im frühen 19. Jahrhundert. Männliche Kleidungsstücke, die
beim Golfspiel und Tennis oder bei der Jagd, zum Schießen,
Segeln oder Fischen getragen wurden, gehören ebenfalls
hierher, wenn sie sich auch vom Standpunkt der strikten
gesellschaftlichen Verwendung eindeutig unterschieden.
Graduelle »Modernisierungen« des weiblichen Kostüms seit
1800 bestanden hauptsächlich in dem Versuch, sich dem

männlichen Ideal stärker anzunähern, eine Auswahl seiner
Motive zu verwenden.

Dieses Ideal bietet eine vollständige Hülle für den Körper, die dennoch aus separaten, in unterschiedlichen Lagen
angeordneten Einzelteilen besteht. Arme, Beine und Gesäß werden sichtbar markiert, aber nicht eng umschlossen,
so daß schwungvolle Bewegungen keinen unangenehmen
Druck auf Nähte oder Verschlüsse ausüben und die Unre-
gelmäßigkeiten der individuellen Körperoberfläche harmonisch überspielt, doch nie emphatisch modelliert werden.
Die einzelnen Teile des Kostüms überlappen einander, statt
aneinander befestigt zu sein, was große körperliche Bewe-
gungsfreiheit ermöglicht, ohne daß peinliche Lücken in
der Komposition aufklaffen. Das gesamte Kostüm kann sich
so auf natürliche Weise ordnen, wenn der Körper aufhört,
sich zu bewegen, so daß es nach einem schnellen Schlag
oder plötzlichen Kampf mühelos wieder ins Gleichgewicht
kommt. Zugleich bewirkt lässiges Räkeln, daß das Kostüm
attraktiv zufällige Falten bekommt, die eine gleitende Abfolge von graziösen Noten für den Körper in Ruhestellung
bilden und die auch gefällig wieder eine glatte Form
annehmen, wenn der Träger sich schnell aufrichten und
wieder gerade stehen muß.

Das Kostüm ist somit gleichzeitig gesellschaftlich formell
und informell, es gehorcht dem Fluß der Umstände. Dekorative Elemente sind in das Gesamtschema integriert, so
daß nichts hervorsteht, herunterrutscht, sich verdreht, ge-
quetscht wird, erschlafft oder an irgend etwas hängen-
bleibt. All dies verbindet eine Harmonie unabhängigen
Designs mit angenehmen Gebrauchseigenschaften und einer
wirklichkeitsgetreuen Wiedergabe der darunterliegenden
körperlichen Form und Bewegung. Es schmeichelt dem
Träger in jeder Hinsicht, weil es nicht auf spezifischen körperlichen Details besteht. Es reflektiert die modernen ästhe-

tischen Prinzipien, die im späten 18. Jahrhundert aus den klassizistischen Bestrebungen abgeleitet wurden – geradeso wie die modernen demokratischen Triebkräfte. Ebenso wie sie (zum Beispiel in der Verfassung der Vereinigten Staaten) propagiert es das Ideal der sich selbst perpetuierenden Ordnung, die flexibel und fast unbegrenzt variabel ist.

Im Gegensatz dazu verwies die Damenmode nach 1800 durchgängig auf ganz andere Ideen, von denen keine im geringsten modern war, sondern meistens einer ziemlich alten und sehr allgemeinen Schneidertradition folgten. Die Wirkung bewußter Zurschaustellung gibt den Ton an, unterstützt durch die Wirkung bewußter Anstrengungen, die zu diesem Zweck unternommen wurden – komplizierter Kopfputz, problematisches Schuhwerk, Kosmetik, äußerliche Schmuckelemente und Accessoires, Einengendes und Ausladendes. Ich möchte betonen, daß dieses Schema den vorgeschriebenen Charakter der Eleganz vergangener Epochen für *beide Geschlechter* in der ganzen Welt verkörperte, im modischen wie im traditionellen folkloristischen Stil allenthalben, und für alle Personen, die sich ihrer Würde bewußt waren, in den meisten Gesellschaftsschichten galt.

Die Frauenkleider des 19. und 20. Jahrhunderts hielten daran einfach fest. Sie demonstrierten weiterhin den primären und häufig geheiligten ursprünglichen Zweck der Kleidung, nämlich mit selbst auferlegten und auffälligen körperlichen Applikationen – zu denen Verbiegungen und Verunstaltungen gehören konnten – die spirituellen Bestrebungen, die imaginativen Projektionen und die praktischen Opfer zu repräsentieren, durch die sich ihrer selbst bewußte Erwachsene von sorglosen Kindern und unschuldigen Tieren unterscheiden. Das ist eine große und bedeutende Idee, aber sie ist nicht modern.

An den Frauenkleidern war nichts modern, bis sich nach und nach die weibliche Imitation des modernen männlichen

Schemas im Laufe dieses Jahrhunderts durchsetzte. Emanzipierte Frauen, die versuchten, ihre Kleidung zu modernisieren, fanden keinen besseren Weg, als das zu imitieren, was Männer ein Jahrhundert vorher getan hatten: die Idee einer locker sitzenden Hülle zu kopieren, die ihre eigene klargeschnittene Form vorzeigte, während sie die Form des Körpers darunter andeutete und die konzertierte Bewegung von erdachtem Kleid und lebendem Körper gestattete. Die Frauenkleidung der zwanziger und dreißiger Jahre verwirklichte tatsächlich dieses moderne Ideal, aber sie hielt am unterscheidbaren femininen Schema fest. Die Geschlechter waren weiterhin traditionell voneinander unterschieden. Die alte universelle Meinung, man müsse sich sichtbar Mühe geben, um gut angezogen zu sein, herrschte in der modernen Damenmode fort und förderte die Kuriositäten und Varianten, die im wesentlichen eine sehr alte Geschichte erzählen. Männer konnten also während dieser ganzen Periode nichts grundlegend Neues und Interessantes aus der Frauenkleidung lernen; ihre Modernisierung war bereits komplett. Sie hatten Kosmetik, sorgfältig gelocktes Haar, problematische Schuhe und kompliziertes schmückendes Beiwerk seit langem hinter sich gelassen. Die Mode für Männer fuhr statt dessen fort, das klassizistische Schnittkonzept zu modifizieren. Es gab zwar einige interessante Fortschritte, die aber üblicherweise (geradeso wie das ursprüngliche Schema) von männlicher Sportkleidung, Arbeitskleidung und Marineuniformen inspiriert waren. Das männliche Kostüm, das dem modernen Look des mühelos zu integrierenden formalen Designs verpflichtet war, hatte die Tendenz, jegliche Unbequemlichkeit und Mühe, die es dem Träger bereiten könnte, zu verbergen.

WAS MODE IST

TEILWEISE ALS REAKTION AUF DIE GROSSE KLUFT, DIE DIE Geschlechter während der letzten zwei Jahrhunderte trennte, hat die Definition von Mode eine scharfe Reduktion erlebt. Mit der Durchsetzung der kollektiven Gewißheit, daß mächtige Männer sich nüchtern und einander ähnlich anziehen mußten und die Kleidung der Frauen die ganze Last bewußter persönlicher Phantasie zu tragen hatte, wurde die Mode zur »Mode«, zu einer der riesigen neuen Industrien, die speziell auf weibliche Konsumenten zielen, statt etwas zu sein, an dem Männer und Frauen dasselbe Interesse zeigten.

Am Ende des 20. Jahrhunderts bedeutet »Mode« immer noch hauptsächlich die Veränderung von Frauenkleidung, die in Konzeption und Vermarktung genauso wahrgenommen wird wie das Unterhaltungsgewerbe, und manchmal in Verbindung mit ihm. »Mode« ist das, was in den Medien und in den Designer-Kollektionen in Geschäften unter diesem Namen erscheint, nachdem sie sich zuerst auf dem Laufsteg präsentiert hat. Wie im gesamten Showbusineß wird sie mit berühmten Namen und deren berühmten Charakteristika in Verbindung gebracht. Die Stars der »Mode« erscheinen, gedeihen und verblassen, neue Posen und Themen blühen, bis sie von anderen zugedeckt oder überlagert werden, und alles vollzieht sich im Kontext des großen und aufregenden Unternehmerrisikos. Frauen nehmen »Mode« ernst oder auch nicht, je nach ihrem Lebensstil, ihren Mitteln und Ansichten. Jede Frau kann die Mode ignorieren, hat aber auch jederzeit das Recht, sie mitzumachen.

Die Kleidung der Männer ist offenkundig nicht direkt Teil der »Mode«, da »Herrenmode« eine anerkannte Unterabteilung ist und kaum den Ruhm und die Resonanz hat, die der »Mode« eigen ist. Es werden mittlerweile einige Anstrengungen unternommen, das Verhältnis auszugleichen und etwas Aufregenderes aus der »Herrenmode« zu machen, aber bis dahin ist es noch ein langer Weg. Die meisten Männer ignorieren noch immer, entsprechend den Regeln der Moderne, die »Herrenmode« in ihren Showbusineß-Aspekten, und sie haben das Gefühl, daß sie ihnen nicht wirklich zur Verfügung steht, nicht wirklich an sie adressiert ist. Nach allgemeiner Vorstellung interessiert sie nur wenige Männer, die darüber hinaus nicht wichtig sind. Sehr auffällige und bizarre männliche Bekleidung wird andererseits stets und vor allem von denjenigen getragen, die keine Macht haben, von denen, die sich nicht im Zentrum des Lebens bewegen. Sie wird jedoch für die Mainstream-Mode aller Männer immer wichtiger, was mit einer wachsenden Unzufriedenheit mit der traditionellen männlichen Modernität einhergeht.

Jeder muß sich fortwährend morgens anziehen und sich an die tägliche Arbeit machen. Was jedermann dabei trägt, hat in der westlichen Welt in siebenhundert Jahren verschiedene Formen angenommen, und das ist und war die Mode, wie ich sie ohne Anführungsstriche verstehe. Die Mode hat beide Geschlechter in gleicher Weise betroffen, und niemand, der Augen hat, kann ihr entkommen; sie ist jetzt der allgemeine Zustand aller westlichen Kleidung, was sie zunehmend seit der frühen Neuzeit geworden ist. Sie manifestiert sich ganz unterschiedlich, so daß viele verschiedene Moden, kleine und große, zur gleichen Zeit florieren. Meistens macht man in der Mode mit, nicht um modisch, sondern um richtig auszusehen. »Modisch sein« ist eine sehr bewußt erreichte Art, zu jeder beliebigen Zeit

und an jedem Ort modisch – das heißt richtig – auszusehen.

Die Wechselhaftigkeit des Urteils darüber, was richtig
aussieht, ist nicht neu und war nie bewußt zu dem Zweck
erzeugt, Frauen den männlichen Willen oder der Bevöl-
kerung den kapitalistischen Willen oder dem öffentlichen
Geschmack den Willen der Designer aufzuzwingen. Lange
vor der Zeit der Industriemode erfreute sich die stilistische
Bewegung in der westlichen Kleidung einer tiefen emotionalen Bedeutung, gab dem Leben der Menschen eine dynamisch poetische, visuelle Form und machte die westliche
Mode in der ganzen Welt verbindlich. Mit dem neuen glo-
balen Bewußtsein übt sie jetzt einen Reiz auf Zivilisationen
aus, die nie eine Geschichte modischer Zyklen hatten und
die stolz darauf waren, sie nicht zu haben. Die Mode hat ihre
eigene manifeste Tugend, die mit den Tugenden der individuellen Freiheit und der unzensierten Phantasie, die
noch immer den demokratischen Idealen zugrunde liegen,
zusammenhängt.

Uns ist mittlerweile die Vorstellung geläufig, daß profes-
sionelle Designer bewußt die Mode erfinden, damit die
Bekleidungsindustrie sie produziert, so wie die Filmstudios
die Arbeit der Drehbuchautoren und Regisseure umsetzen.
Wem die spezifische Ehre für die außerordentlichen Phänomene der Mode in der Vergangenheit zusteht, ist recht
schwer festzustellen; sie florierte und veränderte sich lange,
bevor sie einer individuellen kreativen Anstrengung zugeschrieben wurde. Sechs Jahrhunderte lang wurden für die
Kleidung der Bauern, Bürger oder Adeligen keine Individuen verantwortlich gemacht – entweder die Mode oder
die Sitte schufen die Form. Uns sind nur Anekdoten über
flüchtige Eeffekte geblieben, die – von einer königlichen
Mätresse oder einem politischen Star eingeführt – für eine
bestimmte Zeit Mode wurden. Bis gegen Ende des 18. Jahr-

hunderts wurde keinem phantasievollen Handwerker irgendein Verdienst in der Mode zugerechnet. Dann wurde
Rose Bertin dafür berühmt, daß sie die Toilette von Marie-
Antoinette herrichtete. Diese Königin war natürlich berühmt für ihre Eitelkeit und rücksichtslose Verschwendung,
und sie brauchte eine Komplizin, die dann auch ihren
schlechten Ruf teilte.

Ein genauerer Blick auf das, was bekannte Designer in
der Moderne gemacht haben, zeigt überdies, daß sich ihre
Arbeiten zu jedem beliebigen Zeitpunkt ziemlich gleichen
– genau wie die modischen Phänomene der Vergangenheit.
Die kollektive Phantasie scheint stärker zu sein als die individuelle, und die meisten Designer arbeiten in ihrem
Dienste und nicht in dem ihrer eigenen freien Inspiration.
Innovativer Genius im modernen Kleidungsdesign ist so
selten wie auf allen anderen Gebieten, und die Welt holt
ihn oft erst dann ein, wenn der allgemeine Geschmack es
zuläßt. Inzwischen sind Armeen von Designern am Werk
und demonstrieren, daß die Mode sie beherrscht, genau
wie uns andere auch, und daß es ihr eigentliches Ziel ist,
uns – wenn möglich – mit ihrer spezifischen Version zu
gefallen. Ich werde also so tun, als ob die Mode in der
Kleidung eine Kraft mit eigenem Willen sei, die der kollektive Wunsch westlicher Menschen ins Leben gerufen hat
und die deshalb eine unabhängige Existenz führen kann.
Es scheint so, als ob Designer und Publikum zusammen die
Mode nur auf diesem Weg energisch weitertreiben können.

Der Rest dieser Studie handelt davon, wie Mode ästhetisch
und erotisch funktioniert und funktioniert hat, so daß sie
schließlich Herrenanzüge hervorbrachte, und von dem, was
nach ihrer Erfindung im 19. Jahrhundert passierte; davon,
was später in diesem Jahrhundert mit der Mode und den
Anzügen im Hinblick auf neue Arten des sexuellen Emp-
findens, der Kunst, der Kunst der Mode und des Designs

geschah; davon, wie die Kleidung der Frauen modern wurde und welche Wirkung das hatte; und davon, wie die Kleidung beider Geschlechter heute kurz vor Anbruch des
nächsten Jahrtausends aussieht. Ich werde alle Kleidung als
eine Form künstlerischen Ausdrucks diskutieren, mit derselben Beziehung zum Leben wie die Kunst selbst, mit derselben Verständlichkeit oder Unverständlichkeit. Wenn ich
von Kleidung spreche, befasse ich mich immer entweder mit
Linie und Form oder mit Sex und Poesie, nie aber mit Geld
und Macht. Ich gehe davon aus, daß Sexualität und Phantasie das sind, was ursprünglich die außerordentlichen
Bildformeln produziert hat, die dazu führen können, daß
sich Geld und Macht in Kleidung spiegeln, zusammen mit
den anderen Dingen, die dort gespiegelt werden.

Kleidung zeigt, daß die visuelle Form aus sich selbst heraus existiert, unabhängig von praktischen Kräften in der
Welt, und daß es ihr möglich ist, die Menschen zu befriedigen, sich selbst zu perpetuieren und ihre eigene Wahrheit,
getrennt von linguistischer Referenz und thematischer Anspielung, herzustellen. Formen überleben und werden wieder und wieder in vielen Varianten verwendet, wobei ihre
bleibende visuelle Anziehung verschiedene temporäre Bedeutungen annimmt. Die Sprache der Kleidung ist im wesentlichen sprachlos – sie wurde erschaffen, um jenseits des
bewußten Denkens und Ausdrucks frei operieren zu können. Mode und Kunst zeigen, daß visuelle Befriedigung ihre
eigenen eindeutigen Gesetze hat und daß diese in ihrer imaginativen Sprache mit der Sexualität verwandt sind. Die
Beziehung zwischen der Bilderwelt der Mode und den realen Bedingungen in der Gesellschaft wird also durch den
imaginativen Prozeß verkompliziert, in dem Perversionen
und Verdrängungen stecken, die der einfachen Analyse dessen, was die visuellen Schemata der Mode erschafft, trotzen.
Das Verständnis der Mode wird daher ständig durch die

Rhetorik erschwert, die sie umgibt, durch die emotional oder kommerziell motivierten Bemerkungen, die einen verwandelnden Zauber auf ihre formalen Elemente werfen können. Deshalb wirken Moden oft genauso lächerlich wie ihre Interpretationen.

Das Werk der Mode

MODE, NICHT-MODE UND ANTI-MODE

W AS UNTERSCHEIDET MODE VON ANDEREN FORMEN der Bekleidung? Wie funktionieren die Unterschiede und wie werden sie wahrgenommen? Die Welt hat seit Beginn ihrer Geschichte viele Arten von Bekleidung erfunden. Aber als die Mode im späten Mittelalter auftauchte, war sie anders als alles andere zuvor, denn sie schaffte ein verbindliches System der westlichen Eleganz. Die westliche Mode hat seither ihre einzigartige Methode beibehalten, sich mit dem menschlichen Körper zu befassen. Sie hat eine ereignisreiche visuelle Geschichte erschaffen, die ziemlich wenig mit dem zu tun hat, was ich Nicht-Mode nenne: der Summe der anderen Entwicklungen von Kleidung und Schmuck, die überall auf dem Erdball konzipiert und fortgesetzt wurden. Westliche Einstellungen gegenüber der Mode veränderten sich, ebenso das westliche Gespür gegenüber der Nicht-Mode, das immer noch einen stets präsenten Kontrapunkt zur Mode und zur Welt des bekleideten Auftretens bildet. Die Wesensmerkmale beider sind es wert, untersucht zu werden, um einige dieser Einstellungen zu begreifen.

DIE KLEIDERMODE IST DEM RISIKO, DER SUBVERSION UND der ungleichmäßigen Vorwärtsbewegung verpflichtet. Sie erzeugt schnelle Wechsel des visuellen Designs für den ganzen Körper, aber sie betrifft auch winzige Details und steuert langsame Veränderungen – daher scheint sie ihr eigenes

verborgenes Design zu verändern, nicht bloß die auffälligsten Erscheinungsformen der Kleidung. Von ihrem Wesen
her unzuverlässig, ist sie gleichzeitig gnadenlos weltlich –
im Kampf mit den zeremoniellen und vereinheitlichenden
ästhetischen Triebkräften, die Gewänder wie den *Schador*
oder den *Sari* hervorbringen –, und sie sieht alles Ehr-
würdige immer mit ironischem Blick. Sie zitiert aus alten
Traditionen, ihren eigenen oder anderen, neigt dazu, unauf-
richtig und ungenau zu sein, skandalös und komisch. Die
Mode zelebriert visuell das Irrationale, hält lieber die Spannung aufrecht, als die Lösung zu suchen, und sie genießt
das schnelle Vergnügen vorläufiger Arrangements, statt permanente ästhetische Lösungen zu suchen oder irgend etwas,
das rein praktisch oder nützlich ist. Selbst in der relativ un-
spektakulären Geschichte der modernen Herrenschneiderei
war die Mode anmaßend lebendig, verwendete neue auf-
schlaglose Hosen, um Aufschläge lächerlich erscheinen zu
lassen, oder brachte superschmale Krawatten hervor, um
breite Krawatten zu übertrumpfen.

Die Mode macht sich über vernünftige Erfindungen in der
Kleidung lustig, unterzieht sie einer unfunktionellen Verwendung, sobald sie auftauchen, so daß sie als authentisch
begehrenswert erscheinen und nie als bloß praktisch. Das
ist mit Gürteln, Taschen und Verschlüssen jeder Art geschehen, mit Helmen, Schürzen und Stiefeln; kaum werden sie in
Gebrauch genommen, benutzt man sie schon spielerisch.
Bequemlichkeit wird nicht geopfert, aber sie nimmt schnell
den zweiten Platz hinter dem Anschein von Bequemlichkeit
ein. In der imaginativen Kunst der Mode befriedigt ein solcher Look ein viel stärkeres Verlangen als den Wunsch nach
einem nützlichen Ding: bei der tatsächlichen Kleidung überdauert der Look immer den Nutzen.

ALL DAS MACHT MODE VON NATUR AUS »MODERN«, WENN
modern bedeutet, sich bewußt mit Prozessen, gesellschaftlichen wie persönlichen, zu befassen und dem Ideal bewußter Veränderung statt dem Ideal der Bewahrung zu folgen,
in welchem sich Veränderungen nur in graduellem Dahin-
treiben vollziehen, das der Zufall auslöst. Aber vor allem ist
die Mode eine moderne *Kunst*, weil ihre formalen Veränderungen diese Idee des Prozesses aus der Entfernung illustrieren, wie es andere moderne Kunst tut; sie ist immer eine
Repräsentation. Die Mode stellt ihre eigene Sequenz imaginativer Bilder in ihrem eigenen formalen Medium her, das
seine eigene Geschichte hat; sie erschafft nicht einfach eine
direkte visuelle Spiegelung kultureller Fakten. Ihre Bilder
haben keine eindimensionale oder einfache Beziehung zu
äußeren Veränderungen und Unterschieden. Sie bilden eine
sequentielle Kunst, eine emblematische Projektion des
Lebens, eine visuelle Analogie gemeinsamer Erfahrung, die
auf gesellschaftlichen Fakten gründet, aber ihre Formen
dem inneren Leben entnimmt – gemeinsamen Erinnerungen
und Anspielungen, verdrehten gängigen Bezügen, Dingen,
die sorgfältig von Grund auf erlernt wurden, anderen
Dingen, die durch halbbewußte Gewohnheit gelernt wurden, obskuren Scherzen, offenen Geheimnissen und einer
Fülle unbewußter kollektiver Phantasien, die sich immer im
Fluß der Zeit bewegen.

Die meisten der bedeutungsvollen Bezüge in der Mode
sind im Aussehen gewöhnlich angezogener Personen in
jedem beliebigen Moment verdeckt, weil Mode hauptsächlich damit befaßt ist, ihre eigene formale Geschichte auszu-
agieren und höchst lebhaft nur auf sich selbst reagiert –
wie viele andere moderne Künste auch. Was sich immer
zuerst zeigt, ist das Zeichen für das Eigenleben der Mode,
der wechselhafte Fluß von Form und Linie – sich verbrei-
ternde Schultern und kürzer werdende Röcke oder das

Gegenteil; was früher Unterbekleidung war, ist heute Oberbekleidung oder umgekehrt, langes Haar oder kurzes Haar, Bärte oder keine Bärte – wobei alle noch übrig gebliebenen Erscheinungen im Lichte von ein paar neuen unablässig verwandelt aussehen.

Dieser Tanz folgt dem eigenen ungleichmäßigen Rhythmus der Mode, der seine großen und kleinen Elemente mit unterschiedlicher Geschwindigkeit wechselt. Eine Zeitlang mag sich die Form der Einschnitte in Revers schnell verändern, aber die Jacken bleiben im ganzen ziemlich gleich; dann werden die Revers sehr schmal oder sehr breit oder verschwinden eine Weile und dann kommen sie wieder; dann mögen die gesamten Jacken ihre Form verändern, indem die Schultern breiter und die Taillen enger werden, während die Revers gleich bleiben, dann kehrt sich der ganze Prozeß um, und schließlich können zu einem viel späteren Zeitpunkt des Schauspiels die Jacken ganz verschwinden zugunsten von Tuniken oder von was auch immer. Während sich die Veränderungen vollziehen, bleibt ein Palimpsest alter Moden immer auf der Bühne, um den späteren Historiker zu verwirren. Kleinen Modebewegungen kann nachgespürt werden, aber sie scheinen keine direkte Beziehung zu Veränderungen des gesellschaftlichen Gewebes zu haben, obwohl sie zur gleichen Zeit stattfinden. Sie zeigen, wie die Mode ihre Muskeln spielen läßt und ein bißchen Schattenboxen treibt.

Aufgrund ihres mächtigen emotionalen Fundaments reflektiert die Mode immer das Temperament der Geschichte, aber sie ist als Spiegel nicht wirklich perfekt, ist vielmehr nur ein Hinweis auf eine bestimmte Zeit – jene Kragen wurden genau zu jener Zeit getragen, diese kamen früher und hielten sich länger; jene wurden zuerst in Rom getragen und tauchten später in Madrid auf; diese Art von Hosen erschienen zuerst westlich des Mississippi und traf später auf jene

andere Art an der Ostküste. Das Verstehen dieses Elementes
unmittelbarer politischer Bedeutung – diese Farben wurden
drei Jahre lang verwendet, um eine bestimmte Sache zu
unterstützen, dieses Muster offenbarte den Protest gegen
ein anderes – kann helfen, eine Mode zu datieren; aber die
tatsächliche Beziehung zwischen der Politik und der Form,
die die Mode annimmt, bleibt immer etwas undurchsichtig,
da Leute Dinge häufig aus den verkehrten Gründen oder
ganz ohne Grund tragen.

Aufgrund der indirekt repräsentativen Funktion der
Mode ist es fast unmöglich, formalen Details eine un-
umkehrbare, unmittelbare Bedeutung zuzuschreiben. Die
wirkliche expressive Bedeutung wird per definitionem der
etablierten Erwartung entkommen und frei zwischen unbewußten Bestrebungen und Nostalgien in der imaginativen
Welt schweben, von denen viele nicht mehr nachzuvollzie-
hen sind. Nur die Form selbst kann manchmal bis zu ihrer
Quelle zurückverfolgt werden.

Es hat sich gezeigt, daß die Form in der Mode sich in sehr
allgemeinen Zyklen bewegt, so daß etwas, das plötzlich
wunderbar aussieht, auf etwas verweisen kann, das etwa 25
Jahre früher wunderbar aussah, oder sogar fünfzig oder
hundert Jahre früher; diese Veränderung wird dann Wiederbelebung genannt. Für die soziale Bedeutung ist jedoch
nur wichtig, wer es im Augenblick trägt, nicht warum; und
wer es trägt, wechselt – ebenso wie die Form selbst es tut.
Das Voranschreiten der modernen Kultur erfordert, daß die
Mode um ihrer selbst willen fließende Bilder anbietet, um
das Ideal immerwährender Zufälligkeit visuell präsent zu
halten. Die Bedeutung läßt sich von der Form völlig ablösen,
so daß die Wiederbelebung von Formen früherer Tage
nichts mit der Wahrnehmung früherer Tage zu tun haben
muß; ein neuer Reiz macht sie visuell wieder attraktiv, und
eine neue Bedeutung wird ihnen beigemessen. Ein visueller

Bezug auf die Vergangenheit kann natürlich beabsichtigt und pointiert historisch sein, einschließlich seiner Bedeutung, aber er muß es nicht notwendig sein. Die Mode verabscheut die Fixierung von Form oder Bedeutung, von Wissen oder Gefühl oder von Vergangenheit.

Modische Kleidung hat daher einen immanent kontingenten Charakter, der allen Bekleidungen und Trachten anderer Kulturen und den meisten Kleidungsstücken der Antike fehlt. Traditionelle Bekleidung, alles, was ich Nicht-Mode nenne, funktioniert anders. Sie erzeugt ihre visuellen Projektionen primär, um die Bestätigung des etablierten Brauchs zu illustrieren und den Wunsch nach stabiler Bedeutung zu verkörpern, selbst wenn sich die Sitten ändern – sie ist normativ. Gewiß ändert sich auch die Form in der Nicht-Mode; alle traditionelle Bekleidung hat, wie die Sitten, eine Entwicklung durchlaufen, wobei einige Elemente verkümmern, andere neue Lebenskraft erlangen, während das Leben der Gemeinschaft fortdauert. Aber selbst wenn sich das Aussehen traditioneller Kleidung im Laufe der Zeit beträchtlich verändert, ist die formale Beziehung von neu zu alt direkt, eine geradlinige Adaption, nie ein unvoreingenommener Kommentar des Neuen über das Alte oder der subversive Versuch, es zu unterminieren.

Das liegt daran, daß das Neue nicht aus einer Spannung erwächst, die dem formalen Vokabular selbst innewohnt, wie dies bei der Mode der Fall ist. Neue Dinge können von außerhalb der Tradition kommen, vielleicht von der Kleidung oder den Besitztümern von neu ins Land gekommenen Sklaven oder Eroberern, von Händlern oder Nachbarn – oder vielleicht in letzter Zeit von Anthropologen oder Journalisten eingeführt worden sein, ohne das Grundkonzept von Kleidung als Brauch zu verändern. In der Nicht-Mode werden neue Dinge assimiliert oder einfach hinzugefügt, wie beim traditionellen Tanz oder bei traditioneller Musik.

Alle Nicht-Mode übermittelt primär das Ideal der Gewißheit und demonstriert eine Verbindung zu einer festen
Kosmologie: das ist die Art und Weise, wie wir Dinge tun,
weil wir wissen, was zu tun ist. Um überhaupt wirksam zu
werden, müssen Veränderungen im bleibenden Schema ab-
sorbiert werden. Nicht-Mode legt nahe, daß ihre Träger seit
langem alle fundamentalen Fragen gelöst und das aktive
Leben des Zweifels und der Fragen ausgelöscht haben; statt
dessen bietet sie große Schönheit und Authentizität der
Form, große Subtilität der Farben und Muster und viele
Varianten und Ebenen symbolischer Bedeutung, die über
Generationen hinweg verfeinert wurden.

In traditionellen Gesellschaften ohne die unruhige, sich
selbst vorantreibende Mode kann Kleidung eine unmittel-
bar nachvollziehbare Bedeutung haben, in ihren Formen, in
ihrer Art, getragen zu werden, in dem Charakter der Verzierungen, die alle direkt mit dem Wesen des in ihren
Formen überlieferten Lebens verbunden sind. Sie kann, um
so zu wirken, relativ gleichbleiben. Solche Kleidungssy-
steme können, wenn sie wirklich existieren, ohne Zweifel
genauere gesellschaftliche Spiegel bilden, als es der Mode je
gelingt; sie sind nicht so sehr Repräsentation als direkter
Ausdruck. Manche Bauerntrachten besitzen für spezifische
soziale, zeremonielle und persönliche Anlässe exakte Formen, wobei regionale Unterschiede vorgesehen waren, so
daß Kleidung und anderer Schmuck ein ziemlich vollständiges Bild der Stellung der jeweiligen Person während ihres
ganzen Lebens zeichnen konnten. Die formalen Details hatten eher traditionelle als assoziative Ursprünge; sie hatten
die gleiche Form wie in der Vergangenheit, und dies machte
ihre ganze Bedeutung aus. Solche Formen entwickelten sich,
obwohl manchmal die eine oder andere von modischer
Kleidung gestohlen worden war und sie sich dann weiter-
entwickelte, als ob sie immer traditionell gewesen wäre.

Außerdem gab es in traditionellen Gesellschaften bei der Güterproduktion immer viel Raum für individuelle kreative Phantasie; wir sehen das bei Teppichen und Keramik, und das gleiche traf auf die Kleidung zu – die natürlich nicht aus gewebtem Stoff bestehen muß. In Gesellschaften, die ihre Körper bemalen, kann der rein persönlichen Erfindung der Bemalung des ganzen Körpers an einem Tag freier Lauf gelassen werden, während rituelle Ansprüche die des nächsten Tages streng beherrschen. In anderen Kulturen wieder zeigt eine Anordnung von Narben auf dem Gesicht eines Mädchens, daß es die Menarche passiert hat, während ein anderes Muster auf seiner Brust rein ornamental ist.

In Kulturen mit Kleidung konnten die Kleidungsstücke selbst eine Art Familienbesitz bilden. Jedes Gewand wurde an die nächste Generation weitergegeben und war nie bloß für eine Person gedacht, selbst nicht zu dem Zeitpunkt, an dem es gefertigt wurde. Die Ähnlichkeit der Bekleidung, die die gesamte Gruppe verband, reflektierte gemeinsame Selbstwahrnehmung und gemeinsame Erinnerung; aber auch der Differenz des individuellen psychologischen Geschmacks wurde Raum gegeben. Man konnte seine eigenen Farben für die Bänder und die Unterröcke wählen und sein Bruststück mit phantasievoller Vielfalt besticken, so daß die Leute sich ein Urteil über den jeweiligen Geschmack bilden konnten; aber man trug immer die korrekte Anzahl von Röcken und die richtige Kopfbedeckung, so daß die Leute sowohl das Dorf, aus dem man kam, erkennen konnten, als auch, ob man verheiratet war und ob man für die Arbeit oder für die Kirche angezogen war.

Solche Schemata gab es in Europa und auch anderswo, wobei die meisten obsolet geworden sind. In Europa wurden sie vielleicht sogar durch die Bemühung, sie zu erhalten, ihrer Abschaffung in die Arme getrieben. Diese Bemühung begann in der Zeit der Romantik und endete mit einer re-

duktiven Version des »traditionellen Kostüms«, das fälschlicherweise zu einer uniformen Theatralik gerann und
hauptsächlich zum Zwecke der Zurschaustellung gegenüber
Außenstehenden massenproduziert wurde. Trachten gibt es
im Westen kaum noch, da der Reiz der Selbstdarstellung
größer und wichtiger geworden ist.

Westler haben das Bedürfnis nach Bezügen in Bildern und
Spiegelungen, nach einer Bilderproduktion, die Unbefan-
genheit verbietet; das bäuerliche oder ethnisch geprägte
Bild hatte sich ursprünglich ohne Bezug zu anderen Bildern
geformt. Es selbst war das kunstlose Kunstwerk, und kein
Spiegel war nötig, um seine Wirkung zu überprüfen, außer
den helfenden Händen und Augen der anderen in der
Gruppe. Immer noch gibt es eine Menge Kleidung dieser Art
– einschließlich Verstümmelung und Ziernarben – in Teilen
Asiens, in Afrika und Südamerika; aber die attraktivere
moderne Vorstellung hat vieles davon hinweggefegt.

Dies ist geschehen, weil die Menschen in vielen traditionellen Gesellschaften es offenbar so wollten. Die westliche
Mode bietet einen visuellen Weg aus der Falle der Tradition
an, aus dem Gefängnis der nicht hinterfragbaren Weisheit.
Die Mode gestattet der Kleidung, ein Bild von Skepsis, von
komischen Möglichkeiten, von anderen Kräften, alternativen Gedanken und von vielfältigen Chancen zu erzeugen
und so eindeutige Zuschreibungen und Rollen zu umgehen.
Daher erschien die moderne Mode aus der Entfernung immer wunderbar, besonders für junge Leute, die nach einer
Veränderung alter Gewohnheiten suchten. Andererseits ist
die Innenperspektive häufig ambivalent.

Die Mode kann theoretisch alle sozialen Fakten ihres Trägers maskieren, außer den persönlichen Geschmack, und
selbst der kann aus Berechnung unterdrückt werden. Dennoch wird den Leuten beunruhigend klar, daß die unbewußten Quellen des persönlichen Geschmacks in der mo-

dernen Mode dazu führen können, daß sie ein ganzes Spektrum sozialer und persönlicher Information vermitteln – ähnlich dem, was traditionelle Kleidung zum Ausdruck bringt, nur unbewußt statt bewußt. Überdies sind die sozialen Gesetze, die die Auswahl in der Mode lenken, sowohl ungeschrieben als auch schlüpfrig, und das Richtige zu tragen erfordert den richtigen Instinkt und ein gewisses Maß an Urteilsvermögen statt schlichtem Gehorsam gegenüber dem Sittenkodex. So kann in der modernen Mode alles, was für das Individuum eine private Bedeutung hat, die ganze Kombination bewußter und unbewußter Kräfte, die bestimmen, was man zu einer bestimmten Zeit trägt (besonders eine Vorliebe für Modisches), den Anschein erwecken, es sei ein häßliches Geheimnis, dessen Enthüllung den Träger in einer Weise kompromittiert, wie es den Trägern ethnisch geprägter Kleidung nie unterlaufen könnte. Leute, die das fürchten, was die Mode anrichtet, neigen dazu, sie zu verachten, um auf der anderen Seite das scheinbar Erfrischende und Ehrliche der traditionellen Kleidung zu bewundern.

Während ihr wahrer Zweck kreativ ist, wurde fälschlicherweise oft gesagt, die Mode existiere, um die Menschen dazu zu bringen, Lügen zu erzählen, Dinge aus schlechten Gründen zu verbergen oder vorzuzeigen, wobei ein schlechter Grund vermutlich schon darin besteht, daß alle anderen dasselbe tun; so erscheint Mode mehr und mehr als eine Art Gift oder Krankheit. Dickens und andere moralistische Romanciers waren zum Beispiel rundweg feindselig gegenüber alten Frauen eingestellt, die sich, um ihr Alter zu leugnen, modisch anzogen, oder gegenüber Frauen aus niederen Schichten, die sich elegant kleideten und damit ihre Herkunft zu verbergen suchten. Die wichtige imaginative Funktion, der bewußtseinserweiternde Charakter der Mode, wird oft blindlings ignoriert, um die Mode als schlecht darzustellen, ebenso wie Romane einst verboten waren, weil sie bloße Lügengeschichten zu sein schienen.

Die psychologische Anstrengung, die dazu gehört, eine modische Wahl zu treffen, ist tatsächlich für viele abstossend. Gesellschaftliche Forderungen, die eine solche Wahl nötig machten, wurden manchmal als Übergriffe auf die Freiheit angesehen, als ob in Wahrheit dem bäuerlichen oder nicht-modernen System eine größere Freiheit innewohnte, indem man ein paar einfachen Regeln folgt, die jeder in der Gruppe respektiert, und in dem die persönliche Entscheidung den gleichen begrenzten Umfang für alle hat und unbewußte Enthüllungen minimal sind. Menschen, denen unbehaglich dabei ist, daß sie die volle Verantwortung für ihr eigenes Aussehen tragen müssen, die entweder die rein visuellen Anforderungen des gesellschaftlichen Lebens fürchten – die »Erscheinung« – oder der Wirkung ihres eigenen Geschmacks nicht trauen, fühlen sich von der Mode bedroht oder manipuliert, und sie empfinden sie als Tyrannin. Das fiktive Element, das ihr eigen ist, gibt ihr einen Hauch von Inauthentizität, von Verstellung und Prätention, und es ist in der Tat offensichtlich, daß die Mode im Gegensatz zur traditionellen Kleidung ein ständiger Test des Charakters und der Selbsterkenntnis ebenso wie des Geschmacks ist.

In der westlichen Welt, die sich der Mode bedient, ist folglich das traditionelle Kostüm mit Neid betrachtet worden, mit erstaunter Bewunderung und häufig mit herablassend übertriebenem Respekt. Grausame Verzierungen, die auf Dauer verstümmeln, erweckten Verachtung und Furcht, aber die zauberhaften Saris und Kimonos bewunderte man. Die stabile Schönheit eines Großteils traditioneller Kleidung, die keiner Mode aufsitzt, hielt man in der Tat für eine Demonstration überlegener Qualität des gesellschaftlichen und persönlichen Seins und für eine überlegene Ebene ästhetischer Errungenschaft. Einige Leute waren eifrig bemüht zu glauben, daß ihre Formen sich niemals wandelten und daß sich zum Beispiel die Kleidung im Nahen Osten in Tausenden von Jahren nicht verändert habe.

Aber in Wahrheit haben die flüchtigen, nervösen visuellen Vorstöße der Mode einen echten ästhetischen Fortschritt herbeigeführt, einen kulturellen Sprung, vergleichbar anderen Fortschritten in der Geschichte der westlichen Kunst, des Handels und des Denkens, etwa der Polyphonie und der Perspektive, der doppelten Buchführung und der wissenschaftlichen Methode, um nur einige zu nennen. Nur aus ihrer privilegierten Position heraus fühlten die Westler sich frei, all diese Fortschritte, darunter auch die Mode, zu verhöhnen und die Schöpfungen, die von eingeschränkteren Welten erzeugt wurden, in den Himmel zu heben.

WESTLICHE MÄNNER FÜHLEN SICH OFFENBAR SEIT GENE-rationen einer breiteren Palette der Mode nicht gewachsen – grob gesprochen seit 1800, als die romantische westliche Sicht der Natur zusammen mit der romantischen Sicht der Volkstracht ins Blickfeld rückte. Letztendlich scheinen sie sogar nach und nach aus der Männermode eine Art imitierter traditioneller Kleidung geschaffen zu haben, fast ein pseudo-ethnisches Kostüm, etwas mit klassifizierten und sehr begrenzten ästhetischen Anforderungen, das allgemeinen Respekt genießt und persönliche Phantasie meidet – etwas, das verstohlen und fälschlicherweise wie Nicht-Mode aussehen kann. Aber lassen wir uns nicht täuschen; es handelt sich immer noch bloß um eine Anti-Mode, wie viele andere, die wir erlebt haben.

Die außerordentliche Dauerhaftigkeit der Herrenschneiderei seit zwei Jahrhunderten, während einer Zeit extremer gesellschaftlicher Umbrüche und wissenschaftlichen Fortschritts, hat verschiedene Erklärungen hervorgebracht. Auf einige werde ich später eingehen. Eine jedoch ist auf den ersten Blick schlicht zu einfach: J. C. Flügel nannte sie die »Große männliche Verweigerung«. Dahinter verbirgt sich die Idee, daß zu dem Zeitpunkt, als die Mode gegen Ende des 18. Jahrhunderts flatterhaft wurde, die Männer einfach, wie aus Protest, ausstiegen.

Eine andere, weniger dezidierte Art der Erklärung war, daß Männer sich feige aus den Risiken und Freuden der Mode zurückzogen und daß ihre Kleidung seither ziemlich langweilig geworden ist. Ein hastiger Blick auf männliche und weibliche Mode seit 1800 könnte leicht die falsche Vorstellung hervorrufen, daß sich die Männer bis zum späten 20. Jahrhundert weitgehend aus dem Spiel herausgehalten haben, und ein feindseliger Blick auf die weibliche Mode könnte suggerieren, daß sie damit einer alternativen und überlegenen Art des Verhaltens Nachdruck verleihen und einen lebendigen visuellen Einwand gegen die extremen Forderungen erheben wollten, die Mode stellen kann. Natürlich konnten dann die Frauen, die diesen Forderungen nachkamen, verachtet werden.

Spät in diesem Jahrhundert begannen einige Frauen, solchen öffentlichen Einwänden zuzustimmen, und ihre Zustimmung nahm oft die Form an, daß sie mit religiösem Eifer das männliche Schema kopierten und das weibliche verurteilten. In den siebziger Jahren prahlten bestimmte Feministinnen damit, daß sie keinen Rock besäßen, als ob sie damit den vollständigen Rückzug aus der Mode ankündigen wollten, wie es angeblich die Männer getan hatten. Die Wahrheit ist, daß die Männer die Mode überhaupt nie hinter sich gelassen haben, sondern daß sie einfach Teil eines anderen Schemas waren. Seit 1800 war die Herrenkleidung erstaunlich variabel und ausdrucksvoll, mindestens so unterschiedlich und phantasievoll wie die Frauenmode, aber sie schien ständig in Opposition zur weiblichen Methode zu stehen, von der sie effektiv in den Schatten gestellt worden war.

Alle Komponenten der Herrenkleidung haben sich in Form und Textur, Umfang und Verhalten verändert. Mäntel waren kastenförmig und kurz, enganliegend und lang, hatten unterschiedlich angeordnete Knöpfe und Besatz; Hosen waren weit und weich, steif und schmal, eng zulaufend oder ausgestellt. Jacken und Hosen wurden aus unterschiedlichem oder demselben Material hergestellt. Westen, die in letzter Zeit ein Schattendasein geführt haben, aber jetzt wiederkommen, veränderten sich unablässig und häufig lebhaft, veränderten dauernd ihre formale Beziehung zum Rest des Anzugs. Die Ausstrahlung des gutgekleideten Herren war abwechselnd glatt oder rauh, flexibel oder rigide, liebenswürdig oder streng. Außerordentlich unterschiedliche Stile von Kragen oder Krawatten sind in Mode oder aus der Mode gekommen, änderten Form und Konnotation, und variabel lässige Versionen der Halsbekleidung haben formellere Arrangements begleitet. Besonders interessant war der stilistische Variantenreichtum von Hüten, jenen großen männlichen Emblemen aus der fernen Vergangenheit. Formelle Hüte fehlen in letzter Zeit; informelle florieren wie nie zuvor. Stile der Herrenkleidung verschmolzen, trennten sich und vereinigten sich wieder, erzeugten dabei ständig neue Vorstellungen davon, was richtig aussieht und was nicht, alles innerhalb der gleichen flexiblen Konvention; außerdem ist die elegante männliche Mixtur endlos aus uneleganten Quellen bereichert worden. Männerkleidung mag wie Nicht-Mode ausgesehen haben, aber das ist eine totale Illusion; ihre Bindung an Risiko und Ironie ist ebenso tief wie die der weiblichen Mode, und ihr repräsentativer Charakter ist genauso stark.

Die moderne Männermode ist tatsächlich eine eindrucksvolle Errungenschaft modernen visuellen Designs, da sie ein etabliertes Set formaler Regeln verwendete, ähnlich den klassischen Vorschriften der Architektur, während sie gleich viele Veränderungen aufwies wie die Frauenmode. Wie andere Aspekte modernen Designs war sie eine wichtige Illustration moderner Ansichten und Empfindungen – worin Mode nach allgemeiner Meinung besteht – und nicht ein Rückzug aus ihnen. Trends der modernen weiblichen Mode haben tatsächlich diese Vorstellung unterstützt, indem Frauen zunehmend Stücke männlicher Gewandung für jeglichen Zweck benutzten, wobei sie häufig aus der Mode gekommene Elemente trugen, die Männer aufgegeben hatten, die aber immer noch zum modernen Kanon gehörten und visuell befriedigten. Die Frauenmode, so auffällig, so »modisch« sie ist, wurde oft benutzt, um zu zeigen, wie interessant Männermode wirklich ist.

GEFÜHLE DES EKELS GEGEN DIE MODE GAB ES SEIT IHREN frühesten Anfängen. Sie nahmen die Form von Einwänden gegen ihr moralisch oder ästhetisch skandalöses Aussehen und gegen die teure und unbequeme Art ihrer Veränderungen an, aber mehr noch gegen die Forderung, daß Menschen beiderlei Geschlechts ihrer physischen Erscheinung so hohe und ständige Aufmerksamkeit widmeten. Es ist dennoch merkwürdig festzustellen, daß die Mode ihr langes, ausdauerndes Leben im mittelalterlichen christlichen Europa begann, genau gleichzeitig mit der Behauptung religiöser und intellektueller Ideale, die Verstand und Geist weit über das Fleisch und die materielle Welt erhoben. Es ist klar, daß in einem solchen Klima der Charme der Mode immer darin lag, daß sich Phantasien auf andere Weise nicht ausdrücken konnten; und daß, einmal auf den Weg gebracht, die Mode deshalb so gefürchtet, geschmäht und verachtet wurde, wie es später geschah. Die Schriften gegen die Mode sind zahlreich, donnernd, beißend scharf und jahrhundertealt.

BEDEUTUNG IN DER MODE

OHNE DIE AUSREDE TRADITIONELLEN GEBRAUCHS SCHREIEN
heutzutage die grellsten Auswüchse der Mode nach gesellschaftlichen Interpretationen. Aber da die Formen hauptsächlich unbewußte Ursprünge haben, die dem gegenwärtigen Bewußtsein verborgen sind, kann die soziale Bedeutung erst später ermessen und zurückprojiziert werden, um
besondere Phänomene zu erklären. Und dann passiert es
leicht, wie so oft, unter veränderter historischer Perspektive, daß falsch interpretiert, etwas übersehen oder hinzugefügt wird. In jedem Falle muß das, was von Zeitgenossen
gesagt wird, mit Vorbehalt betrachtet werden. Man kann
zum Beispiel heute sagen, daß die riesigen Schulterpolster,
die Frauen in den achtziger Jahren trugen und die in den
neunziger Jahren aus der Mode gekommen sind, zeigten,
daß Frauen den Anschein männlicher Stärke imitieren wollten. Aber während diese Mode zur Blüte gelangte, hätte niemand, der sie mitmachte, so etwas zugegeben, und die neue
Attraktivität des Looks mußte durch andere Gründe gerechtfertigt werden – zum Beispiel, daß er die Taille schmaler aussehen ließ. Selbst wenn dies zutrifft, ist er dadurch
noch nicht ausreichend erklärt, auch nicht durch die direkte Imitation der männlichen Dreiecksform.

Die jüngere Vergangenheit, die eine starke feministische
Bewegung hervorgebracht hat, läßt diese Art der Interpretation einfach und zufriedenstellend erscheinen, da sowohl
die sozialen Fakten als auch die modischen Veränderungen
datiert werden können und sich eine Verbindung anbietet.
Aber da wir uns offensichtlich über die unbewußten Motive für die Kreation der Moden früherer Tage irren können

und unsere modernen Vorurteile in sie hineinlesen, gerade dann, wenn wir meinen, sie besonders klar zu sehen, sollten wir daraus lernen, daß wir uns auch über unsere eigene jüngere Vergangenheit täuschen können. Einfache Antworten sind immer falsch, wenn wir wirklich nach der Bedeutung von Formen suchen.

Ein Problem ist, daß ein großer Teil dessen, was in der Kleidung auftaucht, sich schlicht nicht dazu eignet, einfach das zu bedeuten, was breite Schultern nahelegen können. Viele komisch aussehende Dinge in der Mode haben zweifellos unergründliche Ursprünge, und diese Tatsache zieht gerade die einfachen Antworten in Zweifel. Einige Motive lassen sich leicht mit der bewußten Anspielung der Mode auf ein spezifisches Image erklären, wie etwa das Aussehen bestimmter Schauspieler, Sänger oder Sportler, Staatsmänner oder Personen, die in den Nachrichten ein Land oder eine Sache vertreten.

Aber was ist mit der verrückten Popularität einer bestimmten Kragenform, der Anordnung von Taschen, einer Art, die Schuhe zu binden oder einem bestimmten Stil von Mützen? Was könnten diese Dinge mit gegenwärtigen psychologischen Dispositionen zu tun haben? Wer führt sie ein und warum gefallen sie anderen? Warum schließlich gefallen sie nur einigen anderen?

Auf diese Fragen gibt es erneut nur Teilantworten, die entweder auf die geschickte Erfindungskraft kommerzieller Designer oder die enorme, flüchtige Popularität von Gruppen und öffentlichen Gestalten zielen. Das Verlangen nach einem bestimmten modischen Schnitt überschwemmt in Wellen bestimmte Teile des Publikums, und die Beobachter werden schon in Staunen versetzt, bevor sie auch nur den Versuch einer Analyse unternehmen. Meistens ist es, darauf beharre ich, ein Verlangen nach der Gestalt oder Form selbst, nicht danach, damit irgendeiner Bedeutung Ausdruck zu verleihen; die Vorliebe für den Look ist genug, und moderne Postulate zu Kunst und Design unterstützen diese Vorliebe. Die Vorliebe für eine besondere Form wird erzeugt durch das Nachlassen eines starken Verlangens nach einer früheren Form, eine Art ästhetische Müdigkeit, die häufig unbewußt ist und erst bewußt wird, wenn eine neue Form angeboten wird. Da das Ideal des formalen Wandels verinnerlicht ist, muß jede Form entstehen, blühen und vergehen, aber im subversiven Fluß der Mode erfinden wir etwas Neues, das uns gefällt, bevor wir zugeben, daß wir das Alte satthaben.

Jene breiten Frauenschultern der achtziger Jahre wurden oft mit androgyn aussehenden Hosen und kurzen Haaren getragen, was in Richtung einer Imitation des Männlichen ging, aber sie wurden zur gleichen Zeit auch mit üppigen Haarmähnen, engen Röcken und hohen Absätzen kombiniert. Beide Muster scheinen mehr mit alten und neuen Medienvorbildern zu tun zu haben und mit dem Zustand der Mode während der vorangegangenen Epoche als mit Aspekten des Feminismus. Im Hinblick auf den ständigen Modewechsel der körperlichen Form waren breite Schultern angesagt, da sie schon lange ein Schattendasein geführt hatten, und ihre frühere Verwendung, die man aus alten Filmen rekonstruieren konnte, ging mit kurzen Röcken und langem Haar, nicht mit langen Hosen und kurzem Haar einher. Letzteres Phänomen jedoch war an den *Männern* in alten Filmen zu beobachten. Sie können heute von Frauen nachgeahmt werden, getreu der generellen modernen Sitte, sich verführerisch in Männerkleidung zu hüllen, die aus der Mode gekommen ist.

Selbstverständlich mußten sowohl üppige Lockenmähnen wie auch ordentlich kurzgeschnittene Haare in der Frauenmode wiederkommen, nach den geglättet aufgetürmten Bergen und den glatten Strähnen, die in den beiden vorangegangenen Jahrzehnten üblich waren. Visuelle Veränderungen hängen von dem ab, was vorher da war; sie können keine Bedeutung aus der Luft greifen und versuchen, sie mit einer Form zu verbinden. Im Kontinuum der Mode muß sich jede Form aus der vorhergehenden Form entwickeln, gegen sie opponieren, sie verzerren oder sie bestätigen. Welche Form sie auch immer annimmt, ihr wird später eine Bedeutung verliehen, die zur gegenwärtigen Mentalität paßt. Eine spezifische Bedeutung darin zu sehen, wie etwa breite Schultern als männliche Stärke oder enge Korsetts als weibliche Unterwerfung, ist daher wohl zu jeder Zeit riskant.

Die unmittelbare Bedeutung kommt meist aus verfügbaren Bildersprachen der Vergangenheit oder der Gegenwart, aus den suggestiven Bildern, die das öffentliche Bewußtsein durchdringen und denen gemeinsame Assoziationsmöglichkeiten eigen sind. Aber weiter und enger Kleidung, die sowohl aus einer gemeinsamen Bildersprache abgeleitet wurde wie auch aus dem unbewußten Verlangen, frühere Arten weiter und enger Formen zu modifizieren, wird oft fälschlicherweise die gleiche spezifische Bedeutung verliehen. Der irregeleitete Impuls, der Mode Bedeutung zuzuschreiben, verweist auf die abergläubische Überzeugung, Mode sei eher eine »primitive« als eine moderne Kunst, eine Ansammlung visueller Kombinationen, die in Wirklichkeit kodierte Botschaften darstellen – wie diejenigen in einem bäuerlichen Dorf oder auch auf einem Totempfahl im Nordwest-Pazifik. Mit anderen Worten, gepolsterte Schultern haben keinen authentischen Ort in der Geschichte der Form, was heißt, daß sie nur in der Abfolge verschiedener Arten Gestalt annehmen; sie besitzen *nur* Bedeutung; man muß sie auf eine bestimmte Weise »entziffern« und man darf sie nicht bloß als sie selbst sehen.

In gewisser Weise sind sie sicherlich Signale, da durch Moden tatsächlich schlichtweg die Mitglieder von Grup-

pen identifiziert werden, die ihnen angehören. Und die
können von Beobachtern registriert werden. Aber was die
Bedeutung in der modernen Mode von der Bedeutung der
Totempfähle unterscheidet – und von Bekleidungsformen,
die ihnen gleichzusetzen sind – ist folgendes: Das Grundelement in der modernen Kunst der Kleidung ist die
Abwechslung im Erscheinungsbild des bekleideten Körpers, nicht eine Ansammlung individueller, schematisierter
Formen, die entwickelt wurden, um eine gemeinsame Bedeutung zu transportieren. Die verschiedenen Absätze, Taschen und Gürtel werden nicht so getragen, als ob sie von
einem legendären Wolf, Krokodil oder Adler stammten und
in ihrem Design deren legendäre Kraft kombinierten.

Der moderne bekleidete Körper ist ein vollständiges figür-
liches Bild, in seiner Bedeutung cinematisch oder televi-
sionär. Die Details, die es komponieren, haben über ihren
flüchtigen Platz im Gesamtbild hinaus wenig Bedeutung; es
ist, wenn überhaupt, das Gesamtbild, das die Bedeutung
transportiert. Die moderne Kunst der Mode bezieht sich immer auf die bekleidete Figur, ob sie vergangen oder gegenwärtig ist, wie sie in den illustrativen Künsten erscheint, die
die Mode seit ihrer Frühzeit nachvollziehbar gemacht
haben. Es ist das illustrative Medium der Kunst, das Mode
überhaupt möglich macht. Wiederholte Bilder halten
Abbilder für das Auge präsent, der assoziativen Bedeutung
verfügbar und geeignet für die sofortige Imitation, auf die
schnelle Modifikation, Subversion, Ersetzung und schließlich Wiederentdeckung folgen.

Eine begehrenswerte modische Form wird in Bildern gezeigt und erzählt, die Wirkung der Form verstärken, ihre
Linie ausarbeiten, ihre Oberfläche aufpolieren, ihren flüchtigen Glanz unterstreichen. Man muß zum Beispiel zugeben, daß es ohne die Kamera heute keine Mode gäbe. Aber
es ist ebenso offensichtlich, daß zur Zeit Dürers die mo-

disch abfallenden Schultern und der aufregende Wurf der Falten nicht so modisch erschienen wären ohne seine bezaubernden Kupferstiche und die seiner Kollegen, durch die elegante Leute den Blick dafür gewannen, was sie elegant machte.

Es ist nicht der Sänger selbst, sondern seine tausendfache Abbildung in den Medien, die die Popularität seines Aussehens zum Leben erweckt und am Leben erhält, sie modifiziert und mit ihr spielt, obwohl ihn ursprünglich seine Musik in Mode brachte. Und vor den heutigen Medien gab die Arbeit von zahllosen Zeichnern und Porträtmalern, kommerziellen Illustratoren und Werbekünstlern der Mode ihre beständige Gültigkeit. Dies gilt nicht nur für die Bilder, sondern auch für die Art, sie zu machen – »realistisch«, fiktiv, gebunden an eine dramatische menschliche Geschichte, die nie beendet ist – ein moderner Fortsetzungsroman. Wir bedienen uns des Spiegels, um unseren Platz in ihm zu überprüfen.

Als also die westliche Mode im Spätmittelalter entstand und durchsetzte, daß die Modernität der Kleidung anderen modernen Erscheinungen entsprach, die sich in der gleichen Periode herausbildeten, begann mit ihr ein Prozeß, der schließlich alle moderne Kleidung (nicht nur den Putz der Reichen und Müßiggänger, die die Idee bloß ins Rollen brachten) in die figürliche Erscheinungsform einfügte. Um das zu tun, brauchte sie die Hilfe der neuen realistischen Darstellungsweisen in der Kunst, die im 15. Jahrhundert eine verblüffende Perfektion erlangt hatten. Nach 1500 konnte die schnelle Zunahme gedruckter Bilder visuelle Maßstäbe für Kleidung setzen und der Idee Nahrung geben, daß eine reale bekleidete Gestalt dann am meisten den Wunschvorstellungen entsprach, wenn sie wie ein ideales realistisches Bild aussah. Schließlich erzeugte jede moderne bekleidete Person ein Bild, das sich auf andere Bilder bezog,

und keine formale Botschaft konnte je wieder eine direkte
sein. Alle moderne Bekleidung wurde der Kunst ähnlich,
mit ihren eigenen Regeln – selbst wenn eine ihrer Regeln die
sein sollte, Natur zu suggerieren und kunstlos auszusehen
oder alten Traditionen zu ähneln und zeitlos auszusehen.
Derartige Wirkungen bestanden über eine gewisse Zeit oder
füllten eine bestimmte Nische, genau wie andere Moden.

Die Mode konnte so selbst zu einer Kombination von Illustrationen werden. Anders als bäuerliche oder ethnische
Kleidung verändert sie immer sowohl das, was sie illustriert,
als auch die Art, wie sie es illustriert, wobei sie allen anderen modernen illustrativen Künsten entspricht. Einige Komponenten mögen metaphorisch und andere direkt sein, einige neu und andere in die Konvention eingebunden. In der
Mode wandeln sie sich im Laufe der Zeit alle und ziehen den
Körper mit in diesen Wandel. Die generelle Idee der Subversion bleibt fundamental. Der idealisierende, normative
Impuls muß immer unterminiert werden und das Drama seinen nächsten Akt anstreben, sei er groß oder klein oder, wie
so häufig, von einem gewissen Skandal begleitet. Aber das
vollzieht sich einfach und kann nicht vorausgesagt werden,
denn auch das würde eine Stabilität herstellen, die den Bedürfnissen der Mode fremd ist. Veränderungen vollziehen
sich überdies nach und nach, so daß sich das Bild ändert,
wenn sich nur einige Teile wandeln und andere bleiben.

Es läßt sich noch nicht einmal zeigen, daß Verwandlungen
mit irgendeiner zeitlichen Exaktheit den gesellschaftlichen
Veränderungen folgen. Es ist viel eher wahrscheinlich, daß
sie ihnen vorausgehen, da der unbewußte Wunsch nach
Veränderung im illustrativen körperlichen Bereich auftaucht, bevor irgend jemand das Bedürfnis danach artiku-
liert und begründet. Jede Veränderung im Emblem der
Mode, die immer in die Form einer bekleideten Figur als
Bildnis gegossen wird, kann ein neues Arrangement ihrer

illustrativen Effekte bringen, nicht nur einen Unterschied in Weite oder Länge. Weite und Länge können einander ablösen, aber auch der Stil des Bildes, und der Rhythmus, in dem jedes dieser Elemente wechselt, ist weitgehend unvorhersagbar. Im Falle des Herrenanzugs gibt es kaum große Veränderungen, auch wenn sich geschichtliche Umstürze vollziehen und die Röcke der Frauen mal kürzer, mal länger sind. Kleine Veränderungen sehen daher um so wichtiger aus und werden stärker beachtet.

Seit Anthropologen und Soziologen zum ersten Mal ihre Aufmerksamkeit auf die moderne Mode statt auf traditionelle Kleidung richteten, versuchten sie, ihre Veränderungen im Hinblick auf gesellschaftliche Veränderungen vorherzusagen, wobei sie manchmal behaupteten, die Rocklänge hinge »immer« mit den Bewegungen des Aktienmarktes zusammen oder die Taillenlinie eleganter Frauen werde nach Kriegen »immer« verschoben; aber solche rigiden Regeln wurden von der Geschichte nicht bestätigt, und man hat schließlich nicht weiter nach ihnen gesucht.

Nicht vorhersagbar war, daß die Mode in viele simultane Strömungen aufbrechen würde, daß Kriege und Erschütterungen an der Börse vielfältige und sogar widersprüchliche visuelle Nachklänge oder Vorhut-Fanfaren haben konnten; die Mode-Szene eine neue Art von Diversifikation schuf, die nicht einfach auf Klasse oder Beruf basierte, sondern auf unterschiedlichen imaginativen Stilen, und zwar häufig in derselben sozio-ökonomischen Gruppe.

Es kann sogar sein, daß die heutige modische Landkarte der früheren ethnischen Landkarte der europäischen Volkstrachten nahekommt. Es ist ganz deutlich, wie allgemein das integrative Bedürfnis der klassischen modernen Mode, exemplifiziert durch die moderne Schneiderkunst, von einem neuen Bedürfnis nach unzusammenhängender Vielfalt unterwandert wurde, von dem visuellen Zustand, den man

einst für »primitiv« hielt – für nicht-modern, bäurisch: die
Verwendung zum Beispiel von vielen grundverschiedenen
Druckmustern für ein Kleid oder das gleichzeitige Tragen
von vielen unterschiedlichen Schmuckstücken – ein paar
Holzperlen, eine Kette mit einem Kreuz, noch eine Kette.
Diese beiden Effekte, die einstmals mit Zigeunern und ande-
ren Gruppen, die nicht als modern galten, assoziiert wur-
den, sind jetzt in der städtischen Mode üblich geworden.

Der uneinheitliche Trend wird deutlich: viele Muster zu
verwenden, verhindert, daß eines die anderen dominiert.
Dasselbe trifft auf nicht zueinander passenden Schmuck
oder unterschiedliche Konventionen zu, die in einem Kostüm verwendet werden. Das visuelle Ergebnis ist verwir-
rend und unübersichtlich; und genau dieses Ergebnis wird
von vielen zur Zeit ganz klar gewünscht. Bezüge zur Auf-
lösung der Sowjetunion oder der multikulturellen Bewegung sollte man jedoch nicht zu schnell herstellen; der zur
Zeit modische Hang zur Fragmentierung reicht schon ein
Vierteljahrhundert zurück, als die Mode selbst, unter dem
Druck der Gegenkultur, in separat existierende Fragmente
aufbrach und als uneinheitliche Kleidung einfach eine
Möglichkeit unter anderen wurde.

FORM UND SEXUALITÄT

DAS MODERNE BEGEHREN IST SUBVERSIV. DIE MODERNE
Mode, die als Illustrator der Unzufriedenheiten der modernen Zivilisation agiert, versucht nie, die kollektive Phantasie in eine feste Form zu zwingen, die dauern soll, sondern
stachelt sie stets an, drängt sie, unablässig neue, abwegige
Vorschläge zu machen, statt die schönen alten Statements zu

wiederholen. In der Literatur bewegt sich das moderne Bedürfnis weg vom Trost repetitiver Beschwörung und Epik hin zu kompakter Lyrik und der Formulierung intensiver und verstörender persönlicher Erzählung; dasselbe gilt für den visuellen Bereich.

Wann immer das Begehren des Auges sich auf zeitlose Formen richtet, ist der herrschende ästhetische Geist nicht modern. Um visuelle Befriedigung zu erzielen, benötigt Modernität Konflikt und Dialektik, unruhige Kombinationen, Zweideutigkeit, Spannung und Ironie die Form unbefriedigter Suche. Jede klare und stabile moderne visuelle Harmonie beruht also, wenn sie denn erreicht wird, auf Spannung und Opfer, auf der Pose imaginativer Wachsamkeit – man kann sie in den besten Werken der abstrakten Malerei oder Bildhauerei und in der modernen Architektur finden, und man kann sie in modernen abstrakten Anzügen erkennen. Wenn sie richtig funktioniert, sieht derart ausbalancierte und kohärente Einfachheit immer spannend, nie langweilig aus, nie statisch, sondern immer aufgeladen mit potentieller Veränderung – und unbedingt sexy. Moderne Einfachheit ist ein höchst erotisches Thema geworden, das mit allen Formen des Designs spielt.

Für die moderne Kleidung wurde Sexualität der fundamentale expressive Motor, der Quell des kreativen Spiels, der Launenhaftigkeit, der Erfindungen praktischer wie regressiver Art: die Mode begann, Sexualität selbst als gesetzlos, launenhaft und erfinderisch zu porträtieren. Alle Indikatoren sozialer Klasse und Funktion waren in der geschlechtsgebundenen Erscheinungsweise enthalten, so daß die Kleidung von Männern immer zunächst erkennbar maskulin war und erst in zweiter Linie vornehm, akademisch, bäuerlich, proletarisch. Seit es die Mode gab, wurden die Formen, die den bekleideten männlichen oder weiblichen Körper interpretierten, durch sexuelle Phantasie erzeugt und dann abgeschwächt, um sich anderen Dimensionen des Lebens einzufügen. Ich möchte betonen, daß *Sexualität*, die ich für die Grundlage jeder Form in der Mode halte, nicht dasselbe wie *Verführung* ist. Letztere ist zu bestimmten Zeiten in der Mode beider Geschlechter aufgetaucht, aber meine These ist, daß hinter jeder starken Form in der Mode die Sexualität selbst steckt, ob nun die Form die Aufmerksamkeit auf die sexuellen Merkmale des Trägers lenkt oder nicht. Sexualität hat in diesem Zusammenhang nichts mit der einfachen Differenzierung von Mann und Frau zu tun.

All dies wurde erst Wirklichkeit, als die westliche Mode begann, sich ihren Weg zu suchen, irgendwann zwischen 1200 und 1400. Zeichnete sich die elegante Kleidung bislang bei gleichen Grundformen durch die Verzierungen aus, wurden nun neue, andere Forderungen erhoben, die einem ständigen Wandel ausgesetzt waren. Das Gesäß sollte gepolstert oder eingezwängt werden, die Gewänder extrem kurz oder als Schleppe hinterhergetragen, die Formen von Schuhen, Ärmeln und Kopfbedeckungen sorgfältig hergestellt und ausdrucksstark gemacht werden. Man insistierte jetzt auf Schnitt und Paßform, darauf, den Rumpf eng und manchmal merkwürdig zu formen und dadurch die Form zu verändern. Während jener Zeit wurde zusätzlicher Stoff verwendet, um den Umfang des Körpers optisch zu vergrößern, um auffällige und kinetische Formen um ihn herum zu schaffen, die sich offensichtlich gegen den Zwang praktischer Bedürfnisse wendeten und weit über die gesellschaftliche Notwendigkeit der Selbstdarstellung hinausgingen. Schließlich konnten Teile des Körpers einfach versteckt werden, obwohl es auf der Oberfläche einen Verweis gab. Zum Beispiel wurden, statt den Brüsten zu erlauben, Kurven unter dem Stoff zu bilden, durch das Mieder alle Rundungen einer Frau zu einem abstrakten Kegel flachgedrückt, den dann zwei halbkreisförmige Girlanden aus Perlen schmückten. Diese ersetzten die natürlichen Kurven der Brüste durch einen Hinweis, der suggerierte, Brüste seien selbst Ornamente.

Gerade diese Mode, die im 16. Jahrhundert in Frankreich entstand, aber auch an anderen europäischen Höfen zu sehen war, ist ein gutes Beispiel dafür, wie bildlich Mode zu dieser Zeit bereits geworden war. Den Stil kennt man jetzt nur noch von gemalten und gestochenen Porträts, die auch viele andere Moden wiedergeben, und er wurde zweifellos zu dieser Zeit unter den vornehmen Damen Europas durch Kupferstiche und Miniaturen verbreitet. Nur Künstler konnten ein Mieder so glatt, die Brust darüber so gleichmäßig wächsern, die Schultern so knochenlos machen und die Perlen so perfekt drapieren. Ohne Zweifel ahmte das Leben bereits im 16. Jahrhundert die Kunst nach, und die Mode scheint sich auf bildliche Konventionen zu beziehen, die strenger waren als sie selbst. Aber ihre Überzeugungskraft ging noch tiefer, sie lag in der neuen repräsentativen Macht der Mode, die sich nicht mehr auf die Brüste konzentrieren mußte, sondern sie in abstrakte, emblematische Schmuckelemente auf dem Kleid verwandeln konnte.

Mit der Entwicklung solcher modischen Tricks wurde das Kleid zur modernen Kunst. Es begann, symbolisch und anspielend zu operieren, durch modische Form und durch Schmuck, und verwendete dabei seine eigenen suggestiv angewandten Formen als dynamischen Kontrapunkt zur Form wirklicher Körper. Die Mode hat das, ebenso wie die Kunst, seither immer getan, sie hat ihre eigenen Vereinbarungen mit natürlichen Formen getroffen, um eine lebendige Sequenz in ihrem eigenen Medium zu schaffen. Aber in der Mode ist natürlich ein Teil des Mediums immer die lebendige Person, die in ihr steckt.

Genauso wie andere visuelle Künste der gleichen Zeit stellte die Kleidung ein dreidimensionales und illusionistisches

Programm für den bekleideten Körper auf, ein neues fiktionales Medium, eine poetische Form, etwas, das phantasierte Wahrheiten mit dem zusätzlichen Status wiedergegebener Fakten übermittelte, ein Drama, in dem lebendige Akteure mitwirkten. Der Körper selbst wurde fiktionalisiert, Personen wurden Figuren und Charaktere. Die Mode erfand ein poetisches visuelles Vokabular, um – manchmal unbewußt – sich überschneidende, gleichzeitige Themen von Zeitlichkeit und Kontingenz ans Tageslicht zu bringen oder gesellschaftliche Stellung und Eigenschaften in Begriffe der Sexualität zu verhüllen, die der lebendige Körper einfordert. Der Wettbewerb des Sich-Kleidens gründete auf suggestiven Veränderungen von Form, Farbe, Linie und Proportion, die sich alle auf körperliche Formen und auf variable Reize der Form des Schmucks, nicht bloß auf seinen Wert bezogen.

Als Teil des Dramas der Sexualität begann sich die Fiktion der Mode mit der Idee ihrer Formulierung durch die Zeit zu befassen, wobei sie geschickt die Kräfte von Erinnerung und Begehren in einem Bild zusammenfaßte, das vom Bewußtsein des Todes gerahmt war. Die angestrebte visuelle Mode begann, von einer eigenartigen Differenz zwischen der gegenwärtigen und der früheren Art des Aussehens abzuhängen, nicht bloß von der Differenz zwischen Seide und Selbstgesponnenem, oder zwischen eleganter und grober Zier, zwischen unterschiedlichen symbolischen Farben oder auch bloß zwischen dieser und jener Art, dieselbe Schärpe zu schlingen. Anstelle statischen Auftretens machte nun ein Gefühl für dramatische Abfolge die Qualität der wünschenswerten Erscheinung aus. Die Effekte armer und reicher Kleidung behielten ihre offensichtliche Signifikanz, aber das figürliche Medium der Mode begann, ihnen seine eigene Konstruktion aufzuzwingen und eliminierte jede direkte Bedeutung, die sie enthielten. Grobes konnte zeitweise witzig sein, Verfeinerung abgeschmackt, und frühere Effekte wurden immer wieder in neuen Kontexten verwendet, um den früheren Geschmack gelassen zu kommentieren. Schönheit hörte auf, das angestrebte Ziel der Mode zu sein, obwohl sie in vielen nicht-modernen, traditionellen Künsten noch immer dominierte. Schönheit in der Mode kommt immer als eine Art intensiver Überraschung, wie es häufig im Erleben sexueller Liebe geschieht. In der Mode ist Schönheit nicht das Resultat der selbstsicheren Harmonie von Form und Material, die man schon kennt, sondern das Resultat brillanter Momente einer klaren Vision. Solche Momente können aus dem Begehren geboren sein, aber getragen werden sie, wie ich schon oben sagte, von der Kunst, d. h. von Technik und Phantasie. Vor allem anderen wird die Schönheit in der Mode ständig *ad hoc* durch die abbildenden Künstler geschaffen, die ein Medium für sie herstellen und es überall vermitteln. Sie sind in der Lage, die Schönheit eines Bildnisses mit der Schönheit eines Kleidungsstücks zu verschmelzen.

Auf der Grundlage des sexuellen Aspekts begannen Männer und Frauen, sich irgendwann im 14. Jahrhundert in der Kleidung sehr deutlich voneinander zu unterscheiden, eine Tendenz, die sich in den beiden vorherigen Jahrhunderten abzuzeichnen begonnen hatte. Danach erzeugte die Anleihe visueller Motive über die visuell schärfere Geschlechtertrennung hinweg mehr suggestives Interesse und emotionale Spannung in der Kleidung als vorher, als Männer und Frauen noch Gewänder von ähnlichem Entwurf trugen. Kleine Andeutungen von Transvestismus wurden auffälliger und aufregender.

Die Kunst zeigt, wie die Veränderung funktionierte. Im frühen Mittelalter, bis etwa 1100, als die Gewänder beider Geschlechter noch relativ formlos waren, neigten Reliefbilder und Mosaiken dazu, innerhalb von Kompositionen, die männliche und weibliche Figuren enthielten, ein einheitliches Muster von Draperien zu schaffen. Das Ergebnis war, daß die Kleidung die Geschlechter anglich statt sie zu trennen. Dieses Kleiderschema in der Kunst stammte zum Teil aus klassischen Monumenten wie der berühmten *Ara Pacis* des Kaisers Augustus aus dem frühen ersten Jahrhundert v. Chr., auf dem Männer und Frauen von fließendem Tuch umhüllt erscheinen.

Diese besondere römische Draperie scheint jedermann in eine endlose Stoffbahn zu kleiden, so daß schwer festzustellen ist, welchen Geschlechtes die jeweilige Person ist. Im späteren 14. Jahrhundert jedoch sind die Damen in Illuminationen und Gemälden an ihren hohen, steifen Schleiern und langen, schleppenden Röcken sofort zu erkennen, die in auffallendem Gegensatz zu den deutlich hervorgearbeiteten Körpern und dem buschigen Haar der Herren erscheinen. In Übereinstimmung mit ihrem dynamischen emotionalen Kern stellte modische Kleidung nicht bloß die schlichte sexuelle Differenz zur Schau, wie es in der traditionellen Kleidung schon immer geschah, sondern brachte eine reiche Vielfalt dramatisch gegensätzlicher Ausdrucksformen von Männern und Frauen hervor. Dies ist eines der wiederkehrenden fiktionalen Themen der Moderne überhaupt.

In der Tat steht das Element der persönlichen Geschichte, das für die moderne Literatur und den Stil der modernen Geschichtsschreibung so wichtig ist, hinter dem zeitgebundenen Stil der formalen Sprache der Mode, hinter all den Effekten, die sich verändern müssen, damit sie mit zeitgebundener Formulierung übereinstimmen. Anders als alles

---

Obwohl sich männliche und weibliche Kleidung unterschieden, zeigten die Künstler der Antike und des Frühmittelalters Männer und Frauen ähnlich gekleidet und von ähnlicher Größe und Form. Alle Kleidung wurde gleichförmig stilisiert, um die beiden Geschlechter eher einander anzugleichen als zu trennen.

Römisches
Basrelief:
Ara Pacis,
Westansicht.
Rom.
13 - 9 v. Ch.

Byzantinisches Mosaik: *Die Kaiserin Theodora und Gefolge*, Ravenna.
500-526 n. Chr.

übrige in der materiellen Welt muß sich die Kleidung mit
dem Körper jeder einzelnen Person befassen. Es können
nicht viele ein und dasselbe Gewand tragen, während viele
unter einem Dach Schutz suchen und aus einem Topf essen
können. Aber Mode geht noch über Kleidung hinaus, sie
arbeitet mit der Idee eines individuellen Körpers, der eine
individuelle Psyche und eine besondere Sexualität hat, eine
einzigartige Jugend und Reifungszeit, einzigartige persönliche Erfahrungen und Phantasien. Das ist eine Vorstellung,
die ganz im Gegensatz zu dem steht, worauf die Figuren auf
der *Ara Pacis* hindeuten oder was die ganze Palette der Kleidungsstücke im bäuerlichen Dorf ausdrückt. Mode ist
kompromißlos persönlich.

Obwohl Mode zu fordern scheint, daß viele Leute dasselbe
tun, ist sie dennoch in den Formen, die sie verwendet, der
Idee der einzigartigen Persönlichkeit verpflichtet – den materiellen Formen, die aus der unbewußten Phantasie entstehen. Es sind diese Formen, die die Mode und zugleich mit
ihr die sie tragenden Leute immer lächerlich zu machen
schienen: die komischen Hüte, die spitzen Schuhe, das nutz-
lose Beiwerk, die unterschiedlichen Einschnürungen, die
breiten Schultern – die ganze Geschichte. Und das traf
durchgängig auf beide Geschlechter zu. Die Kunst, die sich
zur selben Zeit modernisierte, zeigt den gleichen persönlichen Charakter in einem neuen evokativen und suggestiven

Unterschiede zwischen männlicher und weiblicher Kleidung, die ins
Auge fallen, kennzeichnen die erste Phase der echten Mode und werden
von den Künstlern des Spätmittelalters und der Frührenaissance betont.
Die männliche Mode beruht auf den körperlichen Gliederungen des
Plattenpanzers, während die weibliche Mode den verhüllenden Rock
mit einem sehr kleinen, engen Mieder darüber überbetont. Männer
haben jetzt fließendes, lockiges Haar und sichtbar wohlgeformte Beine,
Füße und Genitalien; Frauen bedecken das Haar und haben unterhalb
der Taille keine erkennbare Form, aber sie entblößen den Hals und die
Brust.

Handschriftenillumination:
Le Roman de la violette.
Französisch.
Mitte des 15. Jahrhunderts.

Meister E.S., Kupferstich:
Der Ritter und seine Dame.
Deutsch.
Mitte des 15. Jahrhunderts.

formalen Vokabular, das die Werke der Frührenaissance durchdringt. In ihrer Tiefe und Schattierung bieten Masaccios Fresken und Van Eycks Gemälde eindringliche persönliche Darstellungen.

Indem sie die Idee eines individuellen Körpers betont, illustriert die Mode die Vorstellung, daß Sexualität, die von individueller Phantasie und Erinnerung abhängt, das Leben jeder Person beherrscht. Sie illustriert das kollektive Leben, als wäre es eine persönliche Erzählung mit ihrem linearen, subjektiven Weg durch die Zeit. Indem sie extreme Visionen anbietet, die jeden für einen kurzen Moment befriedigen, aber gleichzeitig jeden zu beleidigen und durcheinanderzubringen scheinen, bezieht sich die Mode selbst latent auf Lust, Furcht oder Begeisterung des Augenblicks, nur um sich im Laufe der Zeit und mit dem Wandel der Umstände zu ändern. Furcht und Lust (oder Verachtung, Selbstekel und Haß) können Menschen eine Zeitlang lächerlich machen, aber sie sind legitime Zustände, die jeder respektiert, besonders in der modernen Welt.

Mode kann emotionale Kräfte repräsentieren, die nicht das direkte Echo der Gefühle eines beliebigen Trägers während der Dauer einer solchen Mode zu sein brauchen. Die Mode wird immer eine kollektive Vision sein, aber sie wird die Formen verwenden, die in individuellen psychischen Tiefen liegen, und sie wird auf vorhandene Bilder der Künste reagieren, das heißt, sie wird Gewänder verwenden, die die Leute erkennen. Also wird sich in der Mode jedes einzelnen eine Zeitlang Aggression (oder Langeweile, Hoffnung, die Sehnsucht nach der Kindheit) ausdrücken, selbst bei denen, die nichts dergleichen empfinden – der Zeitgeist fordert, daß dies (und nichts anderes) im stummen Theater der Mode anerkannt wird.

Mit »jedem« meine ich natürlich nicht wirklich jeden, da es heute nicht nur eine einzige Mode gibt; aber ich meine alle in einer eindeutig auszumachenden Gruppe. Um eine solche Gruppe erkennbar zu machen, können der Schnitt und die Form der Kleidung in verschiedenen Moden unbewußt Körperformen imitieren und verspotten (sogar Lungen und innere Organe oder Zähne und Rippen), immer im direkten Kontakt mit realen Körperteilen, und gleichzeitig erkennbare Kleidungsstücke einem allgemeinen Wiedererkennungseffekt zuführen. Die Bezüge können eine doppelte Verspottung oder eine doppelte Anspielung herstellen.

Die Anspielung auf bekannte Leitbilder gibt den Formen der Mode nicht nur Zusammenhang und eine akzeptable öffentliche Bedeutung, sondern sie wirkt auch als Zwischenglied, um ihren direkten Effekt zu korrigieren und zu dämpfen. Das Bild ermöglicht Distanz zwischen dem Träger und der direkten psychologischen Bedeutung der Form: wenn Frauen ihre Schultern polstern, um Stärke zu suggerieren, oder wenn sie Massen von äußerst unordentlichem Haar tragen, um sexuelle Freizügigkeit zu suggerieren, brauchen sie nicht daran zu glauben; sie streben vielmehr einen Look an, der in gerade bewunderten Bildern von Schauspielerinnen oder Models vorgeführt wird und dem sich mehr oder minder attraktive Personen in der alltäglichen Welt anzunähern suchen. Erklärungen von Mode sind oft deshalb so unvollständig, weil die Quellen für die tiefe Anziehungskraft bestimmter Formen und Stile verborgen bleiben müssen, damit die Mode ihr kreatives Werk frei entfalten kann.

Mit Kleidung, die in Mode ist, kann der Körper sich auf Teile seiner selbst und auf andere bekleidete Versionen seiner selbst beziehen, er kann auch andere Objekte Körperteilen angleichen. Ein bestimmter Hut kann einen Penis andeuten – was eine ziemlich offensichtliche Symbolik ist. Andere Hüte aber können den Kopf zu einer Faust, möglicherweise einem Fuß, einem Muskel machen, oder sie können sich einfach auf andere Hüte beziehen – auf die Mütze eines Eisenbahners oder auf einen Sonnenhut. Oder, wie in vielen Fällen, auf beides zugleich. Außer eine gewisse Stärke zu suggerieren, können gepolsterte Schultern bei beiden Geschlechtern auch auf Brüste und Hinterteile verweisen; bestimmte Hosen können wie Ärmel erscheinen, Beine zu Armen machen, und vielen ist aufgefallen, daß ein sehr weit ausgeschnittener Schuh, mit einer suggestiven Spalte zwischen den ersten beiden Zehen, den Rist einer Frau in eine Brust oder einen Rücken mit einem tief ausgeschnittenen Dekolleté verwandelt.

Bekleidete Körper können an Nippes oder Pflanzen erinnern, an Abfallhaufen oder Segelboote. Stoffstreifen an irgendeiner Stelle des Körpers deuten Fesseln oder imaginäre Bandagen an. Ein Sarong, der an die Südsee denken läßt, kann auch wie ein Badehandtuch aussehen; man kann ihn mit einer dandyhaften Jacke tragen und Beau Brummell evozieren oder ihn mit einem Lederhemd kombinieren, das gut zu einem mittelalterlichen Scharfrichter in einem Film der dreißiger Jahre passen würde. Modeschmuck ist für diese Aufgabe besonders geeignet, besonders, wenn er mal nette Häppchen zum Essen oder amüsante Griffe zum Drehen anbietet, dann Folterwerkzeuge oder tödliche Maschinerie und dann geheimnisvolle Rangabzeichen eines unbekannten uralten Kults. Ein bestimmtes Hemd kann Terrorismus suggerieren, ein anderes ein früheres Jahrhundert oder eine banale Zukunftsphantasie.

Die Mode hat jetzt auch Kleidungsstücke im Repertoire, die mit Brüsten, Oberkörpern, Rücken, Bäuchen und Schultern ein lexikalisches Spiel treiben – in einer semiologischen Umwelt sind dem allgemeinen Vorrat an visueller Phantasie ablösbare Wörter hinzugefügt worden, die sich mit Körperteilen und Bildteilen mischen lassen. Die Mode liefert modische Versionen von Figuren der visuellen Künste, so daß man sich – sagen wir einmal – wie Bart Simpson kleiden kann; aber wenn es einem lieber ist, erlaubt es die Mode auch, ein Bild von Bart Simpson auf der Brust zu tragen oder statt dessen die Worte »Bart Simpson«. Man kann sich überdies wie Van Gogh anziehen oder wie eines der Modelle von Van Gogh, oder man kann ein T-Shirt tragen, auf dem »Van Gogh« steht. Alternativ kann man sich Van Goghs *Sternennacht* mit Pailletten auf den Jackenrücken sticken oder sein eigenes Gesicht auf die Legwarmers fotokopieren lassen.

Modische Kleidung sieht immer persönlich aus, weil die Formen, die sie bildet, auf Individualität hinweisen, selbst dann, wenn sie sich überhaupt nicht von der Kleidung, die andere tragen, unterscheiden. Die außerordentliche Macht der Mode beruht darauf, daß sie jede Person einzigartig aussehen lassen kann, selbst wenn alle Leute, die die Mode mitmachen, sich sehr ähnlich anziehen. Das tiefe Bedürfnis, sowohl einzigartig als auch Teil einer Gruppe zu sein, wird von der Mode erfüllt – sie hat einem immer gestattet, dies beides zu haben, wenn man zu seinen Überzeugungen steht und seinem Geschmack vertraut.

Selbst wenn viele Menschen, die dieselbe Mode tragen, einander oberflächlich zu gleichen scheinen, werden die suggestiven Konfigurationen modischer Kleidung jedem faktisch noch mehr Individualität verleihen, da allgemeine Moden nicht anders können, als bestimmte persönliche Eigenschaften hervorzuheben und andere zu unterdrücken. Das gleiche schicke kurze Haar läßt den einen Mann grimmig aussehen und einen anderen jungenhaft; ein paar Jahre später läßt schickes langes Haar denselben grimmigen Mann romantisch aussehen und den jungenhaften tatkräftig.

HEUTE, IM LETZTEN VIERTEL DIESES JAHRHUNDERTS, KÖNNEN Frauen, die bestimmte Aspekte der weiblichen Mode nicht mögen, einfach eine andere Mode übernehmen, eine von mehreren verfügbaren, die den weiblichen Moden der Vergangenheit nicht ähneln. Eine aufgeklärte Frau mag es vorziehen, solche Kleidung elementar, zeitlos, einfach bequem und nicht modisch zu nennen – aber natürlich ist sie trotzdem modisch. Wenn sie nicht das Material selbst webt oder strickt und sich jedes Detail des Kostüms selber ausdenkt, entwerfen Modedesigner alle Kleidungsstücke, die sie trägt, und die Modeindustrie stellt sie her und vermarktet sie mit der gleichen Energie, die sie für jene Kreationen mit den berühmten Labels aufwendet, von denen in der Modepresse berichtet wird.

Es ist jedoch äußerst interessant, daß Frauen von heute, die sich einfach und zeitlos und jenseits der Mode kleiden wollen, gewöhnlich Kleidung wählen, die ursprünglich traditionell männlich gewesen ist, die Hosen und Hemden und Jacken und Pullover des modernen, klassischen, männlichen Anzugs, einschließlich Jeans und Flanellhemden. Statt zu einer rein weiblichen Grundkleidung zu greifen, wie es einige ihrer Vorläuferinnen im letzten Jahrhundert mit der Reformkleidung getan haben, übernehmen sie einfach etablierte männliche Mode, etwas, was Frauen schon seit Jahrhunderten immer wieder angestrebt haben. In diesem Jahrhundert ist es ihnen gelungen. Offenbar kann man zur Zeit dem alten Wunsch von Frauen, Männerkleidung zu tragen, sie weiblichen Zwecken unterzuordnen und sich damit befreit zu fühlen, nicht entgehen. Warum?

Meine These lautet, daß an der männlichen Kleidung selbst etwas immerwährend *Modernes* ist, das sie immer begehrenswerter gemacht hat als weibliche Kleider. Sie repräsentiert nicht einfach nur Macht oder geistige Potenz, man kann auch nicht sagen, daß sie bequemer war; aber seit dem späten Mittelalter war die männliche Bekleidung in gewisser Weise ästhetisch überlegen, war der visuellen Form nach seriöser, was von den Modeschöpfern für Frauen in der Vergangenheit nicht nachvollzogen wurde. Um herauszufinden, was dahinter steckt, müssen wir noch einmal etwas weiter zurückgehen.

FRÜHE MODEGESCHICHTE

WENDEN WIR UNS ZUERST DER ÜBERNAHME VON TEILEN der Kleidung des anderen Geschlechts zu. Extrem unterschiedliche weibliche und männliche Mode-Effekte, wie in den Jahren 1380 oder 1680, 1850 oder 1950, weisen darauf hin, daß jedes Geschlecht immer wieder ein sehr klares Gefühl der Distanz zum anderen haben wollte. Gemeinschaften setzten manchmal eine solche Trennung durch Kleidung mit beachtlicher Strenge durch, indem sie Gesetze erließen, die es verboten, sich wie das andere Geschlecht zu kleiden und strenge Strafen für Übertretungen auferlegten. Aber dies geschah gewöhnlich, wenn die visuellen Unterschiede zwischen der Kleidung von Männern und Frauen bereits ein neues Stadium der Konfusion erreicht hatten und die Mode begann, die Geschlechter einander anzugleichen, nachdem sie sie vorher scharf getrennt hatte. Da die Mode sexueller Ausdruckskraft verpflichtet ist, hat sich dies immer wieder ereignet, weil die Sexualität selbst dann besonders unterstrichen wird, wenn jemand die Kleidung des anderen Geschlechts trägt – besonders wenn er oder sie ansonsten das eigene Geschlecht nicht verbirgt. Das sexuelle *Vergnügen* soll betont werden, das sich absetzt von klaren männlichen und weiblichen Signalen, die auf die Fortpflanzung zielen.

Die Betonung liegt auf der Anspielung auf homoerotische Phantasien in Kleidern; das jedoch ängstigt viele.

Da Sexualität immer der Motor der Mode ist, wird immer wieder erotisch Verwirrendes in ihr auftauchen, im Gegensatz zu dem, was in der Zeit zuvor Männer und Frauen konventionell definierte. Die Übernahme von Kleidungsstilen des anderen Geschlechts, seien sie individuell oder kollektiv, stellt eine moderne Version des Wissens davon zur Schau, daß Sexualität fließend, unberechenbar und sogar unbequem ist und nicht starr, einfach und leicht. Außer auf Sex insistiert Mode auf dem Risiko. Wenn die visuelle Trennung von Männern und Frauen zu symbolisch, zu ungestört, zu konventionell statt dramatisch auszusehen beginnt, wird die Mode eine erotische Störung produzieren. Aber natürlich nicht immer dieselbe.

Es erstaunt daher nicht, daß die weibliche Mainstream-Mode sooft von dem äußerlichen Kunstgriff gelebt hat, etwas um der Provokation willen von den Männern zu borgen. Meist geschah dies selektiv, in kleinen Dosen. George Sand jedoch, die in einer Zeit, in der die Geschlechtertrennung sehr streng war, einen kompletten Herrenanzug trug, wurde zur erotischen Ikone, weil sie in ihren gutsitzenden Jacken und Hosen nicht maskulin, sondern sogar noch femininer aussah, das heißt, ihr Sex-Appeal wurde durch sie noch unterstrichen. Auffallend war, daß sie nicht ihr Haar abschnitt oder ihre üppige Figur versteckte: es handelte sich nicht um Travestie mit dem Ziel der Täuschung. Indem sie Männerkleidung übernahm und sie ihrem weiblichen Körper anpaßte, zeigte sie, daß sie weder an Frauenfragen wie Kinder-Bekommen und Häuslichkeit interessiert war noch an dem weiblichen Standardverhalten verführerischer Unterwürfigkeit, sondern an einem weiblichen erotischen Leben, das auf aktiver Imagination beruhte, auf abenteuerlustiger und vielgestaltiger Phantasie, der modernen

Art von Sexualität, die gewöhnlich Männern vorbehalten war. Denn als die Mode Kleidung zum ersten Mal modern machte, war es die Kleidung der Männer, die das Feld für den Ausdruck abenteuerlustiger sexueller Phantasie bereitete, nicht die der Frauen.

Die Moderne hat sich offensichtlich in wellenartigen Bewegungen wiederholt, von denen nur die letzte in den Beginn dieses Jahrhunderts fällt. Wenn man auf die Kleidung seit 1200 blickt, sieht man, daß die Beschleunigungen kulturellen Fortschritts von scharf konturierten neuen Modestilen begleitet wurden und daß es sich dabei ursprünglich meistens um Männerkleidung handelte. Die weibliche Bekleidung reagierte auf neue männliche modische Statements entweder durch Gegenaussagen mit übertrieben konservativen und unterwürfigen Elementen oder rein äußerlich, indem man, besonders etwa nach 1515, »klaute«. Danach begann die Mode der Frau, Bereiche männlicher Kleidung als gängige Kriegslist, als phantasievollen Vorschuß auf extreme feminine Kunstgriffe zu plündern. Selten verlief es umgekehrt. Es ist eindeutig, daß die schnellsten und sexuell attraktivsten Fortschritte der westlichen Kostümgeschichte in der Männermode gemacht wurden, einschließlich des Initialsprungs in die Mode selbst im späten 12. Jahrhundert, dem Wechsel in die Moderne, der alle folgenden Generationen herausforderte.

BIS DAHIN HATTE DAS EUROPÄISCHE KLEIDUNGSSCHEMA seit der Spätantike Männer und Frauen in ähnliche sackartige Kleidungsstücke gesteckt, die keine gebogenen Nähte kannten, sei es, um Ärmel einzusetzen oder um wenigstens eine Andeutung von Sitz am Körper zu erzeugen. Dreidimensionalität gehörte nicht in die Konstruktion des Kleidungsstücks, sondern sie entstand dadurch, daß das Material am Träger herunterfiel und unterschiedlich gewickelt, gegürtet und befestigt wurde. Diese Art der Kleidung war und ist in einem Großteil der östlichen Hemisphäre noch immer üblich, in Gesellschaften, deren Traditionen nicht unserer Art von Mode entsprechen. Und bei neueren Versuchen, die westliche Kleidung nachzuahmen, folgen die Menschen in Nepal zum Beispiel den alten Regeln – es sind die Männer, die nach Modernität streben und jetzt westliche, nach Schnitten genähte Kleidung tragen, während die Frauen an den alten drapierten Kleidern festhalten, die einst von beiden getragen wurden.

Während des frühen Mittelalters waren die Tuniken der Männer manchmal kürzer als die der Frauen, aber beide Geschlechter trugen drapierte Kleidung, die grundsätzlich immer noch der der alten Griechen und Römer glich, die den Männern ebenfalls im Krieg, für die Arbeit und für Freizeitaktivitäten kürzere Tuniken gestattet hatten. Männer hatten zu allen formellen öffentlichen Gelegenheiten ebenfalls lange Gewänder an. Der wichtigste neue Unterschied zwischen den Geschlechtern im Mittelalter war, daß die Männer zu ihren kürzeren Tuniken separate Beinkleider trugen, die lose hochgezogen und an einem Band in der Taille befestigt waren, sowie locker sitzende Unterhosen, die darunter festgebunden wurden. Beides war dem europäischen Klima angepaßt und von den ursprünglich aus dem Norden und Nordosten kommenden Eindringlingen in die Mittelmeerwelt entwickelt. Für die Griechen und Römer hatten sie ursprünglich den potenten Schick des Verbotenen gehabt, sie waren die skandalöse Bekleidung des Feindes. Frauenstrümpfe, fast unsichtbar, reichten nur bis zum Knie, und Frauen trugen überhaupt keine Hosen. Ein Teil der männlichen Bekleidung bildete daher bereits eine etwas detailliertere Körperhülle als die der Frauen, selbst wenn alles aus sackartigen Tüchern gemacht war.

Die Kunst des frühen Mittelalters zeigt, wie im Grunde die

Künstler die Schönheit der frühmittelalterlichen Kleidung schufen, indem sie schöne Wechselbeziehungen zwischen Falten, Befestigung, Textur und Schichtung in Harmonie mit stilisierten Armen und Beinen erfanden. Sie kombinierten die Komponenten der Gestalt mit Abstraktionen der Draperie, wie es die griechischen Bildhauer und Vasenmaler getan hatten. Frühmittelalterliche Schnitzer, Maler, Illuminatoren und Mosaikkünstler waren offensichtlich begabter für die Couture als die gerade-schneidenden, gerade-nähenden Schneider der Zeit. Man kann die moderne Mode in den Kunstwerken lauern sehen, sie wartet darauf, das Licht der Welt zu erblicken.

Die ersten revolutionären Fortschritte der europäischen Mode hingen jedoch mit der Entwicklung des Brustpanzers im späten 12. Jahrhundert zusammen, den männliche Moden danach auf verschiedene Weise eilends imitierten. Und wenn auch die spätere Männermode den Körperbau eines Mannes übertreiben, komprimieren, dekorieren, überladen und seine Oberfläche gänzlich bedecken mochte, war das Ziel des Entwurfs zunächst, die männliche menschliche Form »an sich« zu entwickeln. Die neue Entwicklung des Panzers war ganz anders als der Stil des klassischen Panzers, der die Linien des idealen nackten Torsos und Teile von Armen und Beinen nachgezogen hatte, indem er Muskeln mit metallenen Teilen, die sie nachzuahmen schienen, bedeckte und andere Teile nackt ließ.

Im Gegensatz dazu wies der dynamische formale Erfindungsreichtum des mittelalterlichen Panzers darauf hin, daß er entworfen wurde, um die gegliederte Schönheit vollständiger männlicher Körper sehr kreativ und auf moderne Weise zu steigern – mit einer erfundenen, abstrakten Bildersprache facettenreicher Brillanz und überirdisch wirkender Kraft.

Dies war ein großer ästhetischer wie auch praktischer

Fortschritt: der frühmittelalterliche Panzer war aus Ketten gemacht, die wie Stoff gerade herunterhingen, sehr schwer und zweifellos schmerzhaft zu tragen. Darüber wurden farbige Tuniken gezogen, die farbenprächtig waren und der Identifizierung dienten, und darunter dicke Hemden als Schutz vor dem Panzer, aber er selbst konnte die Erscheinung des kämpfenden Mannes in keiner Weise verbessern.

Innovationen des Panzers markieren die erste wirkliche Modernität in der westlichen Mode, zeigten die Möglichkeit auf, alle Einzelteile des männlichen Körpers neu zu entwerfen und sie in einer neugeschaffenen Form wieder zusammenzusetzen, einer Form, die die nackte menschliche Gestalt durch eine andere ersetzte, die einen strengen, dreidimensionalen, Linie um Linie übersetzten Kommentar in einem anderen Medium abgab. Die männliche Kleidung verlor den paßformlosen Charakter, den sie seit der Antike gehabt hatte, und fing an, neue interessante Linien für den Rumpf vorzuschlagen und Beine und Arme in ihr Schnittschema einzubeziehen. Der Panzer benötigte überdies ein Unterkleid, das von einem Rüstungsschmied gemacht wurde, einen enganliegenden, gepolsterten Anzug, der den ganzen Mann nachzeichnete und ihn vor seiner Metallhülle schützte, deren Form er sich fügen mußte. Die männliche Mode äffte schnell die Formen nach, die die Rüstungsschmiede erschaffen hatten, die wirklich als die ersten Schneider Europas bezeichnet werden können.

Seit dieser Zeit, ungefähr um 1300, begannen angezogene Männer und Frauen extrem unterschiedlich auszusehen. Bei den Männern wurden perfekt sitzende Strumpfhosen und enganliegende Wämser um die Taille herum zusammengeschnürt, damit sie überall glatt anlagen, und die formellen Jäckchen, die darüber getragen wurden, waren sehr kurz, schlicht und gepolstert. Ärmel wurden auch in mehreren Stücken zugeschnitten, geformt und gepolstert. Die einzel-

nen Beinkleider wurden zu Strumpfhosen zusammengenäht
und glatt hochgezogen, um die Unterhosen zu verstecken,
und sobald die Beine bis obenhin zu sehen waren, wurde der
Hosenlatz erfunden und gepolstert. In Italien, der Heimat
der ersten Wiedergeburt der Klassik, war diese Gliederung
zum Teil ohne Zweifel ein Widerhall der neuen Begeisterung
für den antiken männlichen Akt, einer Begeisterung, die
auch in der italienischen Renaissancekunst hervortrat. Aber
es war die verblüffende und prestigeträchtige Schönheit des
gepanzerten Mannes, die die europäische Mode für Jahrhunderte am stärksten beeinflußte. Die meisten männlichen
Bekleidungsstile vom 14. bis zum frühen 17. Jahrhundert
tendierten dazu, den Panzer dadurch zu imitieren, daß sie
steife, abstrakte Formen um den Körper bildeten, was
schließlich in der gestärkten Halskrause kulminierte, einer
panzerähnlichen Abstraktion des Hemdkragens.

Während derselben Periode der europäischen Geschichte
blieb die Kleidung der Frauen im wesentlichen konservativ,
hielt sich an Traditionen und die ursprünglichen Formeln
der Klassik. Die spätere Frauenmode kopierte, besonders
des erotischen Effekts wegen, wie schon gesagt wurde, häufig männliche Accessoires, nicht das ganze Kostüm. Das war
eine weibliche Methode, in dem bis zum 15. Jahrhundert generell langsamen stilistischen Prozeß zu modischen Variationen zu kommen. Währenddessen hatte die komplexe
Entwicklung von anliegenden und mit Ärmeln versehenen
Kleidern nur schrittweise weibliche Kleider mit mehr Form
und Schick hervorgebracht, als sie die Antike vorsah. Dann,
nach dem frühen 16. Jahrhundert, waren bestimmte weibliche Stile von Mieder, Hut, Kragen, Schuh und Ärmel einfach
bei den Männern »gestohlen« worden, um den Kleidern der
Frauen einen gewissen Hauch sexuellen Wagemutes zu verleihen, ohne auf die verbotenen Hosen noch auf übermäßige
Entblößung zurückzugreifen. Derartige Gesten zielen nicht

auf einen wirklichen maskulinen Effekt, das Aussehen aktiver Macht; sie legen den Wunsch offen, erotisch phantasievoll und trotzdem nicht zu weiblich auszusehen – männliche sexuelle Freiheit nachzuahmen, statt den Look weiblicher Unterwürfigkeit zu übertreiben. Die Huren in Urs
Grafs Kupferstichen um 1514 tragen elegante, provokativ
männliche Hüte wie Marlene Dietrich ihren Zylinder.

Wenn Johanna von Orléans 250 Jahre früher oder 250
Jahre später in Männerkleidung und einem männlichen
Panzer aufgetreten wäre, hätte sie allein durch ihre Kleidung
niemanden schockiert. Aber um 1420 war ihre Männerkleidung deshalb besonders skandalös, weil die Männerkleidung sexuell so expressiv war. Johanna verletzte die streng
getrennten Moderegeln der Zeit; die am Boden schleifenden
Röcke und die hohen, das Haar verbergenden Kopfbedeckungen der Frauen bekamen emphatischen Charakter,
nachdem die Kleidung der Männer begonnen hatte, den
Linien des Körpers zu folgen und die Form der Beine zur
Schau zu stellen, Männer auffallende Fußbekleidung wähl-
ten und ihr naturliches Haar interessant frisierten.

Das neue Element der auseinanderdividierten männlichen und weiblichen sexuellen Phantasien in der Bekleidung ließ Johanna in ihren Männergewändern schamlos
erotisch aussehen. Sie war nicht bloß als Mann verkleidet,
und sie sah nicht bloß soldatisch und praktisch angezogen
aus, besonders da sie in privaten Augenblicken ohne Panzer
etwas Dandyhaftes hatte. Am Hofe eignete sie sich die
männlichen Privilegien an, keine Kopfbedeckung zu tragen
und ihre Beine und ihre Figur durch attraktive, gutsitzende
Kleidung zur Schau zu stellen. Sie bediente sich nicht mehr
der exzessiv romantischen Schamhaftigkeit der damaligen
Frauenkleider, machte zugleich aber sehr deutlich, daß sie
eine Frau war. Dadurch erschien sie als Frau, die ihre sexuellen Phantasien schamlos zur Schau stellte und keineswegs

nur ihre geistige und politische Kraft in den dazu passenden Panzer hüllte. Und sie erregte fraglos die sexuellen Phantasien anderer. Sie bestand immer auf der Notwendigkeit ihrer Männerkleidung, aber sie sagte kein einziges Mal, daß diese praktisch oder bequem sei. Das alles schien sehr schlecht mit ihren spirituellen Ambitionen zusammenzupassen und trug dazu bei, sie in den Ruf einer Zauberin und Hure zu bringen.

JAHRHUNDERTE NACH DER MÄNNLICHEN REVOLUTION IM Mittelalter trugen Frauen weiterhin Varianten des Kleides, schlicht dieselbe bodenlange Tunika der Antike, der Chiton, dem Pelops oder der Stola, die damals mit einem großen drapierten Schal getragen wurde, der als Obergewand und Schleier diente. Das Kleid war traditionell vom Hals bis zum Saum aus einem Stück, aber in der Renaissance wurde es schließlich aus zwei Teilen gemacht, so daß das Oberteil, das Leibchen oder Mieder, versteift werden konnte, um mit den männlichen Moden, die auf dem Panzer basierten, zu harmonieren. Das Kleid wurde mit einem Hemd darunter und, von den Wohlhabenden, bei formellen Gelegenheiten mit einer eleganten langen Robe darüber getragen. Dazu gehörte eine Art Kapuze, ein Schleier oder Tuch auf dem Kopf, die symbolisch, wenn nicht tatsächlich, das Haar bedeckten, genau wie in der antiken Welt. Im kalten Europa lag der Hauptunterschied zur mediterranen Antike in der Kreation enganliegender Ärmel, so daß die Kleidung immer die Arme bedeckte und das Obergewand zu einer Robe mit Ärmeln anstelle der schalartigen Drapierung in Griechenland oder Rom wurde. Ärmel, mehr oder weniger reich geschmückt, wurden manchmal wie Strümpfe separat hergestellt, über den Arm gezogen und festgeschnürt oder angesteckt.

Als das Kleid im frühen 16. Jahrhundert zweiteilig wurde,

veränderte sich der Rock zum wirklich separaten Kleidungsstück, das auf englisch meistens Petticoat genannt wurde.
Dieser Rock schaute hinter der Öffnung des Überkleides
oder darunter hervor, wenn das Überkleid hochgerafft
wurde. Arme Frauen trugen vielleicht nur ein Hemd, einen
Petticoat und ein ärmelloses Mieder oder sogar kein Mieder,
aber sie trugen bestimmt ein Tuch auf dem Kopf. Der Petticoat war ursprünglich keineswegs ein Unterkleid, sondern
einfach jeder Rock, der separat war. Als solcher wurde er
zum einzig definitiv weiblichen Kleidungsstück, neben dem
Schleier. Um sich als Frau zu kleiden, um vollkommen verwandelt und verkleidet zu sein, waren ein Rock und ein
Kopftuch alles, was ein Mann brauchte. Auch heute noch
reichen diese beiden Kleidungsstücke dafür aus – allerdings
nur in westlichen Ländern.

Das weibliche Kostüm blieb seit dem Mittelalter im wesentlichen gleich, allein die Paßform und eine Versteifung
der verschiedenen Teile, von denen jedes die Gesamtform
zeitweilig variierte und mit der Steifheit der männlichen
Kleidung harmonierte, kam hinzu. Aber das Grundschema
eines einzigen Unterkleides (des Hemdes, Kittels oder
Unterrocks), eines langen Kleides, Überkleides und Kopfputzes war sehr alt und sehr nüchtern, befrachtet mit jahr-
hundertealten Symbolen weiblicher Schamhaftigkeit, die
bis in die Antike zurückreichten. Ärmel waren immer lang,
und ursprünglich waren alle Halsausschnitte hoch. Seit es
die Mode gab, schmückte sie die weibliche Bekleidungs-
formel aus, manchmal, indem sie die Einfachheit der Armen
nachahmte, manchmal, indem sie mit extrem ausladenden
Formen oder zusätzlichen Details mehr Prunk entfaltete,
manchmal, indem sie die Accessoires der Männer imitierte,
aber das Schema wurde bis zu diesem Jahrhundert nicht
generell in Frage gestellt.

Die Kontinuität dieser Formel war von größter Bedeutung,

denn darin drückte sich der Gedanke aus, daß die Mode sich zwar ständig veränderte, daß aber Frauen an ihren grundlegenden, zuerst in den langen Kleidern der Antike verkörperten Regeln festhielten, die aufzugeben sich die Männer des Spätmittelalters erlaubt hatten. Die Verfeinerung des langen Kleids schien den Frauen überlassen, als lange Gewänder für Männer immer mehr die Ausnahme und rein zeremoniell wurden. Die neuen panzerartigen Anzüge der Männer gaben den kraftvollen, modernisierenden Ton für den modischen Wandel an und luden zur Nachahmung ein, wobei das Kleid der Frauen die Chance bekam, gegensätzliche oder harmonisierende Formen anzunehmen, in den neuen visuellen Dialog der Geschlechter einzutreten, ohne irgend etwas aufgeben zu müssen.

Das weibliche Bild war daher fortwährend auf seine Vergangenheit gegründet, es variierte seine Grundstruktur nur im engen Rahmen der alten Regeln. Diese waren auf das antike göttliche Gesetz und bürgerliche Gesetze gegründet gewesen, und sie nahmen mühelos die Aura von Naturgesetzen an, so daß die Verabschiedung der langen Röcke, langen Haare und der obligatorischen Kopfbedeckungen durch die Frauen dieses Jahrhunderts wie eine tiefe Blasphemie erschien. Hosen waren natürlich eine noch schlimmere.

Im Laufe der Modegeschichte läßt sich sehen, wie die verborgene Gestalt der realen Frau praktisch ersetzt wird durch ein zufriedenstellendes Bild der bekleideten Frau, das oft zu bizarren Proportionen geformt ist, je nach den Verschiebungen der erotischen Phantasie im Laufe der ständigen Veränderungen der Mode. Im wesentlichen sollte das Kleid aber immer ihren Körper auf die alte Weise verhüllen und seine einfachen Fakten durch befriedigende mythische und fiktionale Wahrheiten ersetzen. Das ursprüngliche expressive Ziel des antiken weiblichen Kleides war Schamhaftigkeit gewesen, wie wir es immer noch vom

Islam kennen. Gegensätzliche Vorstellungen von sexueller Attraktivität kamen durch die Mode hinzu und bildeten einen spannungsgeladenen Kontrapunkt zu dem ursprünglichen Prinzip des Verbergens.

Die erste Variation der weiblichen Mode zum antiken Thema der Schamhaftigkeit war der größere Halsausschnitt im 14. Jahrhundert. Seitdem die Beine des Mannes mehr betont wurden, wurden die Brüste der Frau entsprechend hervorgehoben. Das ganze wurde zu einem spektakulären Manöver, ohne daß die übereinanderliegenden Tuchschichten aufgegeben wurden, die Frauen seit Jahrtausenden getragen hatten. Nicht weniger spektakulär war später die Versteifung des Mieders, deren sexuell attraktiver Effekt unter anderem – wie gesagt – die Imitation der neuen Wirkungen des männlichen Panzers war. Diese weiblichen Schachzüge waren sicherlich keine unabhängigen Modernisierungsschritte; sie waren sogar eher etwas regressiv, sie fügten den schamhaften Gewändern einen erotischen Narzißmus hinzu – eine Dimension, die ihre Kontinuität nur betonte. Aber die Öffnung der Halslinie war ein Präzedenzfall der weiblichen Mode: seit dem ersten mittelalterlichen Schritt in Richtung Dekolleté sollte die selektive Entblößung von Haut immer ein weibliches Thema bleiben. Obwohl Männer in bezug auf den Gesamtschnitt immer innovativer wurden, war ihr Körper normalerweise ganz bedeckt.

Bis zum späten 17. Jahrhundert lenkte das modische Kostüm beider Geschlechter oft von der Person ab: es war in sich beweglich, Teile davon waren gepufft, schleppten nach oder schwangen von einer Seite zur anderen, oder sie waren an der Oberfläche aufwendig verziert, um die Aufmerksamkeit vom tatsächlichen Körper abzulenken und die Phantasie ganz auf sich zu ziehen; aber selbst wenn die männliche Mode eng und schwer sein mochte, unbequem und kompliziert, artikulierten die Formen der männlichen Bekleidung weiterhin den Körper, betonten Rumpf, Hals, Kopf, Haare, Beine, Füße und Arme – und manchmal die Genitalien –, während die Formen des weiblichen Kleides dies nicht taten. Die wirkliche Struktur des weiblichen Körpers wurde durch die Mode visuell immer eher verschleiert als hervorgehoben. Sie hielt an dem alten Insistieren auf dem körperlichen Versteckspiel der Frauen fest, das nun mit den Mitteln phantasievoller Ablenkung und Täuschung vorgeführt wurde.

Arme und Kopf einer Frau mochten halbwegs erkennbar sein, aber ihr Haar war gewöhnlich sorgfältig hochgebunden und häufig von einem Kopfputz bedeckt, der die tatsächliche Form ihres Kopfes und Halses verbarg und den Charakter ihres Haares formte. Ihr Becken und ihre Beine waren immer ein Mysterium, ihre Füße nur manchmal zu sehen und ihr Busen war in gewisser Weise eine sich ständig verändernde theatralische Präsentation. Ihre Hände, unnötig zu sagen, waren immer dramatische Kostüm-Elemente, aufregende nackte Ereignisse in einem Meer von Stoff.

Auf der anderen Seite hatte das Design der männlichen Bekleidung ein Fundament in der Struktur des ganzen physischen Körpers, eine formale Authentizität, die aus der körperlichen Form abgeleitet war. Folglich hatten seine Fiktionen, obwohl sie auch zu Trug und Täuschung neigten, eine machtvollere Realität als die Phantasien der Frauenmode, besonders während der langen Periode, in der Männern Farbe, Erfindungsreichtum und Prunk gestattet waren.

Die öffentliche Aufmerksamkeit galt dennoch immer dem weiblichen Schema der Variation derselben Idee. Das war es, was mit »Mode« gemeint war, wenn sie als Frauensache verachtet wurde. Das ständige Beharren darauf, die Themen von Schamhaftigkeit und Erotik gleichzeitig durchzuspielen, war faszinierend und verband für immer die Vorstellung von weiblicher Mode mit Falschheit. Aber es ist wichtig, sich daran zu erinnern, daß trotz all der Unterschiede in der Konzeption männlicher und weiblicher Kleidung die beiden Geschlechter über Hunderte von Jahren eine harmonische visuelle Balance schufen, wie wir sie den Kunstwerken entnehmen können. Farben, Stoffe und Zierat waren für beide Geschlechter gleich und unterschieden sich je nach Status und nach Gelegenheit, manchmal auch nach Region, aber nicht nach Geschlecht; dasselbe traf auf den Grad der Komplexität der Kleidung und den Schmuck zu.

Ein Grund dafür – und für alles, was wir bislang beschrieben haben – lag in der Tatsache, daß alle Schneider Männer waren. Das Grundschema der Mode war das Produkt eines Männerhandwerks, eine Vorstellung, die als zweigeschlechtliche Einheit begriffen wurde, eine einzige visuelle Illustration der Beziehung zwischen Männern und Frauen. Überdies gab es Schneider auf allen gesellschaftlichen Ebenen, wie Schuster und Kesselflicker; nicht nur die Reichen ließen sich ihre Kleider machen. Man muß aber sofort hinzufügen, daß die weiblichen Kunden eines Schneiders sich in seine Arbeit ebenso kreativ einmischten wie die männlichen; Schneider waren bloß bescheidene Handwerker und keine angesehenen Designer. Die Wahl von Farben, Details und Accessoires war fraglos die ureigene Angelegenheit des Kunden, egal, ob Mann oder Frau; der technische Standard von Entwurf und Ausführung aber war für beide Geschlechter, in Dorf und Stadt, gleich.

SPÄTERE VERÄNDERUNGEN

NIMMT MAN DEN WANKELMUT DER MODE ALS IHREN zentralen Kern, so zeigt sich, daß jede Veränderung der Mode darauf gerichtet sein muß, ein neues Ungleichgewicht zu erzeugen, genau dann, wenn ein lebendiger Stil ein Stadium des Gleichgewichtes erreicht hat und zu leicht zu ertragen ist. Im Gegensatz zur Folklore sind die meisten Veränderungen nicht Rebellionen gegen unerträgliche Moden, sondern gegen allzu erträgliche. Langeweile in der Mode ist viel unerträglicher als irgendwelche physische Unbequemlichkeit, die ohnehin immer eine ambivalente Sache ist: ein gewisses Maß an Mühe und Anstrengung ist ein definierendes Element von Kleidung – wie auch bei jeder Kunst.

In der Vergangenheit erinnerten Steife, Eingezwängtsein, problematische Verschlüsse, unbequemer Schmuck und alle ähnlichen Schwierigkeiten im Bereich der Kleidung privilegierte Männer und Frauen daran, daß sie hochzivilisierte Wesen waren, durch anspruchsvolle Ausbildung, ausgefeilte Erziehung und komplexe Pflichten unterschieden von den Tagelöhnern mit ihren einfachen Freuden, Lasten und Pflichten. Veränderungen sehr eleganter Mode bedeuteten gewöhnlich, eine Sorte physischer Unbequemlichkeit gegen eine andere einzutauschen; die Akzeptanz solcher Kleidung war im Kopf verankert, sie war eine Frage von Ehre und Disziplin und des angemessenen Aufrechterhaltens sozialer Abstufungen.

Ein modernes Grundbedürfnis ist es, dem Gefühl zu entkommen, daß das Verlangen nach dem anderen schal geworden sei. Insofern hängt Mode damit zusammen, das Verlangen aufrechtzuerhalten, das gestillt werden muß, aber nie für zu lange Zeit. Es ist offensichtlich, daß beispielsweise ein allgemeiner Impuls der Mode sein könnte, den ganzen Körper starr erscheinen zu lassen, wenn er schon zu lange flexibel gewesen ist, wie im Falle der sackartigen Gewänder der Renaissance. Oder man könnte das anatomische Schema neu herausstellen, das in der klassizistischen Mode vorherrschte, nachdem die Barock- und Rokoko-Kleidung die Umrisse des Körpers über Generationen hin verwischt

François Clouet:
Le Duc d'Alençon.
Französisch, 1575.

Sein Kostüm behält noch die Steifheit des Panzers bei. Das Gemälde, vor einem einfachen schwarzen Hintergrund, betont die einzelnen Körperteile und ihre klar umrissenen, faltenfreien Formen; sogar die regelmäßigen Falten seiner Halskrause haben eine metallische Starre. Ihr Kragen und ihre Haube kopieren die männliche Mode, ebenso wie ihr panzerähnliches Mieder, aber ihr Kostüm behält die traditionelle weibliche Formel von Unterkleid und Überkleid bei, wobei die Ärmel des einen unter dem des anderen hervorschauen. Das Überkleid hat eine vordere Öffnung, die hier geschlossen getragen, aber mit Borten und großen Knoten stark betont wird.

Sánchez Coello:
Königin Anna von
Österreich.
Spanisch, um 1575.

hatten. Ein zwischen Barock und Klassizismus liegendes Beispiel tauchte in der ersten Hälfte des 17. Jahrhunderts auf: es begründete den modischen Reiz, existierende formelle Schemata lässiger zu erfüllen, eine Atmosphäre von Zufälligkeit, Unausgewogenheit, sogar Nachlässigkeit oder Verkehrtheit in der Wahl und dem Tragen vertrauter Kleidungsstücke zu erzeugen. Wieder waren Männer darin führend, und die Kleidung der Frauen folgte ihrem Beispiel nur bis zu einem gewissen Grad.

Um 1650 hatte sich der Panzer im Krieg als definitiv überholt erwiesen und sogar einen Großteil seiner zeremoniellen

Bedeutung eingebüßt; rudimentäre metallene Kragen und Brustschilde wurden weiterhin als Rangabzeichen verwendet. Aber während der qualvollen Zeit des Dreißigjährigen Krieges und des Englischen Bürgerkrieges in der ersten Hälfte des 17. Jahrhunderts galt als effektivster Kämpfer der ungeschliffene Soldat, der ausgebeulte Kniehosen und ein lockersitzendes Lederwams trug. Darunter hatte er ein einfaches Hemd mit riesigen Ärmeln an, von denen Teile und Stücke durch die losen Klappen und Schlitze des Wamses hervorlugten, und die ganze Gestalt war mit Riemen, Schnallen und Knöpfen übersät, die dazu dienten, militärisches Zubehör zu befestigen. Er war ausgestattet mit großen Stiefeln, einem großen Hut, einem großen Umhang und einem lose umgebundenen Schwert.

Um dieses Aussehen nachzuahmen, ließen elegante Herren ihr Haar lang wachsen und stolzierten herum, lockerten ihre Kragen, ließen ihre Strümpfe Falten werfen und hüllten sich in weite Mäntel. Der aufgeknöpfte Geist der Wachstube erlangte aristokratischen Schick, wie die Porträts des englischen Hofes von Van Dyck oder die französischen Kupferstiche von Jacques Callot zur Genüge zeigen. Enge Wämser und gestärkte Halskrausen, kurzgeschnittenes Haar, elegante Schuhe und gepolsterte Kniehosen begannen, lächerlich statt ordentlich und imposant auszusehen. Die Herrschaft der perfekten Symmetrie und Zurückhaltung gab der Kraft von Impulsivität und Überzeugung nach. In Harmonie mit der neuen barocken Mode gab es ein allgemeines »Vergnügen an Unordnung«, die erste modische Darstellung attraktiver Nonchalance.

Im späteren 20. Jahrhundert kam der Wunsch wieder auf, offene Hemdkragen oder kragenlose Hemden zu tragen und die Krawatte abzulegen, das Haar nicht zu schneiden, sondern es hängen oder schwingen und die Stoppeln auf dem Kinn wachsen zu lassen, neue, lockersitzende Versionen

früher enger Kleidungsstücke zu tragen, nicht zusammen-
passende Elemente zusammenzuzwingen und Freizeitkleidung als Standardbekleidung zu übernehmen. Die bewußte, verbale Rechtfertigung solcher Schritte ist immer
einfach; sie werden assoziiert mit individueller Freiheit,
Ehrlichkeit und körperlicher Bequemlichkeit, die plötzlich
als rigide wahrgenommenen Strukturen entgegengesetzt
werden. Aber gewöhnlich werden sie im Geiste ästhetischer
Subversion unternommen, der der Mode beharrlich innewohnt – es sind aktive Schritte hin zu einem Wechsel um
seiner selbst willen, nicht grimmige Rückzüge von den
eisernen Forderungen der Mode selbst. Die Mode nimmt
Lässigkeit ebenso ernst wie Ordnung, und locker gebun-
dene Schals und das rechte Maß von Stoppeligkeit sind oft
viel schwerer zu erreichen als formelle Krawatten und eine
glatte Rasur.

Weil der gewohnheitsmäßige Konservatismus der weiblichen Bekleidung lange anhielt, verwundert es nicht, daß
das ausschlaggebende Moment für ähnliche subversive
Verschiebungen und umfassende »Modernisierungen« von
den Männern ausging. Obwohl sich die Details der Frauenkleidung während dieser Perioden änderten, um den herrschenden Geschmack (ob nun in Form von Lässigkeit oder
Strenge) nachzuahmen, ließ die Frauenkleidung nie das
dekolletierte Kleid mit dem verhüllenden Rock und formen-
den Mieder fallen, noch den komplizierten Kopfputz, zu
dem eine kunstvoll arrangierte Haarpracht gehörte, deren
Schmuck häufig eine Kapuze oder einen Schleier, ein Spit-
zen- oder Leinenhäubchen oder eine alles verbergende
Haube einschloß – lauter Variationen derselben Idee von
Sittsamkeit. Modische *Hüte* für Frauen waren immer informell, keck und ein wenig unanständig, da alle Hüte
ursprünglich maskulin waren oder der Unterschicht ent-
stammten.

Die militärische Kleidung durchlief weiterhin viele Veränderungen und blieb die Quelle eines großen Teils der in Kleidung ausgedrückten männlichen Sexualität. Stets haben sich viele Frauen um interessanter Effekte willen ihrer bedient. Die neueste Version dieses Themas ist nicht militärisch, sondern athletisch inspiriert. Die Sportkleidung von Hockeyspielern, Tauchern, Läufern, Radfahrern und Autorennfahrern wurde für Männer und Frauen zum Vorbild. Die männliche Mode integrierte Bergsteiger und Astronauten, sogar Außerirdische und Zukunftsreisende – Leute, die mit dem Schicksal der Erde spielten, wie es einst die gepanzerten Ritter und Kreuzfahrer im Mittelalter getan hatten. Panzerähnliche Bekleidung, die oft aus synthetischen Fasern und geformtem Plastik oder Leder gemacht wird, ist heute wieder einmal die Sensation.

Auch während der Modernisierungswelle im frühen 19. Jahrhundert, die von der berühmten Dandy-Mode repräsentiert wird, war die stilistische Quelle eher sportlich als militärisch, beruhte hauptsächlich auf dem, was man in England auf dem Lande zum Jagen und Schießen trug. Diese Mode wurde in der Frauenkleidung entsprechend nachgeahmt, bis zu diesem Jahrhundert allerdings bloß in der Reitkleidung. Bis dahin waren alle weiblichen Imitationen männlicher Bekleidung, seien sie militärisch oder nicht, mit Ausnahme der Schuhe auf den Oberkörper beschränkt gewesen. Der antike Rock, der Frauen von der Taille abwärts verbarg und damit der Mythologie des Weiblichen unendlichen Raum gab, war zum geheiligten weiblichen Schicksal und Privileg geworden, besonders nachdem er als separates Kleidungsstück fest etabliert war. Männer trugen generell keine Röcke, selbst wenn sie zu bestimmten Gelegenheiten in Roben oder lange Gewänder gekleidet waren.

Hosen für anständige Frauen waren in der Öffentlichkeit unakzeptabel, außer bei Kostümfesten und auf der Bühne, und sie wurden bis weit ins 19. Jahrhundert hinein noch nicht einmal unsichtbar als Unterwäsche getragen. Daß Unterhosen auch für Frauen üblich wurden, scheint der erste Ausdruck des kollektiven geheimen Wunsches zu sein, Hosen tragen zu dürfen, allgemein akzeptiert wurde das Hosentragen dann nach 1890 mit dem Radfahrerkostüm der Frauen, um schließlich im späteren 20. Jahrhundert endgültig bestätigt zu werden. Frauen, die sich jenseits der Norm bewegten, wie George Sand und Johanna von Orléans, hatten ihren sensationellen Auftritt praktisch in einem Vakuum; ein paar Einzelerscheinungen wie die von Amelia Bloomer im 19. Jahrhundert kamen und gingen. Hosen waren noch immer eine verbotene Leihgabe der Männer, so unschicklich, daß man sie generell nur verbergen konnte, bis schließlich ihre Zeit gekommen war. Nach jenen Jahrtausenden der Kleider schien es ein sexuelles Sakrileg zu sein, die Beine anständiger Frauen durch eine Schicht Stoff zu trennen. Folglich tauchten Frauen in Hosen seit dem 18. Jahrhundert in pornographischen Büchern auf. Seit dem 16. Jahrhundert wurden Hosen von leichtlebigen Frauen der eleganten Gesellschaft häufig zu Verführungszwecken getragen. Weibliche Bergleute, Fischerinnen und Landarbeiterinnen trugen Hosen wie natürlich auch Tänzerinnen, Akrobatinnen, Schauspielerinnen oder Sängerinnen in »Hosen«-Rollen, doch der niedrige Status all dieser weiblichen Berufe assoziierte die Hosen der Frauen generell mit einem niedrigen Status oder auch mit dem mysteriösen Orient, der seine eigenen zweifelhaften Assoziationen hatte.

Die Modernisierung der Frauenmode im 20. Jahrhundert war eine späte Entwicklung, da sie erst hundert Jahre nach den großen Innovationen einsetzte, die von englischen Schneidern für die Männer geschaffen wurden und heute noch immer die Basis der modernen Männerkleidung bilden. Zu dieser Zeit erhielt der männliche Körper – wie durch

die frühere Rüstung, nur besser – eine vollständig neue
Hülle, die einen schmeichelhaften modernen Kommentar zu
seiner Grundform abgab, eine einfache und gegliederte neue
Version, die die nackte Gestalt ersetzte, aber diesmal ohne
sie einzuengen, auszupolstern, zu versteifen oder übermä-
ßig zu schmücken. Der moderne Anzug verbarg zwar immer
noch jeden Zentimeter Haut, glitt aber nun über die
Oberfläche und bewegte sich mit den Bewegungen des Körpers, machte aus dieser Kombination ein Kunstwerk.

Zur gleichen Zeit wurde auch die Frauenmode zeitweilig
gestutzt, verschlankt und vereinfacht, aber sie wurde das
ganze folgende Jahrhundert hindurch weiterhin von dem
primitiven, verbergenden Muster des langen Kleides und
eines sorgfältigen Kopfputzes dominiert. Die Mode arrangierte auch weiterhin die Proportionen des weiblichen Körpers um und vermied es, genauer auf seinen wirklichen Bau
hinzuweisen, geradeso wie man es vom weiblichen Kostüm
des 14. Jahrhunderts mit seinen weiten, nachschleppenden
Röcken kannte. Die modischen Veränderungen des 19. Jahrhunderts wurden an der Oberfläche für Frauen immer
verwirrender, während der Wandel der Männerkleidung
weiterhin eine Sache subtiler Veränderungen der geschneiderten Grundform und ihrer Grundmaterialien war. Die
Unterschiede im Modedrama zwischen den Geschlechtern
verschärften sich mehr denn je.

Zusammen mit den modernen englischen Schneiderjacken
aus Wollstoffen erblickten moderne lange Hosen als weiteres Beispiel verblüffender und subversiver Männermode
das Licht der Welt. Sie stammten hauptsächlich vom *Sansculotten*-Kostüm des Arbeiters der Französischen Revolution,
wurden aber auch von gewöhnlichen britischen Seeleuten
und Sklavenarbeitern in den Kolonien getragen. Gelegentlich dienten sie in denselben Kolonien der Herrenwelt zum
aktiven Sport oder als Freizeitbekleidung. Aber abgesehen

von ihren eindeutigen, aufregend plebejischen Konnotationen schufen sie eine zwanglos lockere Alternative zu den enganliegenden seidenen Kniehosen und hautengen rehledernen Röhrenhosen des späten 18. Jahrhunderts – Kleidungsstücke, die das männliche Bein und die Lenden ohne viel Raum für Kompromisse vorgeführt hatten.

Für Hosen brauchte man keinen vollkommenen Körper, und sie waren an sich angenehm lässig. Schnell wurde ihre Arbeiterklasseneinfachheit modifiziert und sie wurden dem subtilen Schneiderschema assimiliert, das bereits für den eleganten männlichen Rock des frühen 19. Jahrhunderts entwickelt worden war. Die röhrenartige Bedeckung der Beine antwortete harmonisch auf die röhrenartigen Ärmel des Rocks, und als die Rockschöße anfingen, dauerhaft die sich deutlich abzeichnenden Genitalien früherer Tage zu verhüllen, setzte sich die leuchtend gefärbte Krawatte durch, um dem Grundensemble die notwendige phallische Note hinzuzufügen.

Das moderne Bild des Mannes stand also um 1820 praktisch fest und wurde seitdem nur leicht abgewandelt. Der moderne Anzug stellte eine so perfekte Visualisierung des modernen männlichen Stolzes dar, daß er bislang nicht ersetzt zu werden brauchte, und er wurde nach und nach zum Standardkostüm der gesellschaftlichen Führungsschicht in der ganzen Welt. Der männliche Anzug suggeriert jetzt Redlichkeit und Zurückhaltung, Klugheit und Gelassenheit, aber unter diesen aufgeklärten Tugenden brodeln auch seine Ursprünge aus der Jagd, der körperlichen Arbeit und der Revolution – und genau deshalb ist der Anzug noch immer sexuell potent und mehr als nur ein bißchen bedrohlich; seine Ausstrahlungskraft wurde während all dieser vielen Generationen noch keineswegs verbraucht. Andere männliche Kleidungsstile spielen mittlerweile neben dem Anzug durchaus eine wichtige Rolle. Seine Position hat sich daher verändert, er bleibt aber ein wahrer Spiegel moderner männlicher Selbsteinschätzung. Wir werden seiner Geschichte später weiter nachgehen und sein Schicksal näher betrachten.

WEIBLICHE KREATIVITÄT

WAS HAT SICH JEDOCH DERWEIL BEI DEN FRAUEN EREIGNET? Trugen ihre Kleider irgend etwas Wichtiges zu der sukzessiven Modernisierung der Bekleidung bei, zu der echten Entwicklung der Mode statt bloß zu ihren statischen Variationen? Welche fundamental neuen Dinge haben sie getragen, ohne die Männer zu kopieren? Zunächst einmal sollte man herausbekommen, ob Männer je Frauen kopiert und irgendwelche überzeugenden Effekte des spezifisch weiblichen Aufzugs geborgt haben. Ein verweiblichendes männliches Thema tauchte in der Renaissance in Gestalt des Dekolletés auf, das um 1500 einige Jahre lang von eleganten jungen Männern getragen wurde wie von Dürer in seinen Selbstbildnissen von 1493 und 1498 oder von den Männern auf den Porträts von Tizian und Giorgione während der gleichen Zeit. Diese Mode verleiht selbst den Bildern bärtiger Männer einen stark femininen Anstrich, da eine tiefe Halslinie schon damals ein Grundzug von Frauenkleidern war. Sie suggeriert auch eine gewisse Verletzlichkeit, die wenig mit männlichen Standardidealen von Kraft und Rücksichtslosigkeit oder von Strenge und Distanziertheit zu tun hat. Sie hat einen passiv erotischen Beigeschmack und sollte zweifellos die sexuellen wie die modischen Sitten der Antike anklingen lassen.

Im späten Mittelalter konnten die Halsausschnitte der

Frauen tiefer werden, weil die gesamte Kleidung beider Geschlechter enger anlag; ein offener Halsausschnitt führte nicht mehr dazu, daß das Kleid herunterfiel. Man erkennt, warum auch Männer eine Zeitlang den offenen Halsausschnitt tragen konnten – als verführerischen Kunstgriff, um ihrer Kleidung einen delikaten Beigeschmack zu verleihen, passend für Herren, die sich kontemplativen oder künstlerischen Beschäftigungen hingaben, aber auch, um mit kräftigen Nackenmuskeln und hübschen Schlüsselbeinen zu prahlen. Selbst bei den verwegenen Schweizer Söldnern des frühen 16. Jahrhunderts taucht der offene Halsausschnitt als Korrelat zu den entblößten haarigen Beinen, einer gepolsterten Geschlechtskapsel und kühn geschlitzten Ärmeln auf. Aber diese Mode für Männer war sehr kurzlebig, eine humanistische Mode, die mit der Wiedergeburt antiker Bildung und antiker Beschäftigung mit dem Körper zu tun hatte. Die nachfolgenden Generationen, die sich religiösem Streben und territorialer Eroberung hingaben, hatten damit nichts im Sinn.

Es sah zwar für ungeübte Augen manchmal feminin aus, aber das von Männern getragene lange offene Haar wurde wiederholt (und manchmal in Form von Perücken) als grundsätzlicher Ausdruck von Männlichkeit getragen, im Stile von Samson, der nichts Weibliches suggerierte. Loses, frei herabfallendes Haar trugen Frauen tatsächlich selten ohne irgendein kunstvolles Arrangement oder andere schmückende Elemente. Das lange Haar der Frauen war geflochten, aufgesteckt, zu Locken gedreht, mit Schmuck durchwirkt oder bedeckt; in der westlichen Geschichte hatten normalerweise nur die Heilige Jungfrau oder andere Jungfrauen gänzlich unfrisiertes langes Haar.

Offenes weibliches Haar hatte immer eine spezifisch sexuelle Referenz, war das Zeichen für weibliche Sittenlosigkeit und sinnliche Empfänglichkeit. Eine Frau mit offenem Haar lud zum Sex ein – Maria Magdalena trug es. Das trifft auch noch auf die heutige Mode zu und kann als weiteres Zeichen für den weiblichen Rückgriff auf antike Themen verstanden werden. Wie weibliches sexuelles Begehren war offenes Haar in der Vergangenheit ein mächtiges weibliches Attribut, das nach den Regeln des Anstandes nicht öffentlich gezeigt wurde. Aber anständige unverheiratete Mädchen, wie die Jungfrau Maria, trugen offenes Haar als Hinweis auf die Macht absoluter weiblicher Keuschheit. Ihr Begehren war noch nicht erweckt – wie das von Kindern –, und ihr Mantel aus Haar war eine reine Gabe Gottes, wie die Kleidung der Lilien auf dem Felde, eine Art paradiesische Ersatz-Nacktheit. Das unerweckte Begehren bei einem ausgewachsenen Mädchen ist überdies noch nicht verschwendet, es ist unverdorben, stark und bereit – ein machtvolles Element. Königin Elisabeth I. trug bei ihrer Krönung offenes Haar, zusammen mit kiloweise Juwelen und Brokat, um ihren jungfräulichen Status als Teil ihrer sexuellen und weltlichen Macht hervorzuheben. Auch Bräute trugen offenes Haar. Jungfräuliche Heilige werden damit auf Bildern gezeigt. Anständige Matronen konnten ihr Porträt mit offenem Haar malen lassen, in einer doppelten weiblichen List, die zugleich häusliche Keuschheit und erotische Potenz suggerierte. Für die meisten Frauen war es nötig, langes, dickes Haar zu *haben*, damit man sehen konnte, daß sie Sexualität besaßen, aber in der Öffentlichkeit konnten sie es nur sehr begrenzt zeigen.

Im Gegensatz dazu galt bei reifen Männern offen herabhängendes Haar gewöhnlich als ein öffentlich zur Schau getragener viriler Schmuck, verwandt mit der Zur-Schau-Stellung von Muskeln und Statur, ein Zeichen sexueller Kraft. Es sieht nur dann feminin aus, wenn es nach einer langen Kurzhaarperiode in der männlichen Mode gerade wieder modisch geworden ist. Dann erfährt langes Haar die sofortige Mißbilligung konservativer Betrachter, die es noch immer mit weiblicher Zügellosigkeit assoziieren. Wie so oft war das, was bei Männern ein uraltes Symbol für Kraft war, bei Frauen ein Zeichen für persönliche Verletzlichkeit; ein bißchen davon färbt auf Männer ab, wenn sie wieder langes Haar tragen – oder auch dann, wenn die Mode in die andere Richtung ausschlägt und sie aufhören, sich so zu zeigen. Zum Teil kann das offene Haar moderner Frauen in diesen aufgeklärten Zeiten als weitere männliche Leihgabe betrachtet werden, genau wie ihre sehr, sehr kurzen Haarschnitte. Es kann jetzt ein Weg sein, reine sexuelle Stärke zu zeigen, ohne eine mythologische weibliche Schwäche zuzugeben.

Das raffinierte Dekolleté muß demgegenüber als ein wahrhaft ernster und durch und durch weiblicher Beitrag zur Mode anerkannt werden. Es schließt nicht nur die Halslinie vorn und hinten ein, sondern die Linie, an der die Ärmel abgeschnitten werden, um das Handgelenk oder sonstige Teile von Arm und Schulter zu entblößen. Letztlich stellte in unserem Jahrhundert die zunehmende Verkürzung des Rocks, ein Akt, der in mehreren Schritten vollzogen wurde, eine Parallele zur früheren Entblößung von Brust und Schultern dar. In dieselbe Richtung weist der neueste moderne weibliche Schachzug: die Entblößung der Taille – eine neue Option, keine Notwendigkeit.

Seltsamerweise schien die extreme Verkürzung der Röcke die Frauenkleidung an ihre Anfänge zurückzuverweisen, zurück in die Sphäre der Männer. Der sehr kurze Rock tauchte in den sechziger Jahren auf, genau zu dem Zeitpunkt, an dem Hosen für Frauen allgemein üblich wurden; und der Minirock erschien als verspätetes Echo auf die skandalöse Entblößung der männlichen Beine im Spätmittelalter – eine weitere Leihgabe von den Männern aus den Anfängen modischer Modernität. Mädchen sahen nun

Anton Van Dyck:
Henri II. von Lothringen
Herzog von Guise.
1634.

Das wallende Haar des Herzogs, sein großer Federhut, sein großer abfal
lender Kragen, sein faltiger Mantel und seine faltigen Stiefel lockern ein
lose sitzendes Kostüm, das die einzelnen Teile des Körpers nicht mehr
scharf herausmodelliert, noch stärker auf. Die gemalte Landschaft hinter
ihm vermittelt dem modisch lässigen Effekt noch mehr Wildheit und
Asymmetrie.

wie Pagen aus, mit endlos langen Beinen in grellen Strumpfhosen, die unter winzigen Hemdchen heraussahen.

Interessante Entblößungen oberhalb der Taille waren
jedoch jahrhundertelang die wichtigste weibliche Initia-
tive, die von der Mode der Frauen ausging; und die männliche Mode hat sie selten imitiert, weder was den Hals noch
was die Arme oder die Taille anging. Die kurzärmeligen
Hemden der Männer, bei förmlichen Gelegenheiten häufig

Anton Van Dyck:
*Henrietta Maria von
Frankreich,
Königin von England
mit ihrem Zwerg.*
Um 1635.

Die Königin berührt jetzt mit den Fingern die beweglichen Falten ihres
Rockes, statt ein Taschentuch zu greifen. Ihr sehr tiefer Ausschnitt ist von
einem eleganten männlichen Kragen überdeckt, und ihr Hut und ihre
Frisur sind ebenfalls ein Echo der männlichen Mode, ihre nackten Unterarme jedoch stellen eine neue und rein feminine Komponente dar. Der
Maler hat sie sehr in den Vordergrund gestellt, zusammen mit dem taktilen Vergnügen, das ihre Hände an dem Satin und dem Fell des Affen empfinden.

nicht gestattet, haben ihren verwirrenden Beigeschmack
zum Teil deshalb, weil sie in Wirklichkeit von den Frauen
entliehen wurden, bei denen die Entblößung der Arme als
anständig gilt. In Moden, die eher nachlässig waren oder an
Naturburschentum erinnerten, haben sich die Männer erlaubt, das Hemd auszuziehen oder die Ärmel aufzukrem-
peln und den Kragen aufzuknöpfen, aber sie sind nicht auf
die Idee gekommen, die Halslinie tief auszuschneiden oder

die Ärmel abzuschneiden, um die Haut auf interessante Weise zu entblößen. Während der langen Geschichte der Mode taten sie dies auch nie mit Jacken, Talaren oder Wämsern. Selbst sehr kurze Shorts für Männer, zusammen mit Unterhemden, die Teile der Haut entblößen – beides erst seit kurzem üblich –, sind als in der städtischen Öffentlichkeit getragene männliche Kleidungsstücke leicht verstörend, wahrscheinlich weil sie ebenfalls die moderne weibliche Regel für alltägliche Entblößung zu übernehmen wagen. In der Antike war es natürlich umgekehrt: die Männer waren nackt und die Frauen bedeckt.

Röcke, jene wichtigen, traditionellen Kleidungsstücke, gelten ebenfalls als originales und rein weibliches Element, wenn sie von der Taille aus herunterhängen. Seit ihren Anfängen im 16. Jahrhundert wurden sie nie in die normale männliche Kleidung integriert. Der Kilt, das männliche Kleidungsstück, das dem Rock am ähnlichsten sieht, ist in Wirklichkeit ein Überbleibsel der weit zurückliegenden Zeit, als Männer selbst im Krieg drapierte Kleidung trugen. Der gesamte interessante weibliche Kopfputz, der vom Schleier zu enganliegenden Kappen und steifen Kapuzenhauben bemerkenswerter Art fortentwickelt wurde, war eine andere weibliche Erfindung und wurde niemals von Männern imitiert. Wenn Gelehrte und alte Männer manchmal gegen die Kälte weiblich aussehende anliegende Kappen trugen, dann zogen sie ehrenwerte männliche Hüte darüber, wenn sie ausgingen. Männliche Kapuzen und Kutten waren entweder klerikal, wie Talare, oder ein unmodischer plebejischer Wetterschutz. Jetzt sehen wir sie an Sweatshirts und Parkas.

Der generelle Fortschritt rein weiblicher Modernisierung war langsam. Obwohl die Halslinie recht früh die Brust zu entblößen begann, wurde die Verkürzung des Ärmels nicht vor dem 17. Jahrhundert erreicht, als der Unterarm vorsichtig zum ersten Mal enthüllt wurde. Arme wurden

Jan Vermeer: *Mann und Frau beim Weintrinken.*
Niederländisch, um 1660.

Diese holländische Bürgerin trägt eine konservative Version der neuen
weiblichen Mode, die sich seit der Renaissance nicht wesentlich geän-
dert hat, ohne männliche Bezüge und mit einem sittsamen, gestärkten
Schleier, der ihr Haar bedeckt. Die neue abfallende Schulterlinie ihres
Kleides stellt sicher, daß ihre Arme eng am Körper gehalten werden,
selbst wenn sie oben mehr Haut entblößt; sie hat keine beweglichen
Accessoires. Ihr männlicher Begleiter kann im Gegensatz dazu seinen
großen Umhang um sich werfen, seine Ellbogen vorstrecken und mit seinem großen weißen Kragen, den Rüschenmanschetten und seinem großen schwarzen Hut prunken.

schließlich bis zum Ellbogen entblößt, woraufhin weitere
Entblößung der Brust folgte, als die Halslinie sehr viel weiter ausgeschnitten wurde und auch nackte Schultern aus
Kleidern heraussahen. In der Mode um 1660 waren das
nackte weibliche Handgelenk und der weiche Unterarm, die
so suggestiv auf mehr Weichheit unter den Kleidern hin-
wiesen, schließlich eine klare Verbindung mit der nackten
Brust und den Schultern eingegangen; damit war ein weiterer spektakulärer und unumkehrbarer Schritt vollzogen.

Der Anreiz, den ganzen Oberkörper extrem zu entblößen,
bestand fort, begleitet von sogar noch extremeren Polsterungen und Drapierungen der unteren Hälfte. Die Idee
kulminierte in den modischen Abendkleidern des späten
19. Jahrhunderts, als der ganze Arm zusammen mit dem
größten Teil von Brust, Rücken und Schultern entblößt
wurde und die Ärmel des Abendkleides nur noch angedeu-
tet waren. Die Rippen und die Taillenlinie waren fest eingezwängt, während der aufwendige Rock immer mehr Form,
Weite und Dichte erhielt.

Dadurch wurden die Frauen immer mehr in »unten« und
»oben« aufgeteilt. Diese Mode ging schließlich bei ihrer
Wiederbelebung in der Mitte des 20. Jahrhunderts ins
Extrem, als der Ärmel ganz aufgegeben und das trägerlose
Kleid erfunden wurde, wobei ein enger Kokon Rippen und
Brust umschloß, über einem ausladenden oder enganliegenden Rock, und die Arme nun ganz entblößt waren, was
nicht nur einen nackten Rücken, eine nackte Brust und
nackte Schultern bedeutete, sondern auch nackte Achsel-
höhlen. Der fast nackte Oberkörper und der sehr verhüllte
Unterkörper sind auch heute noch modern, und man bedient sich dieser Möglichkeit, wenn eine historisierende
und romantische Kleidung möglich ist – auf Bällen oder
Hochzeiten und oft auf der Bühne oder Leinwand.

Hier liegt eine Korrespondenz mit einem sehr hartnäckigen Frauen-Mythos vor, demselben, aus dem das Bild von der Meerjungfrau erwuchs, dem gefährlich geteilten weiblichen Monstrum, einer Kreatur, die nur bis zum Gürtel göttlichen Ursprungs ist. Ihre Stimme und ihr Gesicht, ihr Busen und ihr Haar, ihr Hals und ihre Arme sind allesamt bezaubernd, bieten alles, was unter den Freuden, die Frauen schenken, vorstellbar ist; alles, was die uneingeschränkte und zärtliche Liebe von Müttern suggeriert, während sie zugleich sehr irdischen Sex zu versprechen scheint. Die obere Hälfte einer Frau bietet sowohl großes Vergnügen als auch eine gewisse Illusion süßer Sicherheit an, aber sie ist eine Falle. Darunter, unter dem Schaum, den wogenden Wellen eines reizenden Rockes, stößt ihr verborgener Körper ab, seine Wohlgeformtheit ist zugleich schuppig abweisend, sein ozeanisches Inneres stinkt nach Unreinheit.

Es ist wirklich kein Wunder, daß Frauen, die ein Kostüm suchen, in dem sie ihre Flucht vor einer derartigen Mythologie ausagieren können, Hosen wählen. Auf die weiblichen Beine hinzuweisen, muß – ohne Zweifel unbewußt, da ursprünglich nur im Sinne der Bequemlichkeit argumentiert wurde – als ein notwendiger Zug im Theater der sexuellen Politik erschienen sein. Es war wichtig, die volle Menschlichkeit der Frau zu zeigen, und das hieß, daß sie einen Körper hatte, der dem der Männer in vielen Einzelheiten nicht unähnlich war. Zu zeigen, daß Frauen genau wie Männer gewöhnlich funktionierende Beine hatten (nicht exquisite Maschinen zum Tanzen und zur Akrobatik, die unter glitzerndem Tüll hervorblitzen, und auch keine verführerischen Glieder wie die Unterarme, die nur bezaubern, um zu umschlingen und zu erwürgen), hieß auch hervorzuheben, daß sie normal funktionierende Muskeln und Sehnen hatten ebenso wie Gallen und Lebern, Lungen und Mägen und daher auch: Gehirne.

Die Genese des Anzugs

DIE GROSSE WASSERSCHEIDE

M ODERNE ANZÜGE KAMEN EIGENTLICH ERST IM
späteren 17. Jahrhundert auf, als eine Art locker
sitzendes geknöpftes Jackett das begehrteste
Oberbekleidungsteil für Männer wurde. Das moderne An-
zugsjackett ersetzte in einer frühen Form den Talar und das
gepolsterte Wams, die drei Jahrhunderte lang für männliche
Eleganz gestanden hatten. Zu einem solchen Jackett trugen
elegante Männer noch immer Kniehosen mit Strümpfen statt
langer Hosen, aber die Kniehosen waren nicht mehr an das
Wams geschnürt, verloren ihre Polsterung und waren nun
weit, locker und weich. Man trug dazu eine geknöpfte Weste; das Jackett wurde nun teilweise oder ganz offenge-
lassen, um den begehrten Barock-Effekt hervorzurufen. Der
dreiteilige Anzug war geboren.

Weiche Hemdkragen und Manschetten ersetzten die gestärkten Rüschen, und zum ersten Mal schlang sich eine Art
Krawatte um den Hals. Das Schema Jacke, Weste und Hose
mit Hemd und Krawatte, das ich von jetzt an nicht ganz ex-
akt einen »Anzug« nenne, durchschritt die frühen Stadien
seines langen Lebens. Meine These ist, daß das maßgebliche
Element der Modernität des Anzugs nicht die Verwendung
eines einzigen Materials war – obwohl das gewiß eine Bedeutung von »Anzug« war und heute die einzige ist –,
sondern die abstrakte dreiteilige Hülle in einer einheitli-
chen, locker sitzenden Form, zusammen mit Hemd und Krawatte. Zwei Jahrhunderte lang wurden die meisten Jacketts

aus anderem Stoff als die Hosen gemacht, und die Westen aus wieder anderem; wenn alle drei gleich waren, nannte man das Kostüm einen »Anzug aus demselben Stoff«.

Diese frühen Entwicklungen fielen mit dem neuen Wunsch der Männer aus der Oberschicht zusammen, lieber lässig gekleidet als penibel zusammengeschnürt und verpackt auszusehen, wie es für die Herren in ihren panzerartigen Wämsern so lange üblich gewesen war. Mit dem lässigen Stil verbanden sich auch die ersten Hinweise auf ein verändertes militärisches Ideal. Und die neue Form unterstrich noch einmal die alte Auffassung, daß die Kleidung von Männern ehrlich, bequem und zweckmäßig, aber die der Frauen schwierig, unehrlich und albern sei.

Dessenungeachtet trugen damals beide Geschlechter hohe Absätze, oft mit großen Rosetten verschönert; und während der zweiten Hälfte des 17. Jahrhunderts verpflichtete die fast universelle Verwendung von Perücken die Männerbekleidung gänzlich auf ein Schauspiel der Künstlichkeit. Langes Haar war während der ersten Hälfte des Jahrhunderts bei Männern zeitweise in Mode, wie schon oft zuvor und seither, aber die Perücken, die es ersetzen sollten, sahen absichtsvoll nachgemacht aus. Und so blieb es mehr als hundert Jahre. Der Anzug setzte sich zwar mehr und mehr durch, aber noch wurde sein lässiges Aussehen durch den extrem ausgetüftelten Look von Kopf und Füßen überlagert.

Das virile Haar von Samson, stilisiert in Perückenform, blieb überdies ein männliches Privileg, ebenso wie Hüte — der separate männliche Kopfputz als phallischer letzter Schliff. Frauen trugen selten volle Perücken, aber sie ergänzten ihr natürliches Haar mit allen Arten von falschen Teilen, mit Polstern, Drähten und schließlich mit Puder, ohne die großartige falsche männliche Krone zu übernehmen. Bei aller neuen Lockerheit von Form und Sitz der männlichen Kleidung wurde die Hofkleidung der Männer weiterhin aus prächtigen und schweren Materialien hergestellt, und die Hemden waren mit erstaunlichen Mengen von Spitze geschmückt. Stickereien, zeremonielle Degen und anderer auffälliger Schmuck konnten bis weit ins 18. Jahrhundert von Herren getragen werden. Elegante Männer hatten ein gewisses Maß an körperlicher Mobilität als Maßstab für den Sitz ihrer Gewänder entdeckt, aber die Idee der Natürlichkeit und jede wahre Einfachheit ließen noch lange auf sich warten.

Das »Moderne« an den Anzügen des späten 17. Jahrhunderts war die Geschwindigkeit, mit der sie sich in den Jahrzehnten zwischen 1660 und 1690 ästhetisch von der weiblichen Kleidung wegbewegten. Während der ersten Hälfte des Jahrhunderts ähnelten sich gutgekleidete Männer und Frauen: beide trugen offenes gelocktes Haar, breite Spitzenkrägen und große Hüte, beide waren umhüllt von beweglicher, glänzender Seide, ähnlich schmuckvoll und ähnlich ausladend um Taille und Hüften – damals waren die Korsetts der Frauen sehr flach und schlossen nur die Rippen ein. Nach 1660 tauchten die neuen langen und locker sitzenden männlichen Jacketts aus dunklem und sogar mattem Material auf; bald hatten alle Anzugjacketts große Taschen mit Patten und große Ärmelaufschläge, und auf Taschen, Ärmelaufschlägen oder dem Vorderteil von Jacketts und Westen erschienen viele auffallende Knopfleisten. Reihen von Borten, übernommen von einfachen Soldaten und bald ein militärisches Standardmotiv, wurden selbst in der Hofkleidung als maskuliner Putz verwendet; Hüte und Schwertgurte waren groß und ausladend, damit sie zu den riesigen Perücken paßten. Die Stiefel waren gigantisch, wie Skulpturen geformt, mit weiten Schäften, die ein separates Futter enthüllten.

Zur gleichen Zeit lag das Kostüm eleganter Damen im Gegensatz dazu immer steifer und enger am ganzen Ober-

Links: Jean de St.-Jean: *Habit d'épée.* Französischer Modestich, 1685.
Rechts: Jean de St.-Jean: *Eine Dame beim Spaziergang auf dem Lande.*
Französischer Modedruck, um 1680.

Die moderne Anzugjacke hat ihren ersten Auftritt zusammen mit der
Halsbinde, aber wohlgeformte Beine müssen noch sein und ebenso eine
offene Haarmähne, die jetzt in Gestalt einer Perücke getragen wird. In
der aristokratischen Welt schmücken Federn, Bänder und Spitzen
Männer und Frauen in gleicher Weise, und beide tragen hochhackige
Schuhe, aber eine Dame trägt nur zum Reiten männliche Jacke und Hut,
Halsbinde und große Perücke.

Nicolas Bonnart: *Anne de France, Tochter von Ludwig XIV*. Französischer
Modestich, um 1695.

Ansonsten behält sie den tiefen Ausschnitt und das verschleierte Haar
nach weiblicher Sitte bei, auch wenn ihre Locken vielleicht elegant her-
vorlugen mögen. Ihr Kleid ist auf das verborgene Korsett modelliert und
an den Ärmeln und dem Rock drapiert, der hier seinen traditionellen
Doppelcharakter sehr deutlich zeigt.

körper an und wurde nur aus hellem Stoff gefertigt, der oft
noch zusätzlich dekorativ drapiert war. Dekolletés waren
betonter denn je, und bei Frauen tauchten überhaupt keine
Knöpfe, Aufschläge, Manschetten, Taschen oder militärische Borten auf, und nichts verwies auf irgendeine Lockerheit. Hüte waren selten, aber zierliche Spitzenhäubchen
kamen in Mode; die Frauen trugen ihre eigenen Haare,
höchstens mit etwas Nachhilfe. Im sittsamen bürgerlichen
Stil war die Kleidung der Frauen nüchtern und zurückhaltend, während die der Männer selbst in matten Farben
aggressiv und kühn wirkte.

Derartige Unterschiede gingen mit einer tiefreichenden
Spaltung einher, die sich während der Regierungszeit von
Ludwig XIV. im Schneiderhandwerk ereignete, einer Spaltung, die sehr langanhaltende Wirkungen nach sich zog.
1675 suchte eine Gruppe französischer Näherinnen erfolgreich um die königliche Erlaubnis nach, eine Schneiderin-
nenzunft für die Herstellung von Frauenkleidern zu bilden
– die ersten professionellen Damenschneiderinnen. Ludwig
stimmte zu, da er glaubte, daß der Würde französischer
Frauen durch eine solche Entwicklung, die ihnen ein Betä-
tigungsfeld für ihre Begabung, Respekt für ihre Sittsamkeit und Unabhängigkeit für ihren Geschmack einräumte,
gut gedient wäre. Da ganz Europa französische Mode und
Methoden der Modeherstellung kopierte, waren von dem
Zeitpunkt an zunehmend Frauen für die Kleidung von
Frauen und Männer für die Kleidung von Männern zuständig.

Obwohl dies eine Veränderung war, die ursprünglich von
Frauen zu ihrem eigenen Nutzen in die Wege geleitet worden war, wirkte sie sich letztlich zu ihrem Nachteil aus, da
der gesamte Bereich der Mode zunehmend in die ehrbare
Schneiderei für Männer und die frivole »Mode« für Frauen
aufgeteilt wurde. »Mode« wurde im Gegensatz zu Ent-

wicklungen in der Herrenschneiderei zu etwas von Frauen Geschaffenem und Konsumiertem, etwas, das sich folglich auf die eine oder andere Weise angeblich zum Nachteil der Männer und daher der Gesellschaft insgesamt auswirkte. Dieser historische Moment markierte den Beginn einer fundamentalen Auseinanderentwicklung der Kleidung beider Geschlechter, die das ganze 18. Jahrhundert beeinflußte, im 19. Jahrhundert extreme Höhepunkte erreichte und heute immer noch anhält. Sie war auch für die einzigartige und bemerkenswerte Entwicklung des modernen Herrenanzugs mit seinem unverwechselbaren, abstrakten Aussehen verantwortlich, das im Gegensatz zu den Frauenkleidern stand, die während der langen Aufstiegszeit des Anzugs entworfen wurden.

Vor dieser Zeit und nachdem die eigentliche Mode im späten Mittelalter entstanden war, hatten, wie wir gesehen haben, männliche Schneider die Kleider für beide Geschlechter angefertigt, und vier Jahrhunderte lang wurde eine gewisse Harmonie zwischen den unterschiedlichen Arten des sexuellen Symbolismus der Kleidung aufrechterhalten. Die Kleidung von Männern und Frauen unterschied sich in der Weise, daß sie eine unterschiedliche erotische Betonung erzeugte, wobei die Mode der Männer immer imaginatives Vorbild war; aber männliche und weibliche Kleidungsstücke waren sich dennoch vor dem späten 17. Jahrhundert recht ähnlich. Trotz unterschiedlicher suggestiver Komponenten wurden sie nach denselben Prinzipien des Handwerks aus denselben Materialien konzipiert und hergestellt, und jahrhundertelang war das weibliche Geschlecht keineswegs reicher geschmückt als das männliche.

Während dieser ganzen Zeit hatten nur Männer die Kleider entworfen, ausgemessen, zugeschnitten und angepaßt, und andere Männer hatten sie mit Polstern und Fischbein, mit Füllungen und Versteifungen versehen, damit sie der

Mode des jeweiligen Geschlechts entsprachen. Die Schnei-
derzünfte waren ebenso wichtig wie andere Handwerks-
und Berufsinstitutionen, und wie diese waren sie gänzlich
von Männern dominiert. Die Kleidung selbst, die sich jetzt
der Mode unterwarf, hatte daher einen ehrenwerten Platz
unter den etablierten handwerklichen Produkten. Es gab
auch Berufsnäherinnen; sie wurden von den Schneidern
angestellt, um die notwendige Handarbeit an Nähten, Putz
und Ausarbeitung auszuführen. Hemden, Unterwäsche,
Haushaltswäsche und Kinderkleidung wurden ebenfalls
von Frauen gemacht, wenn auch oft zu Hause und nicht auf
beruflicher Basis. Die einfache Näharbeit von Frauen war
daher ganz generell weniger anerkannt als das männliche
Schneiderhandwerk.

Frauen wurden daher auch nicht ausgebildet, Entwürfe
anzufertigen, Schnitte zu machen und die Kleidung anzupassen – sie waren keine Schneidermeister oder Schneider-
gesellen oder Lehrlinge, aber sie waren anerkannte Exper-
tinnen für feine Näharbeiten. Nicht nur fertigten sie un-
gezählte Kilometer einfacher Näharbeiten an, zu Hause und
gegen Lohn, sondern sie taten sich traditionell bei der
Spitzenherstellung, der Stickerei und der Herstellung komplizierter Accessoires hervor. Anscheinend glaubte man,
daß Frauen sowohl phantasievoll als auch sorgfältig, geschickt mit den Händen, aber nicht eigentlich innovativ
waren, das heißt nicht *technologisch* innovativ. Nach der
Gründung der Zunft der Damenschneiderinnen und nachdem sich die Idee durchgesetzt hat, daß Schneiderinnen für
die Herstellung von Frauenkleidern geeignet seien, machte
das männliche Schneiderhandwerk gemäß seiner Handwerkstradition weiter wie zuvor, es beschränkte sich jedoch
auf Männer. In der Damenschneiderei setzte sich nun eine
weitaus größere Ornamentik durch. Zum ersten Mal entstand ein Unterschied in der Art, wie die Kleidung für beide

Geschlechter konzipiert und gemacht wurde, eine Trennung, die den Charakter und den Ruf der Mode die folgenden zwei Jahrhunderte zutiefst beeinflußte und die auch
heute noch fortbesteht.

Während der zwei Jahrhunderte vor dieser Auseinanderentwicklung wurden Stangen aus Metall, Holz oder Fischbein direkt in die Kleider der Frauen eingenäht, um sie je
nach Mode zu formen, und die gleichen Stangen wurden
auch für die Wämser der Männer und für die Rockschöße
ihrer Jacken verwendet. Bei beiden Geschlechtern kamen
Stangen und Versteifungen auch in die Kragen und Ärmel
und in den Kopfputz, um sie aufzustellen oder abstehen zu
lassen. Um 1700 tauchten jedoch ausschließlich für Frauen
Korsetts auf – das heißt separate fischbeinverstärkte Unterkleider, die die Figur formten. Während des ganzen 18. Jahrhunderts wurden diese nach wie vor von Männern entworfen, zugeschnitten, angepaßt und konstruiert. Die separate
Korsettherstellung wurde zweifellos als Unterabteilung der
männlichen Schneiderkunst gesehen, hervorgegangen, wie
die Herrenschneiderei selbst, aus der Kunst der Rüstungsschmiede.

Das bedeutete, daß das neue Handwerk der Damenschneiderei, das jetzt von Frauen ausgeübt wurde, in Wirklichkeit nur daraus bestand, den Stoff, oft in Falten und mit
sehr wenig Schnitt, einem bereits vom Korsett geformten
Rumpf anzulegen. Ein großer Teil des Stoffes wurde als
Rock drapiert. Später wurden dann Ärmel angesetzt. Für
solch ein Kleid waren kreative Schnittkunst und Ausführung nicht vonnöten. Da es aus wenigen Stücken bestand,
konnte es leicht auseinandergenommen und der Stoff an-
derweitig wiederverwendet werden. Auf sehr frühen Por-
trätbildern aus dem 18. Jahrhundert sieht man die Auswirkungen; der Rumpf der Dargestellten ist sichtlich sehr
rigide in ein Korsett gezwängt, aber das Kleid ist, vielleicht

extra für das Porträt, wie zufällig um ihre steife Form herum drapiert.

Fraglos erforderte das neue Handwerk der Damenschneiderei hauptsächlich geschicktes Arrangement, und die wahre weibliche Eleganz wurde in die exquisite Ausarbeitung von äußerlichen Details verlagert; bei dieser Arbeit handelte es sich um etwas, was Frauen immer schon gut gemacht hatten. Der Schnitt und die Paßform, die die Grundform des Rumpfes schufen, wurden vom männlichen Korsettmacher entworfen, und obwohl seine Kreation keinen Blickfang für die Oberfläche schaffte, wo der modische Eindruck hergestellt wurde, war das von Männern gemachte Korsett dennoch bis ins 19. Jahrhundert die Grundlage für die ganze Komposition. Danach wurde die Korsettherstellung ebenfalls von Frauen, oft in Fabriken, übernommen, und Frauen waren nun mit Ausnahme der Schuhe für alle Kleidungsstücke der Frauen zuständig.

Die Eleganz männlicher Kleidung hing wie immer von subtilen, aber entscheidenden Änderungen des Schnitts ab, was umfassende Veränderungen der Form bedeutete, die dann den äußeren Schmuck bestimmten. Diese Veränderungen können als Grundinnovationen bei der Entwicklung eines ernstzunehmenden Handwerks, ähnlich wie in der Architektur, gelten. Die Eleganz der Frauen war hingegen eine Sache zeitgebundener Effekte, Festdekorationen oder Bühnenbildern ähnlich. Die Prinzipien des eigentlichen Entwerfens wurden damals nicht auf den Schnitt von Kleidern angewandt, der sich weiterhin konservativ entwickelte und verstärkt in den Händen der Damenschneiderinnen lag, die der dynamischeren Schneidertradition fernstanden. Im 18. Jahrhundert hing die Eleganz der Frauen überdies nicht nur von den ziemlich simplen und begrenzten Bemühungen der Damenschneiderinnen ab, sondern wurde von den äußerst teuren *modistes* oder *mar-*

chandes de modes geschaffen. Das waren Frauen, die sich darauf spezialisierten, den ephemeren Putz und die kleinen
Accessoires herzustellen und zu arrangieren, die der weiblichen Mode ihren zunehmend schlechten Ruf der Frivolität
und extravaganten Kostspieligkeit einhandelten.

Obwohl eine solche Aufteilung zwischen den Geschlechtern wie ein erster Schritt der Frauen in die kreative Freiheit
und ein erster Rückzug der Männer in den Zwang lang-
weiliger Konvention erscheinen mochte, verliefen die psychologischen und gesellschaftlichen Folgen im Verlaufe des
18. und 19. Jahrhunderts genau in die umgekehrte Richtung.
Männliche Kleidung, und davon abgeleitet die männliche
Wertschätzung der persönlichen Erscheinung überhaupt,
erfuhren weiterhin eine Achtung, die dem Respekt entsprach, der allen ernsthaften männlichen Unternehmungen
gezollt wurde, den technischen wie den kreativen. Die Herstellung der männlichen Kleidung war tatsächlich eine
ernsthafte Angelegenheit. Das genaue Maßnehmen und das
Anpassen der sorgfältig entworfenen Schnittmusterteile,
die für den Anzug gebraucht wurden, gehörte ebenso dazu
wie verfeinerte Fertigkeiten für den Schnitt, der sie in Stoff
übersetzte, und für die Konstruktion der inneren Schichten,
die den Sitz der Kleidungsstücke erzeugten. Vor allem waren
handwerkliche Fertigkeiten für die Anpassung an die individuelle Figur, ohne die Hilfe stützender Unterbekleidung,
erforderlich. All dies gibt es im Handwerk der Maßschneiderei heute noch. Und es wird noch immer von Männern
ausgeübt. Frauen helfen – wie immer – lediglich bei der
Ausführung und Fertigstellung mit.

Aber »Mode« wurde nach und nach neu wahrgenommen;
sie entwickelte sich weitgehend zu einem unseriösen Bereich der Frauen, die sie erzeugten und konsumierten. Da
die weibliche Mode immer mehr aus ephemeren Effekten
bestand, die sich sehr schnell und auffällig veränderten,

stimmte diese Perspektive in gewisser Hinsicht, auch wenn niemand die großartigen Fertigkeiten der Frauen bei der Stickerei und der Spitzenherstellung geringschätzte, ganz egal, für welches Geschlecht sie gedacht waren. Zu Beginn des 19. Jahrhunderts jedoch konnten Männer, die sich weniger mit der eigentlichen Form und Angemessenheit ihrer Kleidung befaßten als mit ihrer äußeren Wirkung, als weibisch verachtet werden, obschon man dergleichen bei Heinrich VIII. oder irgendeinem anderen Herren der Renaissancezeit nie assoziiert hätte. Auch in der zweiten Hälfte des 17. Jahrhunderts vollzog sich dies noch nicht automatisch; die Tagebücher von Samuel Pepys und John Evelyn sind voll von unverhohlenem persönlichem Interesse an den Details der männlichen Mode. Aber 1714 sagte Shaftesbury bereits, daß ernstzunehmende Kunst von zuviel Interesse an oberflächlicher Dekoration kompromittiert werde. Das ist keine gar so revolutionäre Ansicht; aber er sagte auch, daß eine ganze Gesellschaft, deren Geschmack sich mehr auf dekorative als ernsthafte Kunst richte, mit Recht »weibisch« genannt werden könne.

Befreit von der langsamen Evolution, die Veränderungen in einem traditionellen Handwerk steuert, konnten Frauen jetzt ihre Fertigkeiten in der äußerlichen phantasievollen Gestaltung ausleben. Aber sie opferten den Anspruch auf Bedeutung, die jeder Versuch, innerhalb der strengen Grenzen einer technischen Tradition innovativ zu werden, erhebt. Stilistische Veränderungen geschehen in jeder praktischen Kunst nur selten plötzlich, da die vorhandenen technischen Mittel und Materialien heftige Geschmacksänderungen tendenziell dämpfen und gewohnte Vorgehensweisen als Bremse für ungezügelte Phantasien wirken. Zugleich wird jede Art von Innovation, die einen neuen und originellen Gebrauch von Standardpraktiken macht, ohne sie abzulehnen, mit Recht als wirklich kreativ gesehen, als die inspirierte Antwort auf eine schwierige Herausforderung.

Wenn die Gestalt des gesamten Kostüms das Medium ist, muß schon deshalb Zurückhaltung geübt werden, damit der bekleidete Körper sozial verständlich bleibt und nicht lächerlich wird. Der geübte Schneider folgt den Wünschen des Kunden, aber er muß die extravaganten Vorstellungen, die sein Klient hat, in brauchbare Produkte übersetzen. Um das zu tun, kann er eine kleine Veränderung etablierter Methoden vornehmen, aber die Modifikation muß immer noch mit den üblichen Bräuchen harmonieren, damit der Kunde nicht wie ein Narr und sein Schneider nicht wie Nichtskönner aussehen. Nichts dergleichen beengte die Modistin, die die spezielle Freiheit hatte, der simplen Form des Kleidungsstücks der Damenschneiderin verblüffende oder unerhörte Accessoires hinzuzufügen, ohne die Form stark verändern zu müssen.

Der inspirierte männliche Schneider hatte vielleicht auch seine eigenen kühnen Ideen, aber er paßte sie sorgfältig dem herrschenden Geschmack an. Auch bei jenen Kunden, die etwas Interessantes ausprobieren, andererseits aber nicht zu gewagt aussehen wollten. Daher entwickelte sich die technische Geschichte des Schneiderhandwerks nur langsam, und die Handwerker lernten neue Praktiken schrittweise, ohne daß sie alte, schwer erarbeitete Fertigkeiten oder das Grundverständnis des Handwerks aufgeben mußten. Wenn neue Materialien verfügbar wurden, paßte man sie zunächst an alte Methoden an, die sich aber in Reaktion auf die neuen Materialien schrittweise änderten.

Moderne technische Erfindungen wie die Nähmaschine wurden meist zuerst so eingesetzt, daß ihre Produkte den alten, handgemachten ähnelten. Synthetische Stoffe wurden zunächst dazu verwendet, natürliche Stoffe zu imitieren; nur langsam beeinflußten neue Technologien einen

Kleidungsstil als Ganzes. In der interessanten Geschichte
der modernen Herrenschneiderei lag dieser Effekt ganz
klar zutage. Preiswerte massengefertigte Anzüge werden
heute mit verschiedenen Arten gemischter synthetischer
Materialien für die unsichtbaren Zwischenfutter gemacht,
die dem Kleidungsstück seine Form geben, aber der er-
wünschte Effekt bleibt der des handwerklich Geschneiderten und Handverarbeiteten – genauso wie vor zweihundert Jahren. Außen, wo man es sehen kann, werden die
synthetischen Stoffe mit natürlichen gemischt, um das
Kleidungsstück natürlich aussehen zu lassen oder die
Natur sorgfältig nachzuahmen.

VERNUNFT UND PHANTASIE

IN DER ZWEITEN HÄLFTE DES 18. JAHRHUNDERTS HATTE
das Kleid der Frau einen rasanten theatralischen Präsenta-
tionsstil angenommen, der von den männlichen Schneidern
zunehmend aufgegeben wurde. Sie fuhren fort, ihre eigenen ständigen Veränderungen auf evolutionäre Prinzipien
zu gründen. Da diese tendenziell immer das ganze Kostüm
betrafen, waren die Wirkungen ziemlich subtil. Stark auffallende Mode war weiblich, wurde immer widersinniger
und unberechenbarer, anscheinend liiert mit allem, was
man an Frauen allgemein für köstlich undiszipliniert halten
konnte. Die allgemeine männliche Mode war zwar ebenso
beweglich, aber seit der Jahrhundertmitte generell weniger
spektakulär und erregte weniger Aufmerksamkeit, obwohl
sie sich weit größerer Respektabilität erfreute.

Die wachsende Kluft zwischen den Geschlechtern zeigt
sich in den Porträts von englischen wie kontinentaleuropäi-

schen Paaren während der siebziger und achtziger Jahre des
18. Jahrhunderts und in den populären Drucken und Modestichen, die männliche und weibliche Figuren zusammen
zeigen. Die Herrenanzüge werden immer noch aus bestick-
ter Seide gemacht und mit Perücken und spitzenverzierten
Hemden getragen, sind aber längst nicht mehr so ausladend,
während die Gewänder der Frauen immer gewaltiger werden. Noch 1770 hatten die Männer sich an das barocke Ideal
innovativer männlicher Ausdruckskraft in der Kleidung
gehalten, einschließlich der großen Perücke, und Frauen
sahen noch steifer, zurückhaltender und weniger raum-
verdrängend aus, aber um 1775 zeigten die verfeinerten
Fertigkeiten der männlichen Schneider und die phantasie-
reichen Bemühungen der weiblichen Modistinnen ihre
tiefen Unterschiede.

Auf allen Bildern nimmt die Frau zweimal soviel Raum ein
wie der Mann. Auf den französischen Modestichen ist die
weibliche Figur ausstaffiert mit bauschigen Halstüchern,
Ballonröcken, die mit sprudelnden Rüschen bedeckt sind,
riesigen schwebenden Hüten, verziert mit Rüschen und Girlanden, gestützt von Bergen gekräuselten und locker
aufgetürmten Haares. Das ganze wolkenartige Ensemble
wird darüber hinaus begleitet von der Bewegung dünner
Schleier und Bänder, die um die Dame herumwehen, wenn
sie sich bewegt.

Der Mann kann fast einen halben Kopf kleiner sein. Sein
Körper bildet eine schlanke Einheit, seine zurückhaltende
Perücke besteht aus enggedrehten Locken, und sein ge-
schmackvoller Hut ist von bescheidener Größe. Seine sei-
digen Beine und Arme sind so frei von überflüssigem Stoff,
daß sie sogar spindeldürr aussehen, und seine schmalen
Schultern tragen keine ablenkenden Bänder oder Draperien.
Sein von einer Weste bedeckter Bauch beschreibt eine
glatte Kurve zwischen den offenen Vorderteilen der Jacke

und balanciert die sanfte Auswärtskurve der hinteren Rockschöße aus. Er sieht ein bißchen wie der Page oder das Kind
der Dame aus – es sei denn, man wollte ihn als ihren Führer
oder Wärter sehen, als einen verantwortungsvollen Mann
mit einem großen geschmückten Tier an der Leine oder
einem Schiff mit vollen Segeln im Schlepptau. Die Unterschiede in der Kleidung von Männern und Frauen, die in
der Kunst um 1400 deutlich wurden, wiesen keine derartige
Unausgewogenheit auf.

Die Herrenschneiderei im späteren 18. Jahrhundert
scheint einer allgemeinen Bewegung des materiellen Geschmacks weg von barocker Eloquenz hin zu größerer Einfachheit und weniger ausgeprägter Prachtentfaltung gefolgt
zu sein. Die männlichen Schneider hätten dasselbe für
Frauenkleider tun können, und tatsächlich waren männliche Schneider immer für die Reitkleidung modischer Frauen
zuständig, die nach männlichen Modellen entworfen und
geschneidert wurde, allerdings mit einem Rock statt Hosen.
Seit dem späten 17. Jahrhundert stellten derartige Reit-
kleider den ständigen weiblichen Versuch dar – jedenfalls in
der Oberschicht –, an den männlichen Traditionen zu parti-
zipieren, wobei die Teilnahme an der sexuell neutralen
Aktivität, mit der Jagdmeute zu reiten, dazugehörte. Seriöse
Reitkleidung war vielleicht nüchterner als andere provozie-
rend männliche Effekte, die draufgängerische, modische
Frauen übernahmen, aber sie konnte dadurch auch sehr erotisch sein, daß sie eng an den Korsetts anlag, wobei sie
immer mit dem Verweis spielte, daß (angeblich) männliche
sexuelle Phantasie in der weiblichen Imagination am Werke
sein könnte.

Aber für den Salon und den Ballsaal, für die Straße und
für die Kirche brachten Modistinnen die Idee der Verfeinerung geradewegs in den Bereich weiblicher Phantasie.
Sie schien in einem beinahe literarischen Stil die Senti-

mentalität, den Pietismus, »gotische« Schauergeschichten,
den Kult des Gefühls und andere Aspekte der Kultur des
18. Jahrhunderts nachzubilden, die in der gesamten maskulinen Mode nicht sichtbar waren. Nur Frauen konnten
im Jahre 1778 Schiffe in voller Takelage oder Modell-Dörfer
auf ihren Köpfen tragen. Zu diesem Zeitpunkt war es einzig
ein weibliches Privileg, visuelle Phantasievorstellungen
durch Kleidung zum Ausdruck zu bringen. Die Herren hielten sich nun vorsätzlich davon fern, ihre bekleideten
Körper zu vollendeten Werken der visuellen Kunst zu
machen, wie es der Körper von Heinrich VIII., ebenso wie
der von Elisabeth I., oder von Karl I. ebenso wie der von
Königin Christine von Schweden gewesen war. Die Phantasie der Männer löste sich von ihrem physischen Ich ab –
und anscheinend lösten sich die Frauen von den Männern.

Über die physischen geschlechtlichen Identitäten von
Männern und Frauen schrieb kürzlich Thomas Laqueur, sie
seien im 17. Jahrhundert rekonstruiert worden. Spätere
Verschiebungen darin, wie Männer und Frauen sich durch
Kleidung ausdrückten, scheinen ihn zu bestätigen. Das, was
er das »Zwei-Geschlechter-Modell« sexueller Identität
nannte, trat schrittweise ans Licht – Männer und Frauen
wurden zu gänzlich getrennten und unterschiedlichen, zu
um es modern auszudrücken »oppositionellen Geschlechtern«. Dieses Modell ersetzte die viel ältere Ansicht, sie
seien korrespondierende Versionen desselben, einzigen
menschlichen Geschlechts, wobei sich die Frau in einem
weniger vollständig realisierten Stadium befinde als der
Mann. Der Unterschied wurde damals an einem einzigen
Kriterium gemessen, dem der Körperwärme. Frauen waren
mit einem geringeren Maß an Wärme ausgestattet, welche
die männlichen Geschlechtsorgane nach außen stieß und
Männern eine aktive Phantasie ebenso wie einen aktiven
Willen und ein aktives Urteilsvermögen verlieh, den

Marie-Antoinette und Ludwig XVI. Französischer Modestich um 1778.

Die männliche Mode wird schmaler, während die weibliche Version
expandiert. Phantasiereichtum und Exzeß sind jetzt die passenden
modischen Attribute nur des weiblichen Kleides, während die männliche Eleganz immer zurückhaltender wird. Die Königin ist mit Verzierungen übersät, und ihr Haar und Kleid helfen wie auch bei der Frau
des Wissenschaftlers, ihre ganze Gestalt zu vergrößern.

Wunsch, Ideen, Gegenstände oder Situationen zu schaffen
oder zu erzeugen. Die mangelnde Potenz der Frau hielt angeblich sowohl ihre kreativen wie ihre mütterlichen
Anlagen im Umkreis ihres Körpers fest, in dem ihre Fort-
pflanzungsorgane genau denen des Mannes glichen, nur in
den Körper hineinverlegt.

Die neue Auffassung von der Frau, die sie von dem Anschein befreite, bloß ein unausgeformter Mann zu sein, gab

Jacques-Louis David: *Porträt von A. L. Lavoisier und seiner Frau.* 1788.

Der König hat seine gestickte Weste behalten, aber sein Anzug ist einfach und seine Perücke klein, während der Wissenschaftler in geistlichem Schwarz ist; jeder von beiden zeigt noch sorgsam ein wohlgeformtes Bein. Kupferstecher und Maler haben Bilder komponiert, die weibliche Fülle im Vordergrund und männliche Kompaktheit im Hintergrund zeigen.

Frauen eine ganz eigene »Sphäre«, in der sie ihrer Phantasie freien Lauf lassen konnten; aber obwohl diese Vorstellung sich auf ein etwas fortgeschritteneres anatomisches Wissen und auf eine neue Vorstellung von Kausalität gründete, scheinen ihre anerkannten Grenzen auch den weiblichen Geist fest an den weiblichen Körper gebunden zu haben und viel fester denn je an die Aufgabe, männliche Phantasien zu verkörpern. Die kreativen Gaben von Frauen konnten an-

scheinend am besten dazu verwendet werden, sich selbst
nach männlichen Visionen zu erschaffen – einen ständigen
Überbau auf das formende Gebilde des Korsetts aufzubauen,
das vor den Augen des Mannes verborgen war, so daß er vergessen konnte, daß er es ursprünglich gemacht hatte.

Die verblüffenden Veränderungen, die bei der Kleidung
beider Geschlechter etwa zwischen 1675 und 1775 festzustellen sind, sehen sehr nach einer konkreten Illustration
der Wahrnehmungsänderung aus, die Laqueur beschreibt.
Die Sexualität der Frau, wie sie sich in den Kleidern ausdrückte, die zunehmend von Frauen für Frauen erschaffen
wurden, rückte schnell davon ab, wie eine konservativere
und passivere Version des lebhaften männlichen Ausdrucks
zu erscheinen, und bewegte sich, bei gelegentlichen pikan-
ten Anleihen männlicher Gewohnheiten, auf ein ganz eigenes Repertoire sich selbst perpetuierender modischer Refe-
renzen zu. Die Mode beschrieb mehr und mehr kollektive
feminine Bilderwelten direkt durch das dauernde Neu-
formen und Neuarrangieren ausschließlich femininer Aus-
stattungteile – des berückenden Kopfputzes, des Dekolletés und des antiken femininen Rocks. Diese führten nun
ein unabhängigeres Leben.

Als die weibliche Mode autonomer wurde, entfalteten
sich die Röcke der Frauen in variablen Formen, die weniger
mit männlichen Rockschößen verwandt waren, und zum
ersten Mal unterschieden sich die Hüte, Schuhe und Handschuhe der Frauen gänzlich von denen der Männer. Frauen
begannen, noch phantasiereichere Bilder aus ihrem eigenen
physischen Ich zu erschaffen; die Männer fuhren fort, sich
in Ruhe auf die etablierte Schneidertradition der Erzeugung
eines akzeptablen Körpers zu verlassen. Indessen gestatte-
ten sie ihren Phantasien, sich in literarischen und künstlerischen Werken auszudrücken oder auch in Wissenschaft,
Politik und Philosophie. Ihre Phantasien über Frauen wur-

den jetzt von den Frauen selbst aufgegriffen und im Reiche
der femininen Mode umgesetzt, wo die »Andersartigkeit«
nun ganz freigesetzt war.

ES IST REIZVOLL, ÜBER DIE MÖGLICHEN FOLGEN ZU SPEKU-
lieren, wenn im Verlauf des 18. Jahrhunderts die gesamte
Frauenmode, nicht bloß Korsetts und Reitkleidung, weiterhin in der direkten Verantwortung der Männer gestanden
hätte. Trotz starker gesellschaftlicher Kräfte, die die Geschlechter in anderer Hinsicht voneinander trennten und
die weiblichen Bemühungen immer wieder marginalisier-
ten, hätte die weibliche Kleidung ein Echo des zunehmend
zurückhaltenden männlichen Programms sein können. Sie
hätte den Männern entsprechen können, wie sie es früher
getan hatte.

Die Modernisierung der Frauenkleidung hätte sich ein
Jahrhundert früher ereignen können, zur gleichen Zeit wie
die der Männer. Das ganze Unternehmen »Mode« hätte einen Teil seiner späteren Reputation als äußeres Zeichen speziell weiblicher Oberflächlichkeit und moralischer Schwäche vermeiden können. Statt dessen hätte es vielleicht als
anderen menschlichen Leistungen vergleichbare Unterneh-
mung gegolten, die man übertreiben oder untertreiben, gut
oder schlecht machen konnte.

Aber da die Kleidung beider Geschlechter zusammen
immer als Abbild einer Beziehung gesehen werden kann,
ist klar, daß zu Ende des 18. Jahrhunderts das Aussehen
der männlichen Kleidung nicht bloß schlichter geworden
war, wie alle Moden der Zeit, sondern geradezu aggressiv
einfach, während die femininen Moden immer verspielter
wurden. Der Siegeszug der Zurückhaltung als Eigenschaft
männlicher Kleidung kann sehr wohl durch das extreme
Ausmaß der modischen Exzesse der Damen beschleunigt
und angespornt worden sein, deren Torheiten vernünftige

Männer natürlich vermeiden wollten, selbst wenn sie sie an den Damen mochten.

Ausnahmen von diesen Verallgemeinerungen springen sofort ins Auge – zum Beispiel Robespierre. Das berühmteste Porträt dieses grimmigen Architekten des Terrors zeigt ihn in vielerlei leuchtend gestreiften Seidenstoffen, und in der Beschreibung seines Kostüms für das Fest des Höchsten Wesens im Jahre 1794, kurz vor seiner Hinrichtung, wurde die leuchtendblaue und weiße Seide hervorgehoben, die breite dreifarbige Schärpe, der Federhut und als Accessoire das Bukett. Robespierre, Saint-Just und gewisse andere hitzige Mitglieder der französischen Revolutionsregierung scheinen sich in einem farbenfrohen Überschwang gekleidet zu haben, den man damals hauptsächlich bei Frauen fand, und mit der Pracht, die man früher nur an Aristokraten, gleich welchen Geschlechts, gesehen hatte. Einige französische Modestiche der Zeit zeigen dieses strahlende männliche Gefieder, alles enganliegend und zurechtgestutzt, just als in Paris die neueste Note männlichen Schicks in Gestalt von schmutzfarbenen Straßenmoden, lockersitzenden Arbeiterhosen und großen schlampigen Halstüchern angeschlagen wurde.

In England flammten etwas früher (Ende der siebziger Jahre) altmodische Phantasien bei den Herren auf, deren Stil »Macaroni« genannt wurde. Man trug riesige Perücken und winzige Hüte, klotzige Knöpfe und kräftig leuchtende Streifen. Sehr wenige machten diese Mode mit, und weder hielt sie sich lange, noch hatte sie Einfluß, aber sie erregte damals eine Menge Aufmerksamkeit und wurde natürlich mit beißendem Spott weibisch genannt. Solche kurzen, aber farbigen Offenbarungen wirken in einem allgemeinen Klima wachsender männlicher Einfachheit rückblickend wie eine Spur Neid auf die neue weibliche Vielfalt modischen Prunks. Mächtige Männer standen kurz davor, dies alles für

immer aufgeben zu müssen und es eitlen Frauen, Schau-
spielern, Narren und Kindern zu überlassen.

Im späten 19. und zu Anfang dieses Jahrhunderts waren
gewöhnlich wieder Männer die Designer von Frauenkleidung. Nach dem ersten Schock begann die weibliche Mode
etwas von dem Respekt zurückzugewinnen, dessen sie sich
während der Renaissance erfreut hatte, als Männer für Her-
ren- und Damenmode zuständig gewesen waren. Tatsächlich wurden im letzten Viertel des 19. Jahrhunderts die
hohen Maßstäbe der Herrenschneiderei von neuem auf die
Kleidung eleganter Frauen angewendet. Von der traditionellen Reitkleidung ausgehend, dachte man sich andere Arten
von »Schneider«-Kostümen für das städtische Leben der
Frauen aus. Strenge Formen für den Körper und schlichter
eleganter Kopfputz hatten in einer Periode sozialer
Umwälzungen, die die Reform von Leben und Denken der
Frauen einschloß, einen starken Reiz. Gleichzeitig regierte
bei Ballkleidern, Kaffeekleidern und den eleganten Haus-
kleidern, wie sie Proust beschreibt, noch die Phantasie.

Die Frauen gewannen natürlich letzten Endes überhaupt
mehr Respekt zurück, was sich auf die Arbeit weiblicher
Designer in diesem Jahrhundert ebenso ausgewirkt hat wie
auf die von weiblichen Künstlern. Die beste moderne Arbeit
von Frauen im Modedesign ging in Wirklichkeit in die entgegengesetzte Richtung und konzentrierte sich stark darauf,
der Form und der Bewegung des ganzen weiblichen Körpers
selbst zu dienen. Sie bestand darüber hinaus darauf, das
umfassende physische Bewußtsein der Trägerin von ihrer
Kleidung zu schärfen. Diese Konzentration schien den Damenschneiderinnen früherer Zeiten nicht möglich, als Frau-
en andere Frauen hauptsächlich für den Blick der Männer
anzogen. Männer wollten offensichtlich Frauen als Erscheinungen sehen, nicht als autonome Organismen. Solange das
der Fall war, fanden die Frauen natürlich großes Vergnügen

daran, das Geschäft mit der Erscheinung zu beherrschen, ob als Herstellerinnen oder als Konsumentinnen von Mode.

NÜCHTERNHEIT UND EINFACHHEIT

ABGESEHEN VON DER REAKTION AUF DIE REVOLUTION DER Damenschneiderinnen im 17. Jahrhundert waren noch andere Kräfte bei der Genese des unauffälligen Herrenanzugs am Werk. Ein neues Verlangen nach Nüchternheit in der Männermode war nicht nur aus der modischen militärischen Einfachheit entstanden, die in der ersten Hälfte des 17. Jahrhunderts überall evident war, als ganz Europa sich im Krieg befand, sondern auch aus einer neuen Popularität klerikaler Bescheidenheit. Das geistliche Gewand erlangte mit der Verbreitung und Macht des Protestantismus im Verlaufe des Jahrhunderts eine starke visuelle Präsenz im öffentlichen Leben, und während dieser Zeit entstanden Institutionen, die sich auf Vernunft und empirisches Urteil gründeten.

Für die Bürger der aufsteigenden Kaufmanns- und Akademikerschichten, besonders in den protestantischen Ländern, bestätigte ein dunkler, schlichter Anzug, aufgelokkert durch einfache weiße Wäsche, von neuem die sehr alten Verbindungen zur kirchlichen Intelligenz, die überdies bekräftigt wurden durch den Hinweis auf Rechtschaffenheit und religiöse Integrität. Gleichzeitig deuteten einfache Gewebe und Leder sowie viele Knöpfe auf eine potente, quasi-militärische Bereitschaft, wenn nicht gar Härte hin. Diese neue Erscheinung setzte sich zuerst im nicht-höfischen, bürgerlichen Bereich durch, in Nordwesteuropa und in England unter dem Commonwealth. Eine derartige krea-

tive Kombination von Gegensätzen – die lässige Roheit praktischer Kriegsbekleidung, durchdrungen von der Zurückhaltung geistlicher Kleidung – übte eine anhaltende Macht
auf die maskuline modische Phantasie aus.

Krieg und religiöser Fundamentalismus tendieren beide
dazu, den Unterschied zwischen den Geschlechtern zu dra-
matisieren. Selbst ohne die Veränderungen im Schneider-
gewerbe, die am französischen Hof durchgesetzt wurden,
zeigt das allgemeine Muster, das für die Kleidung ausschlaggebend war, in anderen Ländern im späteren 17. Jahrhundert den sexuellen Widerhall der Religionskriege, die in
ganz Europa über mehrere Generationen nach der Refor-
mation stattgefunden hatten, am umfassendsten im Dreißigjährigen Krieg von 1618 bis 1648. Auf den großen niederländischen Gemälden aus der Mitte des 17. Jahrhunderts
zum Beispiel macht die Differenz zwischen der statischen
Schönheit der Frauen mit ihrem geglätteten Haar und ihren
schweren, glänzenden Röcken und dem lässig-eleganten
Auftreten der Männer mit ihren dunklen Jacken, großen
Hüten und Stiefeln einen großen Teil des modernen Reizes
dieser Genreszenen aus. Die Männer sehen einfach und
warm angezogen aus und sind beweglich und entspannt; die
Frauen wirken sorgfältig geschmückt und sind still und ge-
heimnisumwoben.

Derartige Unterschiede fehlen in der Kunst des 15. und 16.
Jahrhunderts, in den Gemälden von Piero della Francesca
oder von Holbein, Breughel und Tizian, auf denen Männer
und Frauen desselben gesellschaftlichen Ranges zwar verschiedene Kleidung tragen, aber gleich groß sind, sich auf
dieselbe Weise bewegen und dasselbe Maß an Statik, Auf-
fälligkeit oder Glanz aufweisen. Der neue Stil bürgerlichen
sexuellen Ambientes, der in den niederländischen Werken
und den entsprechenden modischen Idealen aufscheint, ist
denen des 19. und 20. Jahrhunderts, die zunehmend auf

Mittelschichts-Idealen basieren, kongenial. Die Veränderungen, die Ludwigs Zulassung von Frauen zum Schneider-
gewerbe im Jahre 1675 auslöste, übten ihren stärksten Reiz
auf die Mittelschicht aus, was sich am deutlichsten zum ersten Mal im 18. Jahrhundert zeigte und danach wachsende
Bedeutung erlangte.

Die männliche europäische Hofkleidung in der ersten
Hälfte des 18. Jahrhunderts entfernte sich sogar noch weiter
von der schlichten bürgerlichen Mode und begann, eher
schwerfällig als phantasievoll auszusehen. Die federbe-
steckten Hüte und bebänderten, bordierten Röcke, die in
Versailles unter Ludwig XIV. und abgewandelt auch noch
unter den beiden folgenden Königen getragen wurden, suggerieren nicht die Vitalität eines vorwärtsdrängenden Stils,
der den Keim der Zukunft in sich trägt. Sie hielten sich strikt
an alte Anschauungen über Kleidung, die für hohen Rang
äußeren Pomp forderten. Die Eleganz der höfischen Kleidung lag in der Verfeinerung luxuriösen Prunks, nicht in
interessanten Veränderungen des Grundentwurfs.

Die vitalsten Formen männlicher Eleganz in der zweiten
Hälfte des 18. Jahrhunderts wurden tatsächlich von der exzentrischen und unmodischen englischen Aristokratie entwickelt, die zunehmend persönlichen Prunk und höfisches
Ritual ablehnte, während sie sich zugleich davon distan-
zierte, den kommerziellen Erfolg der Mittelschichten oder
geistliche Seriosität zur Schau zu stellen. Sie trugen Kleider, die aus der eleganten Schlichtheit der Puritaner früherer Zeiten, der Grundbesitzer und des Landadels hervorgegangen waren. Dem Unterton von Krieg und Religion
wurden somit die kräftigen Geschmacksnoten müßigen
Landlebens und ländlichen Sports hinzugefügt.

Dieses Unternehmen enthält eine gewisse Spur von Iden-
tifikation mit dem Jäger wie mit dem gejagten Tier, und die
englische Landkleidung harmonierte nicht nur mit der Erde

und den Feldern, den Wäldern und Felsen, sondern enthielt auch Andeutungen auf das bequeme Fell von Pferd und Hund, auf den glatten Sitz und die stumpfe Farbe der Hirschdecke. Wolle, Leder und Leinen verliehen dem Körper des Herren eine poetische Harmonie mit seinem natürlichen Reich, statt im Widerspruch dazu zu stehen – ein Reich, das sich auf Liebe und nicht auf Furcht gründete. Gemälde von Stubbs, die Mann und Tier gemeinsam im Freien darstellen, zeigen diesen Effekt zur Mitte des Jahrhunderts. Die Natur kam während des späteren 18. Jahrhunderts generell in Mode, als moralischer und ästhetischer Einfluß, der all den eitlen und verzerrenden Anstrengungen der Zivilisation weit überlegen war. Eine Art sich zu kleiden, die dies zu verkörpern schien, mußte reizvoll sein.

Die verblüffenden Modernisierungen der männlichen Bekleidung, die sich am Ende des 18. Jahrhunderts ereigneten, waren daher bereits gut vorbereitet. Unter dem Aspekt der männlichen Distanz zur weiblichen Mode war der Rückzug von den alten Ideen steifer Fülle und gewichtigen Pomps ein Zeichen der Überlegenheit in der Männerbekleidung. England war zu der Zeit eine technologisch sehr fortgeschrittene, reiche und demokratische Nation; die Engländer hatten ihren absoluten Monarchen bereits ein Jahrhundert, bevor Ludwig XIV. in Frankreich auch nur an die Macht gekommen war, geköpft. In England wurden ein schlichter Rock, brauchbare Stiefel, ein schlichter Hut und einfache Wäsche zu Symbolen für einen Herren, der nicht nur viele Morgen Land und volle Truhen besaß, sondern auch einen vernünftigen Geist. Die Ablehnung primitiver Institutionen und ihres persönlichen Flitters, wie exquisit er auch war, galt als reif und vernünftig. Perücken wurden getragen, aber sie waren nicht mehr so pompös. Opulente höfische Kleidung konnte noch getragen werden, aber nur zu förmlichen Auftritten bei Hofe oder im Ausland.

George Stubbs:
Sir John Nelthorpe bei der Jagd, Lincolnshire.
Englisch, 1776.

Der auf dem Lande lebende englische Aristokrat beginnt von jetzt an, den Ton in der Männermode anzugeben: Unprätentiöse Einfachheit, schmucklose Materialien, perfekter Sitz. Sir John trägt noch zu seinen Stiefeln die Kniehosen des 18. Jahrhunderts, aber die matten Farben und sein runder Hut sind prophetisch.

In England wurden kunstvolle und auffallende Gewänder generell nicht nur mit dem Papismus, sondern mit spezifisch femininer Sexualität und mit Frankreich und Italien als Zentren der Leidenschaft, der Sinnlichkeit und des Aberglaubens wie auch eines verrotteten Feudalismus und diabolischen Katholizismus assoziiert. Paris wurde folglich immer mehr zur Hauptstadt der femininen und

Louis Léopold Boilly:
Porträt von Chénard als »Sans-Culotte«.
Französisch, 1792.

Das Bild des französischen Revolutionärs bot ein anderes potentes neues Element zukünftiger Mode: die rauhen Arbeiterhosen, zusammen mit der Allüre körperlicher Kraft, kombiniert mit lässigem jugendlichem Idealismus.

nicht der maskulinen Mode, da Frauen immer mehr zum Hort der Gefühle und entweder frivoler oder verbotener Phantasien gemacht wurden. London andererseits war das Zentrum wahrhaft fortschrittlicher männlicher Bekleidung. Schon um 1780 übernahmen Franzosen diese Idee, und die Einfachheit englischer Herrenschneiderei wurde in Frankreich schon vor der Revolution modisch lanciert. Im städti-

schen Gebrauch ersetzten nach und nach Spazierstöcke
und Schirme, die zu den Herren der Vernunft paßten,
wenn sie zu Fuß – wie in London – durch die Stadt gingen,
das Schmuckschwert, das die europäischen Aristokraten
getragen hatten, wenn sie in vergoldeten Kutschen zu
Salons und Empfängen rumpelten.

ABER WÄHREND DIESES FRÜHEN AUFTAUCHENS NEUER
englischer Ideen über die korrekte Kleidung des Herren
blieben ein paar Grundtatsachen bestehen. Die Anzugjacken von Männern hatten im späten 17. Jahrhundert und
mehr oder weniger während des gesamten 18. Jahrhunderts
keinen Kragen, obwohl Ärmelaufschläge und Taschenpatten
sehr stark präsent waren, jedoch keinerlei geformte Schultern. Die einzige Art Herrenjacke, die einen Kragen hatte,
war ein Kleidungsstück ohne Eleganz, die informelle wollene »Joppe«, die Engländer zu privaten Mußestunden auf
dem Lande anzogen. Kutscher trugen als Schutz vor Regen
und Schnee Mäntel mit Pelerinen.

Kunstwerke aller Art zeigen, daß in der ganzen Zeit zwischen 1650 und 1780 die Schultern der Männer im Idealfall
sehr schmal und abfallend aussahen und die Brust etwas ein-
gesunken. Selbst an schlanken Figuren quoll der Bauch zwischen den offenen Vorderteilen der Jacken über der tiefen
Taille der Kniehosen auffällig hervor. Diese kuppelartige
Form des Mittelteils wurde von der absteigenden Reihe von
Westenknöpfen betont, die an seiner Mitte hinunterliefen,
eingerahmt von den Jackenknöpfen und Knopflöchern auf
beiden Seiten. Rockschöße, die oft versteift oder mit Draht
verstärkt waren, schwangen in Hüfthöhe seitlich ab und
hinten nach außen. Unter der Jacke waren die Kniehosen um
die Hüften weit und wurden dann am Knie eng. Strümpfe
und Schuhe mit mittelhohen Absätzen vervollständigten
das Ensemble, wenn keine Stiefel getragen wurden.

Der Gesamteffekt hatte die Tendenz, die Hüften, den Bauch und die Oberschenkel eines Mannes zu betonen, seine Brust und seine Schulten schrumpfen zu lassen, seinen Oberkörper zu verlängern und seine Beine zu verkürzen. Ob nun reich bestickt oder schlicht, erschienen alle männlichen Figuren etwas gedrungen und kindlich und wirkten wie das, was wir weiblich nennen würden, wobei die gelockte Perücke diesen Eindruck unterstützte. Das ist natürlich eine moderne Wahrnehmung. Die große Perücke und der Schnitt der Herrenkleidung wirkten damals zweifellos so männlich, daß niemand irgend etwas Feminines an der Birnenform sah, die Kunst und Mode als männliche Idealform vorsah. Die Form selbst, darauf möchte ich bestehen, hatte eine eigene Autorität erworben und wurde sicher von vielen mit Grazie getragen. Die Figur bekleideter Frauen stand in vollkommenem Gegensatz dazu. Sie war auf uralte Weise konventionell feminin, wobei der Mittelteil des Körpers streng unterdrückt wurde. Es gab ein tiefes Dekolleté und viele Varianten des aggressiv-defensiven Rocks. Niemand konnte Männer und Frauen verwechseln.

ABER WIE ENTSTAND DAS AUSSEHEN DES MODERNEN MANNES in seiner modernen Bekleidung aus all diesem faltigen Stoff, der mit Knopfreihen überladen war und birnenförmige Männerkörper bis zum Knie bedeckte? Die ganze Gestalt des idealen Mannes neu zu formen, sie zu »modernisieren« (nicht bloß die Stoffe und Accessoires zu verändern, die ihn umhüllten), erforderte eine Erfindungsgabe, die unmittelbarer sein mußte als das unsichere Wirken technologischen und gesellschaftlichen Wandels. Die Kleidung hatte sicherlich ihr Aussehen schon zu verändern begonnen, entsprechend dem früheren Wandel der Vorstellungen über die Geschlechter, aber es geschah unter dem Einfluß einer neuen radikalen Veränderung des visuellen Stils, daß der kollek-

tive Blick für die Figur abrupt »umgeschult« wurde. Seither,
und im Gegensatz zu den früheren Versionen, sind alle
modernen Anzüge so geschnitten, daß sie einen männlichen
Körper suggerieren, der von breiten Schultern und einer
muskulösen Brust aus schmal zuläuft, einen flachen Bauch
und eine schmale Taille hat, schmale Hüften und lange
Beine. Moderne Fortführungen der eleganten Jacke, der
Weste, des Hemdes und der Hosen seit 1800 erforderten
nicht nur neue Stoffe, sondern ein neues anatomisches
Fundament. Das, was sich damals anbot, was sich mit fri-
scher Kraft auf der ästhetischen Szene präsentierte, war der
heroische männliche Akt der klassischen Antike.

ANTIKE NATÜRLICHE NACKTHEIT

ALS DIE KLASSIZISTISCHEN KÜNSTLER UND DESIGNER DES
späten 18. Jahrhunderts versuchten, moderne Ideen in radikal antiker Form auszudrücken, war die Klassische Antike
nichts Neues. Das gebildete Europa hatte ihre Motive, Themen und visuellen Tropen seit Jahrhunderten ausgebeutet,
und Künstler hatten jedem gerade aktuellen Idiom antike
Elemente hinzugefügt. Aber kurz nach 1750, zum Teil unter
dem Einfluß von Kupferstichen, die die Entdeckungen von
Pompeji und Herculaneum abbildeten, erlebte die visuelle
Wahrnehmung der Antike eine neue Renaissance. Sie paßte
zu den Ideen, die sich zu der Zeit über Natur und Vernunft,
selbst über Freiheit und Gleichheit herausbildeten. Sie fügte sich problemlos in die erhabenste und sogar primitivste
Form ein und wurde auch nicht durch spätere Moden verzerrt. Das künstlerische Leben Europas wandelte sich zunehmend dahin, daß es die Anordnungen der klassischen

Architektur und die Figuren der klassischen Kunst so weit
wie möglich in der Originalform verwendete.

Das bedeutete, daß man sich die bereits wohlbekannten
Beispiele erneut vor Augen führen mußte, um ihre Form-
prinzipien auf die Gegenwart anzuwenden. In England
erreichte die Bewegung ihren Höhepunkt, als die Elgin
Marbles 1806 in London ihren Einzug hielten und dem englischen Publikum nach Generationen von in Kupfer gestochenen und rekonstruierten antiken Kunstwerken nun
Beispiele unvergleichlicher griechischer Skulptur dargebo-
ten wurden. Die heroischen männlichen Figuren des Par-
thenon-Frieses und andere großartige Fragmente verliehen
jetzt dem Laokoon und dem Apollo Belvedere, die seit der
Renaissance in den vatikanischen Sammlungen bewundert
worden waren, eine neue Vitalität. Sie wurden zum modernen Maßstab für männliche Schönheit, obwohl man bald
erkannte, daß ihre Qualität als Skulpturen den Meisterwerken des Phidias unterlegen war. Die Pose des Apollo
ist klar erkennbar die Grundlage vieler stehender Männer-
bildnisse des späteren 18. Jahrhunderts, lange bevor die
Schneidertechnik dahin kam, die klassische Figur genauer
nachzuahmen.

Da man auf die Grundform der Antike und nicht auf
äußerliche Anspielungen auf sie zurückgriff, kann man die
klassizistische ästhetische Wiedererweckung als frühe Version des modernen Designs bezeichnen. Nikolaus Pevsner
nannte sie das »erste Kapitel« der Moderne. Die beiden
künstlerischen Bewegungen teilten das Verlangen nach
einem neuen »Realismus« in der Kunst, der die Grundstruktur achten und nicht auf äußerer Ähnlichkeit insistieren
sollte. In Frankreich wurde die architektonische Erneuerung nach klassischen Vorbildern von Claude Nicolas
Ledoux vorangetrieben, der einer der ersten war, der von
antiken Bauwerken die Formen und Proportionen statt der

nur dekorativen Motive entlieh. Seine Pariser *Barrières* von
1784 haben in ihrer antiken Nüchternheit ein schmucklos
modernes Aussehen. In England erscheinen Sir John Soanes
phantasievolle Vereinfachungen, die auf klassischen Quellen beruhen, ebenso modern, und sie erzeugen überdies den
Eindruck, daß sie eine Schlichtheit weitergaben, die in englischer Architektur und englischem Design bereits vorherrschte.

Für die bekleidete Figur waren analoge Vereinfachungen
jetzt für beide Geschlechter verbindlich. Die Grundstruktur
des Körpers wurde wiederentdeckt, aber gänzlich nach anti-
kem Muster. Das System klar umrissener Glieder, Köpfe und
Muskeln und harmonischer Proportionen, das im antiken
Akt perfektioniert worden war, galt als authentischste
Sichtweise des Körpers, als die reale Wahrheit der natürlichen Anatomie, die platonische Form. Statt einen so großen
Teil des wirklichen Körpers zu ignorieren, wie sie es so
lange getan hatte, sollte die Bekleidung jetzt auf ein neues
Verständnis solch wiederentdeckter »natürlicher« anatomi-
scher Fakten hinweisen. Wie gewöhnlich zeigten sich die
Veränderungen der Kleidung zuerst in der Kunst.

In Frankreich entstanden Gemälde von Jacques-Louis
David und anderen, die prächtige Beispiele für die korrekte,
anatomische, angezogene Form beider Geschlechter zeigten,
meist an mythischen Schauplätzen. Weibliche Porträts, auf
denen in besonderer Weise Phantasien mit weiblicher Mode
zusammengeführt wurden, wurden ebenfalls authentischer
der Klassik nachgebildet. Ähnliches galt für die Kostüme auf
französischen Bühnen: Der Unterschied zwischen den alten
und den neuen Methoden klassischer Anspielung offenbarte sich in dem Unterschied zwischen einer Bühnennymphe
von 1765, die ein Leopardenfell über einem Korsett und
einem flitterbesetzten Reifrock zusammen mit hohen Absätzen und gepudertem, girlandengekröntem Haar trug,

und einer Bühnennymphe von 1795 mit demselben Kranz und Leopardenfell, aber mit offenem Haar und nichts weiter als zwei Metern Musselin. Talma, der berühmte Schauspieler der Französischen Revolution, erschien als antiker Römer in der kurzen Tunika und den Sandalen eines Gemäldes von David statt mit dem weiten, steifen Rock, den hohen Absätzen und der hochgetürmten Perücke, die alle römischen Helden auf der Bühne 150 Jahre lang getragen hatten.

Aber wie gewöhnlich war in der Kunst mehr möglich als im Leben. Herrenschneider und Damenschneiderinnen, deren Wege sich von nun an trennten, sahen sich vor das Problem gestellt — entsprechend ihren unterschiedlichen Fähigkeiten —, die tatsächliche Gestalt der Klassik nachzubilden. Johann Joachim Winckelmann, der große Historiker und Experte für griechische Kunst, hatte gefordert, daß der moderne Künstler nicht einfach die Werke der antiken Kunst imitieren dürfe, sondern die Art und Weise nachahmen müsse, in der der antike Künstler arbeitete. Wie Ledoux und Soane sollte der klassizistische Künstler, so Panofskys Winckelmann-Interpretation, »sich einer kreativen Angleichung seiner Methoden unterziehen und nicht eine wissenschaftliche Rekonstruktion seiner Ergebnisse zusammenbauen«. Im Bereich der klassizistischen Mode waren es die männlichen Schneider in England, die ersteres zustande brachten, geradeso wie die Architekten, und es waren die Damenschneiderinnen Frankreichs, die bei letzterem blieben, genau wie die Kostümbildner.

Eine wichtige antike griechische Konvention war es gewesen, die männliche Figur nackt darzustellen und den weiblichen Körper vollständig zu verhüllen. Bis spät ins dritte Jahrhundert v. Chr. zeigten Frauen in der antiken griechischen Skulptur ihre Reize durch einen Schleier zarter Falten, während der Held nichts als seine vollkommene Nacktheit trug, die vielleicht durch ein kurzes Cape, das ihm über die Schulter fiel, noch zusätzlich betont wurde. Das Kostüm der Nacktheit wies am suggestivsten auf vollkommene männliche Kraft, auf vollkommene Tugend und vollkommene Ehrlichkeit hin, mit Anspielungen auf Unabhängigkeit und Rationalität. Die harmonische nackte Schönheit des Helden war der sichtbare Ausdruck seiner unverdorbenen moralischen und geistigen Qualitäten. Schamhaftigkeit andererseits war bereits die hervorstechendste weibliche moralische Tugend; weiblicher Eifer, weibliche Energie oder Weisheit oder sexuelle Attraktivität mußten sozusagen gänzlich durch sie gefiltert werden. Die Kombination, die daraus entstand, ließ sich vorzüglich durch ein einhüllendes Gewand darstellen, das tendenziell am Körper klebte.

Die Damenschneiderinnen, die bereits daran gewöhnt waren, theatralischen Schick zu erzeugen, ohne sich groß um den Schnitt zu kümmern, arrangierten ihre Stoffe einfach neu, um sich den antiken Statuen, ihrem Aussehen von mehr oder weniger dünn mit Tuch bedeckter Nacktheit anzunähern. Unter dem drapierten Stoff trug man enge Trikotagen verschiedener Art, Büstenformer, um die Brüste zu betonen und voneinander zu trennen und um im Ganzen eine neue Art theatralischer Wirkung zu erzeugen. Aber die Herrenschneider, die sich immer noch herausgefordert sahen, eine komplette dreidimensionale Hülle für den männlichen Körper herzustellen, machten sich daran, den antiken nackten Helden im Sinne der vorhandenen männlichen Bekleidung zu rekreieren.

Während die Damenschneiderinnen und Modistinnen des späten 18. Jahrhunderts frei waren, die großen Hüte und ballonförmigen Reifen abzulegen und die Frauen in gerade herabfallenden Musselin zu kleiden, waren die Schneider noch den Prinzipien des Handwerks verpflichtet; sie konnten den Mann nicht einfach nackt ausziehen oder ihn in eine bühnenmäßige Tunika stecken. Um das Bild schmuckloser männlicher Perfektion zu vermitteln, mußten sie den nackten Mann aus Stoff neu modellieren, um, entsprechend den Schneiderregeln, eine abstrakte Statue des nackten Helden zu erschaffen. Das bedeutete, den vorhandenen Anzug zu modifizieren, ohne seine Grundkomponenten aufzugeben und ohne auch nur ein Stückchen Haut zu entblößen.

Da die nackte klassische Figur das neue Idealbild des natürlichen Mannes geworden war, konnte ein moderner Mann sich verständlicherweise eine heroische Figur wünschen, ohne daß er damit einem unmöglichen Ideal nachzuhängen schien. Er drückte damit nur den gesunden Wunsch nach etwas Normalem aus, und darum konnte der Schneider sich jetzt kümmern. Die modischen Schneider selbst verwendeten gewöhnliche Kleidungsstücke, um den artifiziellen, perückengezierten Rokoko-Mann in einen edlen und antiken natürlichen Mann zu verwandeln. Sie versprachen den perfekten klassischen Körper, der geschickt in jene modernen Kleidungsstücke übersetzt war, die traditionell als »natürlich« bewertet wurden. Sie suggerierten darüber hinaus den noch nicht gefallenen Adam im Garten Eden: die einfachen Kleider des englischen Lebens auf dem Lande.

Um 1770 sahen diese Kleider sogar noch klobiger aus als die elegante Bekleidung, die auf beiden Seiten des Kanals vom Umfang her reduziert worden war und klarere Linien erhalten hatte. Die lockere und bequeme wollene Joppe mit ihrem umgeklappten Kragen mochte das Grundelement der neuen Mode bilden, aber sie mußte gründlich verändert werden. Große Ärmelaufschläge und Taschenklappen mußten verschwinden. Während der folgenden zwanzig Jahre schrumpften die ausladenden Rockschöße drastisch ein und verloren alle Polsterungen und Versteifungen, die statt dessen nach oben verschoben wurden, um Brust und Schultern zu verbreitern. Die Ärmel wurden oben sogar ein bißchen gepufft, um eine klare Dreiecksform anzudeuten. Die Weste, die zuvor weit über den gerundeten Bauch gereicht hatte, wurde gekürzt und über einer hohen, glatten Taillenlinie gerade abgeschnitten. Wie auch die Jacke war sie oft zweireihig, um den alten gewölbten Bauch mit der langen mittleren Knopfreihe zu verstecken. Der zuvor locker herabhängende Kragen wurde hochgezogen, um die verbreiterten Schultern auszubalancieren, den heroischen Nacken zu stärken und den ungepuderten Kopf hervorzuheben, der jetzt seiner Perücke entkleidet und in klassischem Stil kurzgeschnitten war.

Die Beine wurden von der hohen Taille bis hinunter zu den Knöcheln in hellen Farben gekleidet, so daß sie in einer fließenden klassischen Linie geführt wurden, statt sich am Knie und an den Lenden mit viel horizontal aufgeplustertem Stoff zu teilen. Der sehr beinbetonten Aktkunst dieser Zeit entsprachen in der Kleidung die »Pantalons« aus gewirkter Seide oder glattem Rehleder, die der männlichen Figur eine neue genitale Betonung gaben, die seit dem Verschwinden des Hosenlatzes in der Hochrenaissance gefehlt hatte. Gleichgültig wie ein Mann in Wahrheit gebaut war, sein Schneider ersetzte seinen alten, kurzbeinigen, birnenförmigen Körper durch einen mageren, muskulösen und sexuell sehr attraktiven Körper mit langen Beinen.

Die neue Mode sprang jedoch zweifellos hart mit den wirklich dicken Männern um. Karikaturen tauchten auf, die die kugelige Wirkung der hohen Taille und der minimalen Rockschöße an Männern mit nicht vertuschbar dicken Bäuchen zeigten, und Männer mit dürren Beinen mußten Waden- und Schenkelpolster benutzen, um die klassische Norm zu erfüllen. Die lockere Mode früherer Zeiten hatte der umfangreichen Figur mit mageren Extremi-

täten viel mehr geschmeichelt. Aber die moderne Schneiderkunst nahm sich des Problems an, so daß die Anzüge
bald jeden Mann natürlich erscheinen ließen. Eine noch
enger anliegende Jacke, kombiniert mit Hosen aus demselben Stoff, paßte den Entwurf später sogar noch akkurater
an sein nacktes Gegenstück der Klassik an.

HELDEN IN WOLLE

UM 1810 HATTEN DIE NEUEN SCHNEIDERTECHNIKEN BEREITS
ein schmuckloses, modelliertes Jackett hervorgebracht, eine
lockere Hülle für den männlichen Oberkörper, die subtil aus
stumpfem Material geschnitten und mit sehr sichtbaren
Stichen genäht war. Die essentielle Textur und Konstruktion, nicht der oberflächliche Glanz, machten seinen ästhetischen Reiz aus. Das war eine sehr moderne Idee, und sie war
nur in einer sehr alten Schneidertradition möglich, die sich
auf den Gebrauch von Wolle gründete. Die englischen
Schneider waren allen anderen in bezug auf Schnitt und Sitz
wollener Kleidung schon lange überlegen. Seit den frühesten Anfängen der Geschichte Englands war Wolle als wichtigste Textilfaser bekannt.

Auch in der Antike war Wolle als der meistverwendete
Stoff nicht unbekannt. Es war eine befriedigende Tatsache,
daß nicht nur ländliche Kleidung, sondern auch Helden-
togas eigentlich aus Wollstoff hergestellt wurden. Folglich
war für die Kreation des natürlichen Mannes, der sowohl
modern als auch antik war, in England der geeignete Stoff
zu finden, vervollständigt durch Materialien gleich ehrwür-
digen Alters und gleicher Einfachheit wie glattem Leinen, verschiedenen Lederarten und Baumwolle, die aus den

Kolonien beigesteuert wurden. Der zunehmende National-
stolz, der seine Distanz zu französischen und anderen kontinentalen Einflüssen betonte, unterstützte eine Mode, die
sich hauptsächlich auf heimische Materialien und heimische
Fertigkeiten gründete.

Die Engländer hatten gewiß auch Seide verarbeitet, aber
die festen Seidengewebe, die für Männerkleidung verwendet wurden, waren unelastisch und starr, wogegen
Wolle flexibel und elastisch ist. Unter der Einwirkung von
Druck, Dampf und sorgfältiger Bearbeitung, von einfalls-
reichem Schnitt gar nicht zu reden, kann man Wolle dazu
bringen, sich nach dem Willen des Schneiders zu dehnen,
zu schrumpfen und zu wölben, sich den Formen und Bewegungen des Körpers des Trägers anzupassen und sie zu
ergänzen, ohne auszubeulen oder Falten zu werfen. Sie
ähnelt wirklich einem Medium der Bildhauerei, gehorcht
den schöpferischen Wünschen des Designers. Seide hingegen behauptet ihre eigene Autorität. Die einfacher ge-
schnittenen Seiden- und Samtjacken früherer Tage, die
zum Rokoko-Temperament paßten, waren bei jeder Bewegung des Trägers und bei dem leichtesten Druck auf die
Knöpfe zerknittert, zum Teil deshalb, weil sich der Stoff
überhaupt nicht dehnte.

Bildliche Darstellungen zeigen, daß all diese Reihen von
Knöpfen und Knopflöchern, diese zusätzlichen Aufschläge,
Patten und applizierten Stickereien, alle diese langen Westen, weiten Rockschöße und weichen Kniehosen ein wahres Netz kleiner Knitterfältchen über den ganzen Körper des
Mannes legten. Dies erzeugte eine Oberflächenbewegung,
die das Licht reflektierte, wodurch ein zusätzlicher Reiz des
getragenen Anzugs entstand. Der Körper war immer durch
die wellenschlagende Oberfläche seiner Gewänder verborgen, die die Eleganz des Trägers bei jedem Atemholen zur
Schau stellte.

Gegen Ende des Jahrhunderts hatte sich die Eleganz vollständig von den verzierten Oberflächen zur eigentlichen Grundgestalt hin verschoben – weg von höfischer Verfeinerung, hin zu natürlicher Einfachheit. Und so erhoben die Schneider die rauhe, ländliche, schlechtsitzende Jacke zu einem Meisterwerk der Kunst, wodurch der ungehobelte natürliche Mann zum edlen natürlichen Mann wurde, mit Bezügen zur antiken Skulptur, die in die Struktur seiner Kleidung eingebaut waren. Mit Hilfe von kaum wahrnehmbarer Polsterung, gebogenen Nähten, diskreten Abnähern und durch das Bügeln mit Dampf wurde die rauhe Jacke aus stumpfem Stoff nach und nach zu einem exquisit ausbalancierten Kleidungsstück verfeinert, das glatt und ohne Falten saß, sich ohne Druck knöpfen ließ, damit es so wirkte, als bekleide es den Torso eines griechischen Athleten.

Der Kragen wurde durch einen ausgetüftelten Schnitt, durch Dämpfen und Versteifen gezwungen, eine Kurve in die Höhe und um den Hals zu beschreiben, sich umzulegen und vorne zu öffnen, ein Revers zu bilden, das gehorsam flach anlag und sich glatt an das Jackett anschmiegte. Dieser perfekt geschnittene Kragen und das flach liegende Revers bilden noch immer das charakteristischste Element der modernen Anzugjacke und wurden zu formellen Zeichen der Moderne in der Bekleidung. Sie sind heute für beide Geschlechter so universell üblich, daß sie fast unsichtbar geworden sind. Die Kunst, mit deren Hilfe sie gefertigt wurden, ist ebenfalls unsichtbar. Das Revers moderner Jacken sieht aus, als ob es von Natur aus flach liege.

Die subtilen Linien der Jacke bildeten ein abstraktes Design, das auf die darunter liegenden Formen der menschlichen Knochen und Muskeln verwies. Das matte Gewebe entsprach der Glätte der Haut. Die sorgfältige Modellierung gestattete es dem Körper nur, sich an wenigen bestimmten Stellen durchzusetzen, wenn sich der Träger bewegte. Dies schuf eine vitale Interaktion zwischen Kostüm und Person, einen nonchalanten Kontrapunkt, der wiederum an ein Tier erinnerte, dem es in seiner Haut wohl ist. Die diskrete Polsterung des oberen Brustkorbs und der Schultern wurde über Brust und Rücken immer dünner und war in der unteren Hälfte des Jacketts nicht mehr vorhanden, so daß die Wirkung die eines gänzlich ungepolsterten Kleidungsstücks war, einer scheinbar natürlichen Hülle.

Um dieser Apotheose ländlicher Bekleidung zusätzlich Nachdruck zu verleihen, wurden das einfache Leinenhemd und die Halsbinde, die ein Herr, der ein rauhes Landleben führte, vielleicht beschmutzt und schlampig geknotet getragen hätte, zu strahlendem Weiß gewaschen, leicht gestärkt und dann mit der Sorgfalt eines Bildhauers um Hals und Kinn gefaltet, um einen herrischen Sitz des Kopfes auf den heroischen Schultern anzudeuten. Die dicken und schlammigen Landstiefel wurden bis zur Perfektion verfeinert, angepaßt und poliert, und das ganze Ensemble war damit bereit zum Wechsel von den Feldwegen auf den Boulevard. Als besondere Pointe dieser potenten Mixtur diente ein aufregender städtischer Beitrag von jenseits des Kanals, das *Sansculotten*-Kostüm der revolutionären Arbeiterklasse. Diese ähnliche klassizistische »natürliche« Mode wurde mit der englischen Version in Übereinstimmung gebracht. Sie wurde verfeinert und von den Barrikaden in den Salon übersetzt und fügte der schon zuvor kraftvollen Ideenkombination den Geist der Revolte und die Impulse plebejischen Strebens hinzu, die das neue männliche Kostüm verkörperte.

So wurde die männliche Figur neu geschnitten und der ideale Mann in eine neue Form gegossen. Früher schien es, als ob das Spiel des Lichts auf prächtigen und schimmernden Geweben den Herren mit dem Spiel aristokratischer Sensibilität ausgestattet und ihn zu einem geeigneten Gefäß exquisiter Höflichkeit, gebildeten Witzes und verfeinerter Arroganz gemacht hätte, ohne daß er den wahren Charakter und das wahre Kaliber seiner individuellen Seele hätte enthüllen müssen – geschweige denn die seines Körpers. Jetzt schienen die edlen Proportionen seiner männlichen Gestalt, die ausschließlich durch die strikte Verwendung natürlicher Materialien erzeugt wurden, ihm eine individuelle moralische Stärke zu verleihen, die sich auf natürliche Tugend gründete, eine Integrität, die in ästhetischer Reinheit ohne Künstlichkeit blühte und ihn als die vollkommene Verkörperung einer offenen, modernen Meinung und eines natürlichen, ehrlichen Gefühls erscheinen ließ.

Seine Kleidungsstücke ließen ihn ehrlich aussehen, da die Nähte hervortraten und die Webart des einfachen Stoffes sichtbar war – und vernünftig, weil Schnitt, Sitz und Proportionen perfekt waren und ihm auch sein ungekünsteltes gutes Aussehen verliehen. Erreicht wurde diese Wirkung durch das Überarbeiten des alten Schemas des 17. Jahrhunderts von Jacke, Weste und Kniehosen sowie Hemd und einer Art Krawatte. Es ersetzte dasselbe Schema aus nackten Muskeln, das in der Klassik denselben Tugenden zum Ausdruck verholfen hatte und jetzt den Eindruck vermittelte, daß der nackte Held angezogen sogar noch natürlicher war.

Alle diese neuen Phänomene hängen mit der legendären Gestalt Beau Brummells zusammen, der seinerseits die neue Art des Helden verkörperte, der durch die Schneiderkunst erschaffen worden war. In der neuen städtischen Dandy-Mode bestand das Heldentum eines Mannes nur darin, ganz und gar er selbst zu sein; Brummell bewies, daß das überlegene männliche Wesen nicht mehr von erblichem Adel war. Seine Vortrefflichkeit war gänzlich persönlicher Natur, nicht gestützt durch Wappenschilde, Ahnenhallen, riesige Ländereien oder auch nur eine feste Adresse. Es war klar, daß er auch ohne Einkommen leben konnte. Seine Kleidung mußte nur ihrer eigenen schneidertechnischen Integrität nach perfekt sein, das heißt nur ihrer Form nach, unbelastet von jeglichen äußeren Anzeichen eines Wertes, der auf den Rang schließen ließ. Von Brummell selbst ist bekannt, daß er unauffällig gekleidet sein wollte.

Brokat und Stickerei hatten einst die aristokratische Überlegenheit selbst schwächlich wirkender Individuen angezeigt und die Schönheit des Kostüms, nicht die des Mannes zur Schau gestellt. Ein guter Schnitt ohne schmückendes Beiwerk betonte andererseits die einzigartige Grazie des individuellen Körpers – erschafft sie sogar im Sinne der besten Schneidertradition. Der Rang eines Mannes oder seine Taten sind für den eleganten Schnitt seines schlichten Rockes irrelevant; es zeigt sich, daß nur seine persönlichen Qualitäten zählen. Somit wirkte das klassizistische Kostüm in seiner Zeit so, als ob es Gleichheit herstellen könnte, und trotz aller Abwandlungen, die es danach erfuhr, behielt es diesen Wesenszug, da es gutaussehende Männe aller Klassen kleidete. Der perfekte Mann war in den Augen der englischen Schneider teils englischer Landedelmann, teils natürlicher Adam und teils nackter Apoll, der Schöpfer und Zerstörer – eine Kombination, die auch in anderen Ländern und anderen Jahrhunderten reizvoll blieb. Die bekleidete Form war jetzt eine Abstraktion der nackten Gestalt, ein neuer idealer nackter Mann, nicht in Bronze gegossen oder in Marmor gehauen, sondern in natürliche Wolle, in Leinen und Leder gehüllt. Er trug bequeme Kleidung, die so vollkommen war wie das seidige Fell des idealen Jagdhundes oder Pferdes, Löwen oder Panthers.

Nicht nur die körperlichen Proportionen, sondern auch die ideale Farbe der Antike blieben in dem neu heroisierten ländlichen Kostüm erhalten. In England und Nordeuropa legte die gesamte klassizistische Kunst des 18. Jahrhunderts durchgängig Wert auf klare Monochromie. Die Unter-

drückung des Spiels der Farbe führte dazu, daß die natürlichen Umrisse des Körpers und seine Gestalt besser gewür-
digt wurden. Wiederum wurden die bewunderten Antiken
meist in ihren grafischen Umrissen reproduziert, damit
man die einfache Reinheit ihrer Formen, ohne irrelevante
sinnliche Ablenkungen, um so besser feiern konnte.

Die ursprünglich bemalten antiken Mamorstatuen hatten
ebenso wie die antiken Bauwerke ihre Farbe verloren. Die
Tugend der Farblosigkeit war von Michelangelo und späteren Bildhauern noch weiter bekräftigt worden, die sich
bemühten, mit der Antike in weißem Marmor zu konkurrieren. In jenen Tagen wurde diese Monochromie gewöhnlich
durch die Farbfreudigkeit aller anderen Arten von Kunst
und Dekoration ergänzt, und die klassizistischen Maler der
Renaissance und des Barock hatten weiterhin Farbe und
Struktur verwendet, wenn sie die Antike auf Gemälden wie-
dergaben. David und andere französische klassizistische
Maler beschworen unablässig die antike Welt mit dem
Gebrauch des ganzen Farbenspektrums.

Aber die ästhetische Kraft der antiken Farblosigkeit
wurde gegen Ende des 18. Jahrhunderts stärker anerkannt
als jemals zuvor. In England, Holland, Skandinavien und
Deutschland verloren die starken Farben eine Zeitlang ihre
Autorität – zum Teil vielleicht auch, weil Frankreich jetzt,
nach einem schrecklichen und blutigen Zwischenspiel, zu
einem despotischen kaiserlichen Pomp zurückgekehrt war.
Das Aufgeben der Farbe könnte den Wunsch nach einer
gewissen Distanz zu diesen maßlosen Entwicklungen ausgedrückt haben, und sie schien auch die Idee der Suche
nach klassischer Authentizität als einer Art Reinigung zu
stützen, die auf einer Linie mit protestantischen Impulsen
lag.

Sir Joshua Reynolds hatte geschrieben, daß der üppige
Gebrauch von Farbe bei einem Gemälde in niederer Weise

an die Sinnlichkeit appelliere und daß das Spiel des Lichtes auf prächtigen Geweben eine ähnlich vulgäre Anziehung habe, die des großen Stils in der Malerei, wie ihn Michelangelo exemplifiziere, unwürdig sei. Die Fresken der Sixtinischen Kapelle waren im 18. Jahrhundert bereits verblaßt und grau und wurden wegen ihrer matten Farbigkeit nur um so mehr bewundert, da sie scheinbar auf eine viel edlere Vision der biblischen Ereignisse verwies als alles, was im schimmernden Stil von Tizian oder Rubens erschaffen worden war – oder im damaligen Stil von David und Gérard, die jenseits des Ärmelkanals tätig waren.

Entsprechend dieser weitverbreiteten Haltung bedienten sich die englischen Schneider des neuen Prestiges gedämpfter Farben und matter Stofflichkeit. In der Kleidung stellten diese nicht mehr nüchterne Bescheidenheit zur Schau, sondern suggerierten dieselben klassischen Tugenden, die die antike Nacktheit verkörperte, einschließlich einer überlegenen Schönheit. Die neue grafische Rhetorik des idealen männlichen Aussehens zwang das männliche Kostüm nicht nur zu klassischen Umrissen, sondern auch dazu, viel von seiner Farbe aufzugeben und kein Licht zu reflektieren – und dadurch um so schöner anstatt häßlicher auszusehen.

In der Kleidung der Männer ersetzten klar definierte Bereiche von Schwarz, Braun, Beige und Weiß die weitverbreiteten fließenden und glänzenden farbigen Stoffe. Dem Entwurf der Jacketts konnten dunkelgrüne und dunkelblaue Wollstoffe, die an die natürliche Welt und das einfache Landleben erinnerten, hinzugefügt werden. Aber ein matter Stoff und die Klarheit der Linie waren wesentlich. In Übereinstimmung mit der klassizistischen Formel für richtige Naturwiedergabe war eine perfekte Komposition der Linien die wahrere und schönere und daher *bessere* Errungenschaft als jeder aufgesetzte, schimmernde und vielfarbige Glanz, und das galt für Maler wie Schneider.

Im zweiten Akt der Moderne, während des ersten Viertels unseres Jahrhunderts, wurde eine neue radikale Ansicht von der Schönheit der Form wiederum von einem gewissen Rückzug der Farbe begleitet. Die extremsten Visionen des Kubismus neigten dazu, bei ihrer Konzentration auf die vielfältige Wahrheit der Form lebhafte Farbtöne zu eliminieren. In der Architektur trug ein neuer Respekt für die nacktem Stahl, Glas und Beton innewohnende Schönheit dazu bei, eine Vorliebe für formale Werte wiederzubeleben, die nicht von übertriebenem Schmuck und der ablenkenden Schönheit der Farbe überfrachtet waren. Diese Vorliebe wurde überdies unterstützt von Meisterwerken der Schwarzweißfotografie und der Cinematografie, die nur Form, Linie und Oberflächentextur feierten. All dies half, die neuen Versionen des modernen Herrenanzugs, der jetzt die formale Abstraktion auf neue Weise zelebrierte, auf dem gleichen Weg der gedämpften Farben zu halten, den sie ursprünglich während ihres Auftauchens im Klassizismus eingeschlagen hatten.

KLASSIZISTISCHE EROTIK

DAS KLASSISCHE FUNDAMENT DER MODERNEN HERRENschneiderei wirkte noch auf andere Weise lange fort. Genau wie die antiken nackten Statuen begannen Männer allmählich, einander ähnlich zu sehen und ähnlich aussehen zu wollen. Die größere Uniformität bekleideter Männer, welche wir aus den letzten zwei Jahrhunderten kennen und die sich von der Formenvielfalt der Frauenkleidung unterscheidet, wurde in der gleichen Epoche eingeleitet. Auch sie war auf die antike und natürliche Tugend zurückzuführen. Sie

Johann Joachim
Winckelmann:
*Zeichnung einer
bemalten
griechischen Vase,*
aus: *Monumenti
Antichi Inediti,*
1767.

Thomas Hope:
*Zeichnung Jupiters, kopiert nach
einem römischen Monument,*
aus: *Costume of the Ancients.*
Englisch, 1812

Jacques-Louis David: *Madame Récamier*. Französisch, 1799.

Die antike griechische Vase zeigt ein Paar in charakteristischer Kostümierung – er ist nackt, sie trägt dünne Schleier.

Das Porträt von David zeigt eine modische Adaptierung; das Kleid liegt
um den Oberkörper eng an, und der Rock hat die größte Fülle hoch am
Rücken, damit beim Tragen ein langer, graziöser Fall gesichert ist. Ihre
nackten Füße, die nackte Umgebung und das Fehlen von Juwelen sind
malerische Absichten, die den Eindruck der klassischen Einfachheit verstärken.

Die Zeichnung von Hope gibt die klassischen Proportionen für Männer
an: muskulöse Brust und Schultern, schlanke Lenden, lange Beine.

Sie finden alle ihren angemessenen Widerhall in dem Modestich auf der
nächsten Seite, der zeigt, wie die neue einfache Schneiderkunst eine
klassische nackte Figur erschafft, die gänzlich aus Wolle, Leder und Leinen gemacht ist. Jupiter trägt jetzt statt eines Donnerkeils ein Galanteriestöckchen.

Modestich,
Grand Négligé,
aus: *La Mésangère*.
Französisch, 1808.

repräsentierte die Verwandtschaft moralischer Klarheit und eines friedfertigen Temperaments und wies paradoxerweise dennoch einen Weg, das Individuum in den Mittelpunkt zu stellen. In der heutigen Zeit, am Ende dieses Jahrhunderts, tragen die Staatsmänner der Welt alle ähnliche Anzüge, die den uniformen Wunsch nach internationaler Harmonie sichtbar machen, selbst wenn jedes Gesicht, seiner besonderen Verantwortung bewußt, um so individueller aussieht. Der individuelle Schnitt jedes Anzugs zeigt außerdem die flexiblen Möglichkeiten eines einzigen Musters, das sich sehr unterschiedlichen Körpern anpaßt. Individuelle Schnitte sind Variationen desselben Stils, den sich Männer aus verschiedenen Kulturen wünschen.

J. G. Bourdet: *Une Promenade.* Französischer Modedruck, 1838.

Für die Frauen ist der kurze klassische Augenblick vorbei: Rüschen und Fülle haben sich schnell wieder behauptet, aber diesmal auf romantische Art. Sie ist klein und zart, er ist groß und herrisch und trägt weiterhin das erotisch attraktive Kostüm der Nacktheit, übersetzt in Schneiderkunst. Ihr Haar ist wohlgeordnet und strikt verdeckt, seines ist kurz, dick und frei unter einem abnehmbaren Hut.

Im frühen 19. Jahrhundert war zum ersten Mal klargeworden, daß der individuelle Charakter jedes Mannes, wenn alle Männer am Abend eine weiße Halsbinde und einen schwarzen Frack tragen, deutlicher – nicht undeutlicher – wird. In gemischter Gesellschaft stellt sich dann ein merkwürdiger Effekt ein. Wenn jede Frau auf dem Ball darauf achtet, sich in der Kleidung von den anderen zu unterscheiden, sind es die unterschiedlichen Kostüme, die zuerst auffallen und die eine bunte Szenerie bilden. Daraus folgt aber, daß die Gesichter genausogut alle gleich sein könnten, so als ob dieselbe Puppe auf viele verschiedene Arten angezogen wäre. Wenn jedoch zwei Frauen das gleiche Kleid tragen, ist das erste, was auffällt, wie verschieden die beiden Frauen aussehen.

Bereits mit der Romantik kam die Vorstellung auf, daß die Frau ein Wesen sei, das in vielen Verkleidungen erscheinen mag, aber immer dieselbe Natur hat. Die »Frau« wurde zu einer einzigen Art primitiver Kraft. Der Mann begegnete ihr als Individuum, sie erschien in verschiedenen dramatischen Variationen, die man trotzdem für bloß äußerlich unterschiedlich hielt. Man sah sie als Schwestern mit unterschiedlich getönter Haut. Diese Vorstellung war zum Teil verantwortlich für einen auffälligen Unterschied in der Kleidung der späteren Romantik: zwischen der männlichen Solidarität in bezug auf einen gleichförmigen Stil und matte Farben und der weiblichen Vielfalt, die weitgehend auf kräftiger Polychromie beruhte. Gemälde aus der Jahrhundertmitte, von Frith und auch von Monet und Manet, zeigen Gruppen von farbenfrohen Damen, die aussehen wie blühende Sträucher zwischen kräftigen, dunkelfarbigen, baumstammartigen Herren mit individuellen Gesichtern.

Ganz zu Anfang der hochklassizistischen Periode übernahmen Frauen jedoch die antike Farbenregel und erschienen eine Zeitlang in klassischem Weiß, modifiziert durch ein paar Naturtöne für drapierte Schals und Turbane oder Hüte, Schuhe, Handschuhe und Sonnenschirme. Die Wirkung dieser ganzen kunstvoll kreierten natürlichen Einfachheit war nicht bloß die Betonung der Liebe zur antiken Reinheit, sondern sie verstärkte ganz offensichtlich den erotischen Anteil, der in Kunst und Geschmack des Klassizismus bereits sichtbar war und der die vollkommen nachgezeichneten Formen des nackten Körpers so wichtig nahm.

Der Sittenkodex hatte sich zusammen mit der politischen Lage abrupt verändert, und freizügiges Benehmen wurde zu beiden Seiten des Kanals öffentlich stärker wahrnehmbar. In der hohen wie in der niederen Kunst wurde die erotische Intensität durch einen linearen Stil mit sehr wenig Farbe wiedergegeben, wie die Werke von Flaxman, Blake, Gillray, Rowlandson, Füssli und auch Goya demonstrieren. Satte Farben machen Akte in der Kunst schöner und realistischer – aber das Fehlen von Farbe kann sie sicherlich *drastischer* machen.

In Frankreich erlebte eine spezifisch erotische Farblosigkeit ihre eigene Mode, vielleicht in Nachahmung englischer Kunst. Der modische Künstler Boilly machte eine Reihe halb-pornografischer Zeichnungen in *grisaille*-Technik, auf denen er die neue enthüllende Mode der Galane und der halbseidenen Damen von Paris zeigte, deren dünne Draperien immer extremer waren als alles, was in England gewagt worden war. Man kann leicht sehen, warum die Franzosen die neue englische maßgeschneiderte Herrenfigur unwiderstehlich fanden. Bei der Bekleidung der Männer nicht weniger als bei den dünnen Musselins der Frauen stellte die neue Schneiderkunst nicht nur die Antike dar, sondern verwies auch deutlich auf die sexuelle Attraktivität. Der leicht ländliche Beigeschmack vertrug sich auch gut mit den rauhen, freien Sitten von Dienern und Kutschern aus der Unterschicht. Durch deren Adaption wirkten elegante Herren noch verführerischer. Wie beim griechischen Helden gehörte zur persönlichen Vortrefflichkeit des eleganten Herren seine begehrenswerte Physis, ein weiterer, rein individueller Charakterzug, den man jetzt durch glatte Pantalons in hellen, enganliegenden Stoffen betonte.

DER FRANZÖSISCHE UND DER ENGLISCHE KLASSIZISMUS zeigen, wie ähnliche Formen verwendet werden können, um unterschiedliche Ideen auszudrücken. Die Art, in der die Wiederaufnahme derselben klassizistischen formalen Aspekte in der Kunst schnell (und gleichzeitig) die Mode in Frankreich und England beeinflußte, demonstriert, daß der schnelle Aufstieg eines bestimmten Schnitts in der Mode ursprünglich die Kraft des Schnitts selbst reflektiert – und nicht die politische Idee, die sie dann verkörpert. Wir haben behauptet, daß eine bestimmte Mode oft einem Wandel der Politik und der kulturellen Haltung vorangeht. Sie kann einen ästhetischen, fast physischen Wunsch nach grundlegender Veränderung zeigen, statt neue Ideen nach deren Erscheinen zu reflektieren. Die neue Form wird aus dem Wunsch heraus übernommen, einen existierenden Stil in einer Weise zu verändern, die in erster Linie die Psyche befriedigt, indem sie das Auge befriedigt, ohne sich die Last rationaler Entschuldigungen und politischer Zugehörigkeiten aufzubürden. Erst danach wird die soziale und politische Bedeutung an der Mode festgemacht, um den unbewußten Wunsch zu rationalisieren; und später kann es scheinen, als sei es die Bedeutung gewesen, die die Veränderung erzwungen hat.

Aber wenn die formale Ungekünsteltheit der Antike sowohl für die Franzosen als auch für die Engländer zur gleichen Zeit – in einer geschichtlichen Periode, in der ihre kulturelle Lage und ihre gesellschaftlichen Ziele so unter-

schiedlich waren – wundervoll aussah, dann konnte das
Bedürfnis, antike Formen zu übernehmen, weder aus den
einen noch aus den anderen gerade gängigen gesellschaftlichen Idealen entstanden sein. Es mußte aus einem ästhetischen Verlangen kommen, das beiden gemeinsam war, ohne
Bezug auf irgendeinen unmittelbaren politischen Nutzen;
aus einem Bedürfnis, das Aussehen der Dinge in etwas
zugleich radikal Altes und Neues zu verändern. Unmodi-
fiziert antikes Aussehen mußte eine befriedigende emotionale Bedeutung gehabt haben, die tiefer ging als die zeitgebundenen sozialen Bezüge jeder beliebigen Gesellschaft. Die
aufregende Vereinigung von abgegriffener klassischer Form
mit einer neuen rohen Sexualität, einer neuen kreativen
Originalität und einer neuen brutalen Wahrhaftigkeit war
sicherlich befriedigend; und es wurde später ein Leichtes,
sie mit jeglicher gerade gängigen Macht in Zusammenhang
zu bringen, ganz egal, ob im Bereich von Finanz, Handel,
Krieg oder Politik.

Der erotische Charakter der neuen maskulinen Mode im
ersten Jahrzehnt des 19. Jahrhunderts wurde durch seine
anspruchsvollen Eigenschaften intensiviert. Die weniger
gutsitzende Kleidung der Barockzeit war für jeden leichter
zu tragen gewesen. Perfekt sitzende Kleidung und Halstü-
cher erforderten nun graziöse Haltung und Bewegung, die
beide mühelos aussehen mußten, da sie die Natur beschworen und angeblich nachahmten. In den Tagen steifer Wämser und Halskrausen war die vorgeschriebene Haltung selber steif gewesen, und niemand, der sie trug, gab vor, sich
natürlich, das heißt locker und ungehemmt, zu benehmen.
Im klassizistischen Klima jedoch zeigte der Träger seine
Potenz durch die Leichtigkeit, mit der er sich in seiner
Kleidung bewegte – er legte eine überlegene Nonchalance
an den Tag.

Wie immer war die Spannung, die durch eine derartige

Fusion der Gegensätze – die mühelose Anstrengung – erzeugt wurde, selbst stark erotisch aufgeladen. Sie war ein weiteres Beispiel für die sexuelle Attraktivität, die in dem graziösen Umgang der Frauen mit Schleppen, Reifröcken, Korsetts und extrem hohen Absätzen evident war, und die auch in den engen, verschnürten, gepolsterten und sehr kurzen männlichen Wämsern der Frührenaissance zum Vorschein kam. Tatsächlich liegt der Reiz des modernen Anzugs in unserer Zeit noch immer in der Kombination von Bequemlichkeit und Strenge – mit seinem ordentlichen Kragen und Schlips, die ständig den Unbilden heißen Wetters, harter Arbeit und großer Nervosität trotzen, da die unerschütterlich gutsitzende Hülle unbesiegbare physische und auch sexuelle Selbstsicherheit suggeriert. Kein Jogginganzug, keine Radlerbekleidung, keine verknitterten Khakisachen können je einen derart überlegenen Grad innerer Ausgeglichenheit ausstrahlen.

IN SEINER KLASSIZISTISCHEN ODER DANDYHAFTEN ORIGINALform war das moderne männliche Kostüm jedoch zu extrem, um sich dem klassizistischen Stil mit einem Schlag anzupassen und so das angeblich angeborene Heldentum jedes Mannes zu evozieren. Nicht nur korpulente, sondern auch vielbeschäftigte Menschen konnten die perfekte, natürliche klassische Pose nicht sehr lange durchhalten. Die Mode nahm ihren Anfang bei den ernsthaften Müßiggängern, die die Zeit hatten, ihr physisches Verhalten mit dem hohen künstlerischen Standard der Schneiderarbeit in Einklang zu bringen. Es stellte sich sehr bald heraus, daß es nötig war, die Produkte des Schneiders zu modifizieren, um diesen hohen Standard zu halten und gleichzeitig dem Träger selbst weniger abzufordern. Ob müßig oder nicht, es sollte nicht von ihm verlangt werden, den ganzen ursprünglichen kreativen Eifer der Brummellianischen Pioniere aufzubringen. Um 1815 hatten Hosen weitgehend die enganliegenden anspruchsvollen Pantalons ersetzt, und die Arme und Beine der Männer wurden in glatte Röhren aus nachgiebigerem Stoff gehüllt. Es gab jetzt den modernen »Anzug«, das heißt die einheitliche Abstraktion der Form, die sein definierendes Kennzeichen ist; aber er mußte noch nicht aus dem gleichen Stoff für Hose und Jacke gemacht sein, außer bei der Abendbekleidung. Auch Westen konnten noch Einzelstücke sein.

HOSEN WAREN EINE WEITERE INFORMELLE MODE GEWESEN, die, wie auch die »Joppe«, ziemlich klobig und schlampig aussahen, bevor die Schneider sie so verfeinerten und in Form brachten, daß sie sich der neuen Abstraktion anpaßten, die aus der ländlichen Jacke hervorgegangen war. Die neuen eleganten Hosen hatten oft einen Steg unter dem Rist, damit sie einen perfekteren vertikalen Sitz hatten. Um 1830 war der »Gehrock« eine elegante Version der bescheidenen ländlichen Joppe und damit eine korrekte städtische Arbeitskleidung für den Tag geworden. Seine weiten Rockschöße und die geschlossene Vorderfront verbargen die Lendengegend. So entstand eine Kleiderordnung für Geschäftsleute und Angehörige höherer Berufsstände, die nüchterner war als die ursprüngliche »nackte« Mode mit ihrem expliziten Fokus auf den Genitalien. In der folgenden Zeit verhüllten alle Tagesjacken die Lendengegend; formelle Vormittags- und Abendbekleidung hielten an der älteren und »nackteren« Idee fest, bis der Smoking erfunden wurde, um selbst des Nachts den Mann mit seiner beruflichen Persönlichkeit in Einklang zu bringen.

Als Kompensation für die verhüllende Jacke wurde das Halstuch leuchtender und suggestiver, erhielt allmählich eine kräftigere Farbe, größere Steife und wurde noch später mit einer aufregenden Vertikalen assoziiert. Das ganze

Kostüm blieb durch und durch erotisch, wurde aber noch abstrakter. Das Fundament blieb der klassische Körper und der entspannte, aber autoritative *contrapposto* der klassischen Pose, mit dem Gewicht auf einem Fuß und einer leichten Drehung des Kopfes. Die Haare durften ziemlich lang wachsen, aber nie so lang, daß sie über die Schultern fielen, wenn der Kopf gedreht wurde. Knie und Ellbogen drückten sich lässig durch den Stoff, erzeugten ein paar leichte Falten, die in einem strengen und schmeichelnden Rhythmus die lässige Würde der natürlichen Haltung des Trägers aufnahmen.

Es gibt einen allgemeineren ästhetischen Hintergrund für den Aufstieg des klassischen modernen Anzugs, der durch das überlegene Talent der englischen dekorativen Designer während des 18. und frühen 19. Jahrhunderts geschaffen wurde – überlegen in bezug auf die Dauerhaftigkeit der von ihnen erzeugten und befriedigten Bedürfnisse. Unter anderen stellte Robert Adam einen Maßstab für das Design von Möbeln, Innenräumen und Häusern auf. In seiner zurückhaltenden Verwendung vergangener Stile zur Schaffung von etwas sowohl Neuartigem wie Dauerndem schuf er eine Ästhetik, die nie übertroffen wurde. Georgianische Häuser und Haushaltsartikel sind noch immer rein visuell gefällig, einfach schön ohne Rechtfertigung oder Ideologie.

Die englischen Produktdesigner jener Epoche wollten die Antike nicht zur perfekten Kopie gerinnen lassen, wie die französischen Empire-Replikate der *sediae* des Kaiserlichen Rom. Sie bestanden statt dessen auf der ästhetischen Tugend des klassischen Designs, die sie in Gestalt von brauchbaren modernen Tischen und Stühlen rekonstruierten, die die Schönheit des natürlichen Holzes zeigten, oder in Form von Treppenhäusern und Wohnzimmern von geräumiger Einfachheit. Die englischen Architekten bedienten sich jedenfalls auch weiterhin eines palladinischen Stils, der nicht von kontinentalen Rokoko-Phantasien behindert war, und das praktische häusliche Design zeigte eine ähnliche unprätentiöse Klarheit, als es von den klassizistischen Idealen eingeholt wurde.

Die Schneider Englands strebten während derselben Epoche im wesentlichen dieselbe Art der Umgestaltung an. Auch sie hatten eine englische Tradition der Einfachheit hinter sich, im Gegensatz zu den übertriebeneren Moden in Frankreich und Italien und im Einklang mit anderen nordischen Stilen, die in Holland, Rußland, Deutschland und Skandinavien auftauchten. Ihre klassizistische Version des Anzugs war ein Triumph der Moderne, sehr ähnlich dem spätgeorgianischen Haus. In beiden verschmolzen Grazie und Nützlichkeit. Wie die Häuser und Möbel war das neue männliche Kostüm sowohl auf moderne Prinzipien des Handwerks als auch auf antike Ideale gegründet. Die Herrenmode machte solch flexiblen Gebrauch von den alten Formen der Kleidung, daß sie sich über zeitliche Grenzen hinwegsetzte und die Freiheit gewann, weit in die Zukunft hinein zu wirken. Die englischen klassizistischen Designer von Kleidern und Möbeln folgten somit dem alten Sinn des Wortes »originell«, das eine kreative neue Verwendung alter Quellen bedeutet.

Für georgianisches Silber und Möbel, die nichts mit dem Körper zu tun hatten, waren keine späteren Modifikationen nötig. Noch immer sind die echten antiken Objekte in Gebrauch und werden höher geschätzt als neue Versionen; indes kommen eng ans Original angelehnte Reproduktionen ebenfalls gut an. Aber Kleidung ist grundlegend anders. Heute trägt niemand echte erhaltene Regency-Jacken. Da modische Kleidung nicht in sich selbst ein unpersönlicher Spiegel der Gesellschaft ist, sondern untrennbar mit den lebendigen Organismen verbunden ist, die sie bedeckt, hat sie eine Beziehung zu dem sterblichen Rhythmus der zur Zeit Lebenden und zur persönlichen Phantasie, die Stühle oder andere Möbel nicht teilen.

Die Kleidung von längst vergessenen Generationen ist wirklich tot, außer sie existiert noch als Kuriosität; ihr Weiterleben besteht in der durch sie inspirierten Nachahmung. Die Menschen feiern heute die Lebendigkeit des Regency-Anzugs, indem sie weiterhin seinen direkten Nachkommen in Gestalt des modernen Anzugs tragen und noch immer finden, daß er die passende Ergänzung ihres modernen Ichs darstellt. Sie verwenden ihn noch immer, um ein körperliches Bild zu erzeugen, das die moderne Seele befriedigt. Der Einfluß des Klassizismus modernisierte somit die Herrenkleidung, aber es dauerte ein Jahrhundert, bis die Frauen aufgeholt hatten. Der größte klassizistische Beitrag zur Kostümgeschichte war nicht das berühmte drapierte weiße Kleid mit der hohen Taille, das durch Davids Porträts unsterblich wurde, sondern der englische, von Herrenschneidern geschaffene Mann, dessen Unsterblichkeit im fortdauernden Leben des Anzugs manifest ist, sowohl bei Männern wie bei Frauen in der modernen Welt.

KONFEKTIONIERTE MÄNNER

UM MIT DEM MODERNEN LEBEN SCHRITT ZU HALTEN, FUHR man fort, den Stil der Anzüge zu modifizieren, aber die wichtigste spätere Veränderung des neuen männlichen Kostüms war noch nicht zu erkennen. Die Art, wie die meisten Anzüge gemacht wurden, wurde revolutioniert, aber auf eine Weise, die ihr Aussehen im wesentlichen bewahrte. Was eine andere Art von Gegenstand wurde, blieb dennoch als dieselbe Art von Kostüm erhalten, bei dem die auffälligen Veränderungen ihren evolutionären Rhythmus beibehielten. Es war ein Zeichen für die essentielle Modernität des Anzugschnittes, daß dies möglich war. Konfektionierte, massengefertigte Anzüge für das allgemeine Publikum wurden mit einem ebenso hohen Standard des Designs und der Verarbeitung erzeugt wie bei maßgeschneiderten Anzügen.

Teil des wiederauflebenden Interesses an klassischen Kunstwerken war das Interesse an klassischer Proportion und ein neues Interesse an Proportion überhaupt als Basis guten Produktdesigns. Die Herrenschneiderei hatte dieses Prinzip nie zuvor angewendet, weil alle Kleidung individuell maßgeschneidert war. Die Schneider mußten nur die individuellen Maße im Auge behalten, nicht Schlußfolgerungen über allgemeine männliche Maße ziehen. Für jeden Kunden bewahrten die Schneider jeweils ein Band auf, das mit beschrifteten Einkerbungen versehen war, die die Länge des Unterarms, die Halsweite, die Schulterbreite oder was sonst für den Sitz des Kleidungsstücks entscheidend war, anzeigten. Der Anzug des Kunden wurde entsprechend zugeschnitten, ein sehr allgemeiner Schnitt wurde so verändert, daß er zu den Einkerbungen auf dem individuellen Band paßte.

Das allgemeine Bandmaß in Zoll, das für alle verwendet werden konnte, wurde erst um 1820 erfunden. Es wurde ausdrücklich zu dem Zweck benutzt, gutsitzende Anzüge für viele Männer gleichzeitig zu machen, wobei man allgemeine Regeln für männliche physische Proportionen aufstellte. Viele neue Maßeinheiten wurden von fähigen und erfahrenen Schneidern für die Erzeugung variabler Muster erfunden, die den Konfektionsanzügen den erwünschten guten Sitz verleihen sollten. Da klassische Körperproportionen von vornherein Teil der Fiktion der klassizistischen Anzüge waren, diente der Plan sowohl einem imaginativen

Ideal als auch einem sehr praktischen, kommerziellen Zweck. Klassizistische Anzüge wurden ursprünglich entworfen, um Brust und Schultern nur ein bißchen zu verstärken und um durch sehr subtile Kunstfertigkeit natürliches Heldentum zu suggerieren. Der »perfekte Sitz« war bereits eine fiktive Angelegenheit, sogar bei maßgefertigten Anzügen. Diese Tatsache trug dazu bei, daß die Herstellung von Konfektionsware leichter zu handhaben war, und führte nach kurzer Zeit zu ausgezeichneten Resultaten.

Nach und nach wurde klar, daß sehr viele Männer mit einem bestimmten Brustumfang vermutlich auch eine ähnliche Schulterbreite, eine ähnliche Taillenweite und – den Rücken abwärts – einen ähnlichen Abstand zwischen Hals und Taille sowie eine ähnliche Arm- und Beinlänge haben würden. Konfektionierte Anzugjacken und Hosen nach dem neuen klassischen Modell konnten von diesen Verallgemeinerungen profitieren, wurden darüber hinaus durch klassizistische Generalisierungen unterstützt. Die kaum wahrnehmbare selektive Formung und Polsterung war entworfen, um jedermanns Figur zu verbessern. Man konnte sich einen konfektionierten klassischen Körper kaufen, der wunderbar paßte und einem sehr gut stand und der sogar das individuelle Gesicht zu verbessern schien. Höchstens die Beinlänge der Hosen mußte vielleicht ein kleines bißchen angepaßt werden.

Wie man sich denken kann, waren Konfektionsanzüge ursprünglich eine amerikanische Erfindung. Sie hatten dort schon nach 1820 einen phänomenalen Erfolg, als englische Herren es für sich nie in Betracht gezogen hätten, sie zu tragen. Beobachter in der Neuen Welt stellten jedoch fest, daß amerikanische Gentlemen, die elegante englische Moden immer schnell übernommen hatten, nur noch sehr schwer von amerikanischen Ladenbesitzern, Handwerkern und Farmern zu unterscheiden waren, die im Park oder in der Kirche

Caspar David Friedrich: *Wanderer über dem Nebelmeer*. Deutsch, um 1817.

Eugène Delacroix:
Baron Schwiter.
Französisch, 1826-28.

Romantisch angezogener Mann in romantischer Umgebung.
Auf der vorherigen Seite blickt der deutsche Held in die Nebel des Unbekannten, wobei ihn sein Anzug zur Begegnung mit dem Schicksal
sowohl rüstet als auch entblößt.
Der Anzug des jungen französischen Barons bildet eine Sequenz dunkler,

in gutgeschnittener, gutsitzender, konfektionierter städtischer Kleidung erschienen.

Dies waren die ersten konfektionierten Gewänder, die
wirklich Ähnlichkeit mit denen hatten, die auf höchstem
modischem Niveau getragen wurden. Es gab sie, weil in ihre
Konzeption und ihr Design das höchste handwerkliche
Niveau modischer Schneiderkunst eingegangen war; ein Design, das ursprünglich genau jene Abweichungen berück-

John Everett
Millais:
*Porträt von John
Ruskin.*
Englisch, 1854.

beweglicher Kurven, die seiner Schönheit schmeicheln und sie verstärken
und ihn so in Harmonie mit dem eleganten Garten um ihn herum bringen.
Der englische Weise klettert zwischen den wilden Felsen und Sturzbä-
chen, wobei sein Anzug eine intelligente visuelle Abstraktion der chao-
tischen Naturformen bildet, aus denen er im Wandern Ordnung herstellt.
Alle drei grüßen den Himmel barhäuptig, setzen ihr unbedecktes Haar
dem Wind und der sprühenden Feuchtigkeit aus.

sichtigte, die die Produktion von Konfektion erforderte.
Gewöhnliche Kleidung wurde zum ersten Mal wirklich auf
die Ebene der Eleganz gehoben, nicht dazu verdammt, eine
minderwertige Version unerreichbarer, schöner Dinge zu
sein. Zwei Jahrhunderte lang waren konfektionierte männliche Kleidungsstücke unrettbar anspruchslose Objekte
gewesen, vor allem formlose Hosen, Hemden und Jacken für
Arbeiter und Seeleute; nun konkurrierten sie mit der

Kleidung der Oberschicht. Und diese neue Situation war, wie frühere Innovationen der Schneiderkunst, ein gänzlich männliches Unterfangen.

Konfektionskleidung für Frauen gab es zwar auch, aber die eleganten Teile waren entweder Umhänge, Mäntel oder Capes, auf deren Sitz es nicht ankam – oder Hüte und Hauben. Auch einfache Röcke wurden verkauft, aber nichts Konfektioniertes konnte sich mit den sorgfältig verarbeiteten und angepaßten Maßkleidern der Frauen des 19. Jahrhunderts messen. Schon eine Weile vor 1820 hatte sich der handwerkliche Standard der Damenschneiderei nach und nach verbessert, um mit der zunehmenden Einfachheit allen materiellen Geschmacks und dem neuen Wunsch nach formaler Klarheit bei aller modischen Kleidung Schritt zu halten. Es war der bessere Schnitt und Sitz der Kleider, nicht bloß die Pracht ihres Äußeren, was ihre überlegene Eleganz demonstrierte. Kleider mußten weiterhin individuell zugeschnitten werden, weil sie eng auf Korsetts angepaßt wurden, die so hergestellt und geschnürt wurden, daß sie zur individuellen Figur paßten. Erst gegen Ende des 19. Jahrhunderts, als auch Korsetts konfektioniert wurden, galten Konfektionskleider, Kostüme und Hemdblusen für Frauen als akzeptabel. Davor machten Damenschneiderinnen Frauenkleider auf Bestellung, oder sie wurden zu Hause hergestellt. Wir lesen von Lucy Snowe, Charlotte Brontës armer Lehrerin, daß sie sich ihre Kleider machen ließ, und wir lesen von Jo March, die die Kleider für alle ihre Schwestern nähte.

Man muß natürlich sagen, daß das generelle Aussehen eines Herrenanzugs von der Stange (damals wie heute) sicherlich klobig, unpassend oder lächerlich sein kann. Das hängt zum Teil von den technischen Fertigkeiten und dem handwerklichen Verantwortungsbewußtsein des Schneiders und seiner Mitarbeiter ab, die die Massenware herstellen, vom kommerziellen Verantwortungsbewußtsein des Anbieters und seiner Verkäufer und somit vom gezahlten Preis. Aber damals wie heute ist die Selbsteinschätzung und der kritische Blick des Käufers selbst wesentlich. Der Kunde des Maßschneiders braucht keinen visuellen Geschmack; der Schneider hat ihn für ihn und wird den Kunden nicht aus dem Geschäft lassen, wenn sein Aussehen im Anzug der Firma Schande machen könnte. Aber das Aussehen des Kunden, der Konfektionskleidung kauft, liegt in seiner eigenen Verantwortung. Er muß seinen eigenen Blick sorgfältig schulen, damit er vor den Augen der Betrachter bestehen kann. Die amerikanischen Farmer, die um 1820 wie elegante Herren aussahen, wußten offensichtlich, wie man es machte.

Im Verlauf des 19. Jahrhunderts hielt sich das hohe Prestige der Maßschneiderei in England und Frankreich. Europäische Konfektionskleidung für Männer war nie so gut gemacht wie die amerikanische. Die höchste Note der Eleganz war jedoch allerorts nicht mehr der Look verfeinerter Lässigkeit, sondern der Anschein der Seriosität, ein Geschmack, der gewiß für Adel und Landadel nicht unpassend war, aber in Wirklichkeit von den ernsten Großkaufleuten in der weit zurückliegenden Renaissancezeit erfunden worden war. Die modernen Männer hatten die Zurückhaltung nicht erfunden – er war ein Wesenszug der gesamten Renaissancemode gewesen –, aber seine intensive Wiederbelebung lieferte eine ausgezeichnete Geschmacksnote für männliche Belange im 19. Jahrhundert und entsprach vorzüglich den vereinfachten Formen der modernen Herrenmode und den neuen Möglichkeiten der konfektionierten Eleganz.

Strenge Nüchternheit wurde ein weiteres Mal zur modischen Botschaft. Die Maßkleidung bezog ihre Vornehmheit aus dem subtilen Schnitt und der feinen Struktur ihrer gedämpft farbigen Stoffe, mehr noch als aus ihrem Sitz, da die Mode sich dem männlichen Körper nicht mehr ganz so eng anschmiegte. Die Farben für Männer wurden düsterer, aber bis gegen Ende des Jahrhunderts wurden für die formelle Tageskleidung der Herren in der Stadt – seien sie nun Herzöge oder Anwälte, Geschäftsleute oder Politiker – gewöhnlich immer noch verschiedene Stoffe für Jacke und Hosen verwendet. Der obligatorische dunkle, glatte Gehrock konnte mit helleren Hosen kombiniert werden, dunkle Cuts wurden mit gestreiften Hosen getragen, und die Weste konnte aus wieder einem anderen Stoff gemacht sein. Der Eindruck von etwas Informellem entstand aus der Verwendung von hellen Karos für Hosen und Weste, während die Jacke nüchtern aussah, genauso wie man heute lässige Hosen mit einer eleganten Jacke trägt, um auf Freizeit im Gegensatz zu Arbeitszeit zu verweisen.

Es gab auch das, was wir heute Anzüge nennen, aber sie waren betont informell oder eindeutig den Unterschichten zuzurechnen. Der »Straßenanzug« für den Herren, dessen Teile alle aus einem Material gemacht waren, war ursprünglich für das müßige Landleben oder für den sehr privaten Gebrauch gedacht und nur zu Hause und im Kreise enger Freunde zu tragen. Er war aus einem weichen, tweedartigen oder karierten Material, hatte eine ziemlich kurze und

---

Realismus im Anzug. Die Fotografie erweiterte die visuelle Poesie von Anzügen, demonstrierte ihre Flexibilität und Stabilität, gab einen Kommentar zu ihrer ästhetischen Bandbreite. Der Anzug des britischen Zivilingenieurs ist aufgebrochen in ein Netz von Knitterfalten, die einen Kontrapunkt zu den Ketten seiner Erfindung bilden, dem größten Segelschiff seiner Zeit. Der amerikanische Präsident besucht das Schlachtfeld in einem Anzug, der ihn zu einem Turm macht, zu einer Säule, einem beruhigenden und edlen Monument unter dem einrahmenden Zelt. Bei beiden ist ein aufragender Hut die männliche Krone, die Autorität verleiht und die auch mögliche Kahlheit oder besorgte Furchen auf der Stirn verbirgt.

R. Howlett:
Fotografie, *Isambard
Kingdom Brunel vor
den Ketten der »Great
Eastern«*. Englisch,
1857.

*Lincoln mit
Generalmajor
McClerman und E. J.
Allan Pinkerton bei
Antietam.*
Amerikanische
Fotografie, 1862.

lockersitzende Jacke und eine passende Weste. Seine etwas rauhe Oberfläche, vergleichsweise helle Farbe und besonders die Verwendung nur eines Stoffes verwiesen auf eine Art Gewand für ein zahmes Tier, ein gemütliches Kostüm, das eine entspannende Wirkung auf den Träger ausüben, ihn von seiner befrackten öffentlichen Würde befreien und ihn zugänglich machen sollte. Ein Herr konnte in seinem bequemen Straßenanzug reisen, aber er war in der Bank oder in der Firma sicher nicht akzeptabel, und auch nicht in der Kirche oder zu formellen gesellschaftlichen Ereignissen während des Tages und schon gar nicht am Abend.

Während der gleichen Zeit trugen jedoch die Farmer und Arbeiter des ausklingenden 19. Jahrhunderts zu allen Gelegenheiten, zu denen man gut angezogen sein mußte, konfektionierte Versionen genau dieser Anzüge, oft aus kräftigem strapazierfähigem Material und in dunklen Farben. Genauso kleideten sich Verkäufer und andere in der Stadt beschäftigte Männer aller Art. Mehrere Stufen unter dem hohen modischen Niveau, auf dem man gewöhnlich Cuts für den Tag und vollständige Abendgarderobe trug, waren einfache dreiteilige Anzüge die universelle formelle Alltagskleidung für Männer. Eine Vielzahl von Fotografien zeigt Dorfbewohner und Fabrikarbeiter in ihren »guten« Anzügen.

In den großen Städten verabschiedete man sich zwischen den beiden Weltkriegen mehr und mehr von strengen Gehröcken und Anzügen mit gestreiften Hosen – wobei zu beiden Kostümen steife Hüte, gestärkte Kragen und Handschuhe gehörten –, obwohl die förmliche Kleidung in der City von London und an anderen Orten für zeremonielle Gelegenheiten am Tage weiterhin getragen wurde. Wir sehen denselben Cut und die gestreiften Hosen noch immer bei privaten Hochzeitsfeiern und bei Diplomaten und Staatsmännern. Der wenig angesehene Straßenanzug wurde in der Zwischenzeit zum formellen Allzweckkostüm der

Männer dieses Jahrhunderts, gleich welcher Klasse oder welchem Berufsstand sie angehörten. Nach dem Zweiten Weltkrieg wurde die teure maßgefertigte Version verfeinert, in den Farben gedämpft und geglättet und allgemein im öffentlichen Bewußtsein zum neuen Standardbild des eleganten Mannes erhoben.

Gewöhnliche Männer, die in der Stadt lebten, trugen natürlich weiterhin die massengefertigten Versionen aller Preisklassen. Es war während dieser Zeit, als jedermann ähnliche Anzüge zu tragen begann, daß Schmähungen über Konfektionsanzüge in die snobistische Rhetorik einzusickern begannen. Im Leben wie in der Literatur beschrieben »schlechtsitzend« und ähnliche Termini die schlechten Anzüge von Personen mit angeblich schlechtem Charakter. »Von der Stange« wurde selbst zu einem Terminus tiefen Tadels. Wie wir wissen, können Konfektionsanzüge perfekt sitzen und aus schönem Stoff gemacht sein, aber die negative Rhetorik hat sich bis heute gehalten.

Der Aufstieg des Straßenanzugs bietet ein schönes Beispiel für das altbekannte Wirken der Mode. Wir haben gesehen, wie in den Jahren nach 1800 ländliche Kleidung zu formeller städtischer Kleidung gemacht wurde. Im frühen 20. Jahrhundert führte ein ähnlicher Wandel der Mode dazu, daß der Straßenanzug mit seiner Nonchalance einerseits und seiner plebejischen Konnotation andererseits zum letzten Schrei des eleganten weltläufigen Mannes wurde. Dreiteilige Anzüge aus einem Stoff waren damals fast das Äquivalent der modernen Jeans – etwas nicht nur offiziell Informelles, sondern sichtlich Vulgäres, absolut fehl am Platz im Büro oder zum Mittagessen mit Vorgesetzten. Dennoch wurden sie in zunehmendem Maße von selbstbewußten und privilegierten rebellischen jungen Männern getragen. Sie setzten sich durch, genau wie die frühere und die spätere Mode.

Das schwarze Dinner-Jacket oder der Tuxedo wurde ebenfalls vor hundert Jahren in einem Amerika der Unbeküm-
mertheit erfunden: als informelle Jacke, die zu schwarzen
Abendhosen paßte, als etwas Gemütliches für die Familie
und den Kreis enger Freunde. Heute ist sie zur öffentlichen
formellen Abendbekleidung geworden, ein bißchen karg
und zeremoniell. Der schwarze Frack, getragen mit weißer
Fliege, weißer Weste, gestärktem Hemd und Zylinder, einst
am Abend Vorschrift für alle Herren an allen privaten oder
öffentlichen Orten, einschließlich Theatern und Restaurants, wird immer noch zu bestimmten formellen festlichen
Gelegenheiten getragen; aber am häufigsten sieht man ihn
jetzt an Entertainern, und dort sogar bei Frauen.

Weiße Fliege und Frack sind ein rein traditionelles Kostüm geworden, nicht länger ein notwendiger Teil der Garderobe jedes betuchten männlichen Städters. Wenn die
konventionellen Herrenanzüge schließlich denselben Weg
einschlagen, werden wir sie vielleicht am Ende nur noch bei
Hochzeiten sehen oder an Männern in hochspezialisierten
Berufen oder an Cabaret-Sängerinnen. Wir wissen, daß in
der Mitte des 19. Jahrhunderts, als die Herren in weißer
Fliege und Frack zum Ball gingen, alle Diener Brokatjacken,
Kniehosen und gepuderte Perücken trugen: die Herrenkleidung eines Jahrhunderts zuvor. In einem modernen Restau-
rant sieht man heute den Oberkellner mit schwarzer Fliege
und Smokingjacke und den Besitzer in Jeans, Sweatshirt
und Turnschuhen.

DER EINSTIGE UND KÜNFTIGE ANZUG

DAS MÄNNLICHE KOSTÜM SEIT DER KLASSIZISTISCHEN Revolution macht somit deutlich, wie das subversive Prinzip arbeitet. Zuerst verbreitete sich die neue Kleidung für Herren auf tausend Arten, sowohl vertikal als auch horizontal. Viktorianische Herren wurden ebenso versiert darin, sich ausgesucht zu kleiden, wie ihre Frauen und Töchter. Sie besaßen viele verschiedene maßgeschneiderte Gewänder mit diversen Accessoires für unterschiedliche Arten gesellschaftlicher und beruflicher Anlässe. Viele davon waren unbequem und anspruchsvoll, einige sportlich und angenehmer zu tragen, aber alle gleich kompliziert. Einfache Straßenanzüge für das Volk verbreiteten sich in der Zwischenzeit ebenfalls in vielen Stilen, Farben und Stoffen und natürlich in vielen Qualitätsabstufungen.

Außer den Hochzeits- und Sonntagsanzügen für das einfache Volk wurde jedoch auch Arbeitskleidung in der neuen Form gemacht. Auf realistischen französischen und englischen Gemälden und Illustrationen des 19. Jahrhunderts kann man Landarbeiter in Hosen aus grober Wolle oder Cord sehen, die mit Jacken oder Westen über farbigen oder gestreiften Hemden getragen wurden. Zwei Generationen zuvor hätte man sie in Kniehosen und Kittel abgebildet. In den Vereinigten Staaten kamen Jeans und Overalls hinzu.

Weil jeder Mann in einer anderen Version von Kleidung steckte – auf dem Ball, im Büro, in der Prärie oder im Schacht –, mußte das System irgendwann emotional und visuell durchgerüttelt werden, besonders wenn die formalen Prinzipien erhalten bleiben sollten. Und so geschah es, daß Sportkleidung, Arbeitskleidung und natürlich Militär-

und Gangsterkostüme im Salon und in der Oper auftauchten, um das Auge zu verblüffen und die Gefühle zu
schockieren. Mit dem Kino und dem Fernsehen konnten alle
Arten aus der Mode gekommener, historischer, theatralischer und ausländischer Motive das Bild des Mannes mitge-
stalten. Die gesamte Gesellschaft liefert Möglichkeiten für
die Herrenschneiderei, die oft nebeneinander bestehen und
sich gegenseitig beeinflussen können. Ein weißer Smoking
und ein lila Trainingsanzug können nun bei demselben
Anlaß auftauchen, ohne daß es besonders auffällt, genauso
wie man im selben Raum Frauen antrifft, die ganz unterschiedlich gekleidet sind.

Es hat dessenungeachtet bei all dem ein einziges begren-
zendes männliches Prinzip gegeben, dasselbe, das Frauen
seit den Anfängen stets kopiert haben. Man stößt darauf,
wenn man registriert, was Männer bei aller neuen Vielfalt
nicht tragen. Erstens einmal kombinieren sie in der Regel
nicht verschiedene Stile, wie es Frauen oft tun, das heißt,
ein Mann wird nicht die Trainingshosen *mit* der weißen
Smokingjacke tragen, was die Mode den Frauen gestatten
würde – außer er übt sich sehr bewußt in modischer
Sparsamkeit. Die Kleidung der meisten Männer drückt weiterhin ein größeres Gefühl für visuelle Grenzen aus als die
der Frauen, ich möchte sagen, sogar ein geschärfteres Gefühl für modernes Design, das auf der Vorstellung basiert,
daß ein einziges Kostüm einen einzigen ästhetischen Zweck
erfüllt und eine einzige Idee braucht, um seine sichtbaren
einzelnen Teile zu vereinen.

Es ist unübersehbar, daß westliche Männer noch immer
keine Draperien, Überwürfe, Roben, Schals und Schleier
tragen wollen. Der Körper selbst muß nachgezeichnet bleiben, er darf nie verhüllt werden. Männer tragen auch keine
Röcke, zum Teil aus demselben Grund – Hosen können sehr
weit sein, aber sie bleiben eindeutig Hosen. Falls es sich je

verbreiten sollte, daß westliche Männer Röcke tragen, könnten sie den Charakter des Kilts oder des antiken, römischen, militärischen Rockes haben, der später in der Renaissance kopiert wurde – etwas ziemlich Kurzes und Schwingendes, um die Beine zu zeigen und ihnen volle Aktionsfreiheit zu gestatten, und auch, um die robuste westliche Geschmacksnote zu transportieren. Die langen gewickelten Sarongs, die man jetzt im Fernsehen als alltägliche männliche Bekleidung in Afrika sieht, könnten für eine gewisse Zeit in Mode kommen, aber ich glaube, nicht allgemein – alte Gewohnheiten sterben, wie ich schon mehrfach sagte, nur sehr schwer. Im Westen ist seit dem Mittelalter drapierte und verhüllende Kleidung definitiv unmännlich, außer für Priester und Mönche, deren Kleidung das Körperliche sorgfältig herunterspielt.

Ich möchte behaupten, daß der nackte männliche Körper noch immer das geisterhafte visuelle Bild und die zugrunde liegende Suggestion ist, die von jedem gewöhnlichen männlichen westlichen Kostüm aufgegriffen und erzeugt wird, ganz gleich, wie umfassend die Oberfläche bedeckt ist. Genauso wurde er durch den Plattenpanzer oder den ersten klassizistischen Anzug suggeriert. Der moderne Anzug überlebt zum Teil deswegen, weil er sich unter all den auffälliger enthüllenden Varianten gegenwärtiger männlicher Bekleidung die Fähigkeit erhalten hat, diese Suggestion der Nacktheit herzustellen.

DER KLASSISCHE HERRENANZUG ENTWICKELT SICH WEITER, ohne irgendwelche extremen Brüche zu gestatten. Er behält seine traditionelle nüchterne Schönheit und seine subtilen Oberflächen, und normalerweise tragen Frauen ihn immer noch nicht. Sie haben natürlich mehrfach demonstriert, daß sie es können, aber üblicherweise tun sie es nicht. Sie tragen viele ähnliche Varianten und kreative Versionen,

aber der vollständige klassische Anzug mit Hemd und Krawatte gehört immer noch den Männern. Und zum Teil deshalb fühlen sich einige Männer in der sexuell fließenden
Atmosphäre, die die Mode heute reflektiert, vom Anzug
eingeengt. Der Anzug bleibt die Uniform offizieller Macht,
nicht manifester Kraft oder körperlicher Arbeit – er verweist auf Diplomatie, Kompromiß, Höflichkeit und physische Selbstkontrolle; nichts davon ist zur Zeit besonders
in Mode. Der Außenminister soll ihn tragen, gewiß, aber
heutzutage ist es offensichtlich, daß nicht jeder so aussehen will, als ob er emotionale Ausbrüche oder offene
Konflikte um jeden Preis vermiede.

Der Anzug als solcher zwängt den Körper nicht ein, wie es
der Panzer oder die Wämser der Renaissance taten; er ist
eine locker sitzende Hülle. Aber er verbirgt die ganze Oberfläche des Körpers ziemlich gründlich, und er weist sein
Ensemble von Linien, Farben und Formen mit Diskretion
vor. Folglich steht der Anzug heute im Ruf, nichts auszudrücken, und das in einer Ära trainierter Muskeln und
annähernder Nacktheit, ganz zu schweigen von politischem
Protest, sexueller Revolution und ethnischer Selbst-
behauptung sowie all den Elementen theatralischen und fil-
mischen Glanzes, mit denen jeder heute spielen kann.

Anzüge sind offensichtlich nicht wirklich ausdruckslos;
sie drücken klassische *Modernität* aus, im materiellen Design, in der Politik und in der Sexualität. In ihrer reinen
Form bedeuten sie eine selbstsichere erwachsene Männlichkeit, die weder den Beigeschmack von Gewalt noch von
Passivität hat. Der Anzug reflektiert zweckgerichtete Entwicklung, nicht phantastische Inspiration; er hat den
modernen Look sorgfältig vereinfachter dynamischer Abstraktion, die ihren eigenen starken erotischen Reiz hat. In
der Gesellschaft war er eine passende visuelle Folie für die
phantasievolleren Kreationen, die Frauen trugen, und in

diese Richtung entwickelt er sich weiter – allerdings nur, wenn die Kleider der Frauen auch in Zukunft zu den Anzügen der Männer passen. Heute bietet zum Beispiel eine Zusammenkunft, bei der die Männer formell dunkle Anzüge tragen, oft einen peinlich unausgeglichenen Anblick: die Frauen sehen in langweiligen oder unmodernen Abendkleidern nicht elegant genug aus, oder in ihren Tageskleidern nicht festlich genug, während die Männer in ihren dunklen Anzügen unabhängig von deren Alter und Grad der Schäbigkeit alle wunderbar aussehen.

Am Tage können klassische Herrenanzüge unpassend aussehen, wenn man sie einem Großteil postmoderner weiblicher Kleidung gegenüberstellt, mit ihrem verspielten, zusammengewürfelten, fragmentarischen Charakter und bewußt nachlässigen, ephemeren Aussehen, das oft unkonstruiert, formlos und seinem Wesen nach nicht durchdacht ist. Wenn man einen Herrenanzug an diesen Effekten mißt, kann man sagen, daß er fad aussieht; aber er kann natürlich auch postmoderne Frauen schlampig und anarchisch aussehen lassen, so als ob ihnen das Urteilsvermögen fehle, Anlaß und Ort einzuschätzen. Der Anzug schafft, wie ich am Anfang sagte, ein Gefühl der Überlegenheit.

Ein Herrenanzug bildet natürlich ein gutes Muster für klassische Damenkostüme und für andere klassische Formen moderner weiblicher Ensembles – ein- oder zweiteilige Kleider, Rock-und-Jacke Kombinationen aller Art, da diese erfunden wurden, um mit der männlichen Version zu harmonieren.

Solche Gewänder, nicht immer nur Kostüme, die die Anzüge der Herren ergänzen, werden von weiblichen Berufstätigen aller Art getragen, von Politikerinnen und Fernsehansagerinnen, von Frauen in Aufsichtsräten, in Gerichten und in zahllosen Büros. In letzter Zeit erfahren sie dieselbe abfällige rhetorische Behandlung wie Herrenanzüge, obwohl sie weiterhin die Grundlage moderner weiblicher Garderobe bilden.

Da diese weibliche Mainstream-Mode eine erwachsene weibliche Version des Herrenanzugs darstellt, ist ihre Art der Sexualität in gleicher Weise erwachsen und wesentlich auf Selbstachtung gegründet, statt überschwenglich, überheblich, kindlich oder pervers zu sein. Ihre Erotik ist ausnahmslos diskret, und sie ist daher unausweichlich respektabel. Als Folge davon hat diese Mainstream-Mode für Frauen den öffentlichen Eklat in gewisser Weise eingebüßt, besonders in der Modepresse, die das subversive Element in der Mode hochhalten muß und versucht, das Neue zu loben, das mit Sicherheit explosiv und verspielt erscheint. Moderne klassische Einfachheit kann Verrat üben am gegenwärtigen Geist extrem freier Ausdrucksmöglichkeiten für jeden in jedem Kontext; aber die gutgeschnittene, diskrete Mode für beide Geschlechter hält sichtlich die Stellung, ohne von Fanfaren begleitet werden zu müssen. Die besten kreativen Talente der Haute Couture fühlen sich von ihr unablässig herausgefordert.

Zweifellos ist der Herrenanzug für Männer nicht länger universell. Es scheint dennoch, als ob er weiterhin Standards setzt, und daher behält er sein Prestige, auch als Ausdruck einer selbstsicheren männlichen Sexualität. Verweiblichende Variationen, die auf seiner Grundgestalt aufbauten, wurden während der letzten fünfzig Jahre hauptsächlich für Frauen entworfen. Zugleich fügten Designer, die für beide Geschlechter arbeiteten, wie Bill Blass, Gianni Versace, Giorgio Armani und in letzter Zeit Donna Karan, ihm neue Elemente hinzu.

Diese Frauenbekleidung hat die männliche Mode tief beeinflußt, indem sie mögliche künftige Entwicklungen des Anzugs in einem veränderten kulturellen Klima andeutete. Aber alle diese Erfindungen fanden statt, ohne jemals den klassischen Herrenanzug selbst ganz zu opfern oder ihn aus dem Rennen zu werfen.

Wenn der Anzug sich für wirkliche Korrumpierung anfällig zeigen sollte, so daß reine, unverfälschte Exemplare schließlich nur noch von entschlossenen Kultanhängern und rabiaten Konservativen getragen würden, könnten wir sagen, daß seine Zeit wirklich vorbei ist. Aber bislang deutet nichts darauf hin. Ausgezeichnete Konfektionsanzüge werden in jeder größeren Stadt in hoher Stückzahl verkauft, und die exquisite Maßschneiderei ist kcineswegs tot. Sie setzt tatsächlich noch immer den Maßstab für das Konfektionsgeschäft. Verkäufer werden nicht müde zu versichern, daß ihr Produkt nur bei genauer Prüfung von maßgeschneiderter Kleidung zu unterscheiden ist.

Die Moderne

WORTH UND SEINE WIRKUNG

WIR HABEN GESEHEN, WIE WEIT SICH DIE MODEN von Männern und Frauen im Verlaufe des 18. Jahrhunderts auseinanderentwickelt haben, und wir können beobachten, wie sich die Distanz in den ersten beiden Dritteln des 19. Jahrhunderts vergrößerte. Die Welten der Herrenschneider und der Damenschneiderinnen hatten nichts miteinander zu tun, und Männer und Frauen waren verschiedene visuelle Wesen. Mit Charles Frederick Worths Erscheinen auf der Pariser Szene trat ein dramatisches neues Element in diese Beziehungen ein: Zunehmend konnten Kleider darauf verweisen, daß Frauen nicht nur ganz andere Kreaturen als Männer waren, sondern im wesentlichen die Kreationen von Männern. Worth war für diese neue Wahrnehmung nicht verantwortlich, aber seine männliche Präsenz und sein Einfluß im Reich der Erscheinungen trug einiges zu dieser Entwicklung bei.

Worth etablierte sich im Textilhandel in Paris und errichtete daneben nach und nach eine Abteilung für Kleiderentwürfe, bevor er 1858 sein Couture-Geschäft eröffnete, das beides kombinierte. Er wurde der erste »männliche Putzmacher«, der kühn in die Domäne eindrang, die die Mysterien des Boudoirs beschützte, und er befaßte sich mit den aktuellen Details femininer Kleidung in einer Domäne, die eineinhalb Jahrhunderte lang gänzlich weiblich gewesen war. Sein Auftritt in dieser Sphäre rief viel Verwunderung, Spott und Mißfallen hervor, da vor ihm Kleider üblicherweise von Damenschneiderinnen in Ateliers, die eine Reihe von Näherinnen beschäftigten, entworfen, hergestellt und verschönert wurden, und kleine Reparaturen oder Änderungen wurden zu Hause, von der Dame selbst oder ihrem Mädchen vorgenommen.

Materialien und Zierat wurden als Einzelteile in Textilläden verkauft, die oft im Besitz von Männern waren und Männer beschäftigten. Der männliche Einfluß hatte jedoch noch kaum in den kreativen Prozeß eingegriffen, jedenfalls nicht, was seine handwerklichen Aspekte anbelangte. Die Kreation eines Kleides war überdies ein Gemeinschaftsunternehmen von Frauen, bei dem die Kundin selbst eine große Rolle spielte, indem sie die verschiedenen Angebote des Stoffgeschäfts mit den Vorschlägen und Fähigkeiten der Damenschneiderin koordinierte und in jedem Stadium ihren eigenen Geschmack und ihre persönlichen Vorstellungen zum Ausdruck brachte. Wie auch in den vergangenen Jahrhunderten vollzog sich alles im privaten Rahmen, wenn nicht gar geheim, und das Publikum, besonders das männliche Publikum, sollte der tasächlichen Methoden, mit denen die Wirkung am Ende erzielt wurde, nicht gewahr werden und auch die Namen der Schneiderin und der Zulieferer nicht erfahren.

Man muß sich immer vergegenwärtigen, daß es bis zum letzten Drittel des 19. Jahrhunderts, in dem sich auch kreative männliche Couturiers etablierten, außer Capes und Hüten praktisch keine Konfektionskleidung für Frauen gab. Was nicht maßgefertigt wurde, wurde zu Hause gemacht oder war aus zweiter Hand. Die meisten Frauen, ob reich oder arm, konnten nähen – eine große Zahl erwarb ihren Lebensunterhalt damit –, und dies bedeutete, daß tagtäglich an allen modischen Details und Standards eigenhändige technische Verfeinerungen vorgenommen wurden. Für die Frauen selbst waren ihre Kleider nichts Mysteriöses, das an

fremden Orten nach unbekannten Verfahren angefertigt
wurde. Kleider und ihre Herstellung waren für die meisten
Frauen eine intime häusliche Angelegenheit; sie waren vielleicht für das Zuschneiden und Anpassen nicht begabt,
wußten aber trotzdem genau, wie ihre Kleider angefertigt
wurden. Sie selbst nähten oft ohne Unterlaß für den Haus-
halt, säumten Bettlaken und Handtücher und verfertigten
neben der gesamten Ausbesserungsarbeit Unterkleider und
ähnliches. Stickereien wurden im Beisein von Besuchern
angefertigt; der ganze Rest war alltägliche Frauenarbeit.

Die Herrenschneiderei dagegen blieb für den Kunden my-
steriös (es sei denn, er war selbst ein Schneider), wobei die
gesamte technische Arbeit von überragenden Handwerkern gänzlich außerhalb des Blickfelds des Kunden geleistet
wurde, sobald er angegeben hatte, was er wollte und dafür
Maß genommen worden war. Als Worth und später seine
männlichen Kollegen auftauchten, schien er das Kleidermachen den erfahrenen weiblichen Händen zu entreißen,
die sich mit seinen intimen Aspekten befaßt hatten, und es
in das Reich männlicher Vision und männlichen Experten-
tums zu verlagern, in dem die Schneidermeister regierten.
Die männlichen künstlerischen Privilegien schienen nun
schockierenderweise einem Mann zu gestatten, ein Kostüm
direkt auf den ergebenen Leib der weiblichen Kundin zu
schneidern und zu drapieren, sein kreatives Talent an ihrer
Physis zu üben.

Schneidereien für Männer lieferten neben dem fertigen
Produkt schon lange alle Materialien, da diese beiden
Elemente untrennbar schienen. Männer brüteten nicht zu
Hause über Modezeichnungen und gingen dann in verschiedene Stoffgeschäfte, um die vielen Varianten von Gewebe
und Faser zu studieren, und sie suchten auch nicht in verschiedenen Geschäften nach anderen Farben für den Besatz
oder verglichen die Dicke von Schmuckborten oder die

Größe von Knöpfen, um dann zum Schneider zu gehen und einen Anzug zu bestellen. Der Entwurf eines Anzugs war überdies die Variation einer schon bestehenden Form, wobei die Variation oft nur in einem neuen Stoff oder Zierat bestand, deren Idee vom Schneider kam, der beides lieferte. Wenn er den Auftrag bekam, kümmerte sich sein Geschäft um alles von Anfang bis Ende.

Worth, ein Engländer mit dem traditionellen Hintergrund der englischen Herrenschneiderei, entlieh ihr die einfache Idee, eine Produktlinie möglicher Kleidungsstücke für mögliche Kundinnen zu erfinden, die auf die Stoffe und den Zierat abgestimmt waren, die in seinem Geschäft verfügbar waren. Und auf diese Art wurde er der erste wirkliche »Designer«, der eine Reihe fertiger Kompositionen gänzlich aus seiner eigenen Phantasie heraus erschuf, die jeden Aspekt ihres Aussehens einschloß, genau wie die Kompositionen eines Künstlers. Die Kundin brauchte bloß zu wählen, zu welcher seiner Visionen sie werden wollte.

Der männliche Modedesigner genoß seither bei Frauen enormes Ansehen, ein Prestige, das sich ihrer Fähigkeit verdankt, den weiblichen Reiz sowohl in den Augen der Männer als auch in denen der Frauen selbst zu erhöhen. Sie schienen Männer zu sein, die Frauen verwandeln, sie ihren eigenen Wunschvorstellungen näherbringen konnten. Heute wird die größte Bewunderung den Modeschöpfern entgegengebracht, deren Entwürfe von vielen Frauen gleichzeitig getragen werden können, die Konfektionsmoden kreieren, die dennoch den einzigartigen Charme jeder Käuferin ans Licht zu bringen scheinen.

Es lag auf der Hand, daß zu der Zeit, als Frauen all das, was sie präsentieren wollten, mit der Hilfe von Damenschneiderinnen erzeugten, keine Couturiere auch nur im entferntesten das Prestige eines männlichen Künstlers besaß. Grobe Ausrutscher des visuellen Geschmacks, das Resultat mißlungener Zusammenarbeit zwischen einer dickköpfigen Kundin und einer gehorsamen oder untalentierten Handwerkerin konnten manchmal zu unpassenden und disharmonischen Effekten führen, die bei Männern mit guten Schneidern nicht vorkamen.

Frauen, die sich nach der Mode kleideten, konnten lächerlich aussehen, Männern die mit der Mode gingen, passierte das nie. Eine breite visuelle Wahlfreiheit ist ohne einen guten und sicheren Blick immer schwer zu handhaben. Die große Optionsbreite konnte Frauen damals wie heute verwirren.

Aber wenn ein selbstsicherer männlicher Designer mit dem Auge eines Künstlers und der Hand eines guten Schneiders für den weiblichen Kleidergeschmack verantwortlich war, hinderte das die Frauen, die sich von ihm anziehen ließen, daran, ihre Vulgarität oder Eitelkeit oder Verbohrtheit oder vielleicht ihre Ängstlichkeit oder ihren getrübten Blick triumphieren zu lassen. Sie konnten sich auf sein überlegenes männliches Verständnis ihrer visuellen Möglichkeiten verlassen, dem natürlich männliches Begehren zugrunde lag. Der Erfolg von Worth war folglich phänomenal – und keineswegs verwunderlich. Er benutzte seine eigene hübsche Frau als Mannequin, führte sie in der Öffentlichkeit in seinen Kleidern aus, um seinen Phantasien von Frauen und Kleidern Ausdruck zu verleihen. Seine Entwürfe zeigten viel mehr phantasievolle Verve als das, was die Damenschneiderinnen seiner Zeit zu bieten hatten. Sie sahen aus, als ob er wirklich ein hingebungsvoller männlicher Phantast war, der weibliche Geschöpfe in exquisitem Detail erfand.

Die neue Couturierkunst, die durch Worths Erfolg in der Mitte des 19. Jahrhunderts in Paris geschaffen wurde und über ein Jahrhundert lang fortbestehen sollte, hatte starke Parallelen in der zeitgenössischen Kunst. Dort schufen andere phantasievolle Männer unvergeßliche fiktive Frauen, die wirklicher und attraktiver, leidenschaftlicher und bezwingender schienen als wirkliche Frauen – Anna K. und Emma B., Carmen und Nana, Daisy und Isabel und Olive, Tess und Lizzie, sie alle waren innerlich und äußerlich sehr verschiedene und unvergeßliche Gestalten. Die Maler hatten so etwas natürlich schon immer getan – von Botticelli und Rubens bis zu Ingres und Courbet, für die alle das lebende Modell einfach die Möglichkeit geboten hatte, die Phantasie des Malers von der vollkommenen Frau zu entfalten und zu entwickeln.

Worth bestätigte nur die Idee, daß die interessantesten Frauen aus den präzisen Sehnsuchtsträumen von Männern gebildet werden. Diese Idee, aufgeladen mit all ihrer antiken Erotik, seit Ovid die Geschichte von Pygmalion geschrieben hatte oder seit dem ursprünglichen gewalttätigen Mythos von der Geburt der Athene, ist den Frauen selbst gewiß nicht ganz unwillkommen. Die weiblichen Kreationen männlicher Künstler sind nicht immer erotische Gestalten; aber der ganze Prozeß ist an sich erotisch, und reale Frauen haben immer wieder darauf reagiert. Die Kreation eines Mannes zu sein, heißt, an seiner Sexualität intim teilzuhaben, zu welcher Art von Kreatur man auch immer dabei werden mag. Es handelt sich um eine aufregende und

Kunst im Anzug. Die Maler malten einander im Anzug, wobei sie der Herrenschneiderei immer breite Ausdrucksmöglichkeiten gaben. Renoir scheint sich in seinen engen Hosen, dem formellen Kragen und den steifen Stiefeln wohlzufühlen und persönlich zugänglich zu sein. Es ist ein zwangloses Porträt, das das lebhafte Gesicht und die Hände des Malers mit den gedämpften abstrakten Formen seines Anzugs kontrastiert. Im Gegensatz dazu hat Fantin Manet entrückt und durch die Kleidung geschützt wiedergegeben, seine Koteletten bilden eine Maske und sein Galanteriestöckchen eine Barriere, sein ganzes Kostüm ist lebhafter als sein Gesicht. Bei beiden liefert ein leuchtendblauer Schlips ein phantasievolles Fanal über dem dunklen Schwarz und Grau.

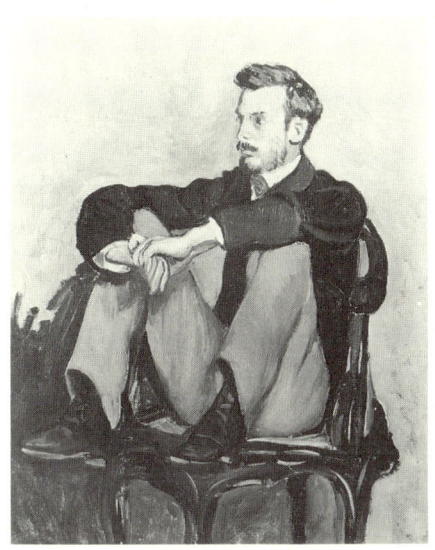

Frédéric Bazille:
Porträt von Renoir.
Französisch, 1867.

Henri Fantin-Latour:
Porträt von Manet.
Französisch, 1867.

gefährliche Perspektive. Und so erschien es den Kundinnen
von Worth damals – wie denen von Christian Lacroix heute.
Die Mode ist, wie wir festgestellt haben, auf Risiko gegründet.

Die Idee, daß Männer Frauenkleider machen, war nicht
modern – das war in der Vergangenheit jahrhundertelang
ihre Aufgabe gewesen. In der alten Zeit stand jedoch immer
die Kundin im Vordergrund, und ihr Schneider war bloß ein
dienstfertiger Handwerker, vielleicht begabt, vielleicht
auch nicht. Sie hatte ihre eigenen Vorstellungen, wie jeder
Kunde, es gab keine Modezeichnungen, und der Schneider
stand ihr einfach zu Diensten, um ihr vielleicht den einen
oder anderen hilfreichen Tip zu geben. Seit dem späten
19. Jahrhundert, mit dem erfolgreichen Aufstieg des künstlerischen männlichen Couturiers, nahm der Designer den
ersten Rang ein, und die Kundin wurde durch seine inspirierte Aufmerksamkeit erhöht. In einem Klima der Bewunderung für männliche Künstler und ihre weiblichen Geschöpfe gelangte der Modedesigner zum ersten Mal als ein
wirklich schöpferischer Künstler zu Ruhm und Ansehen.
Statt der alten Regel, daß Kleidermachen ein Handwerk ist,
kam es zu einem modernen Bündnis zwischen Modedesign
und Kunst, das es zuvor nicht gegeben hatte. Worth förderte
diese Vorstellung mit großer Energie. Er trat mit der herrischen Arroganz des Künstlers auf, und Jacques Doucet
war darin, wenn auch auf andere Art, sein Nachfolger.

Doucet war ein kultivierter Kunstkenner und der Freund
vieler Maler – er war der erste Besitzer von Picassos *Les
Demoiselles d'Avignon* –, und seine bezaubernden, feinen
Kleider spiegelten die Eleganz der Salons des 18. Jahrhunderts. Sie strahlten nicht bloß die schwere Macht des Geldes
aus, sondern die leichte Macht ungewöhnlicher Intelligenz
und verfeinerten Geschmacks. Frauen, die von ihm angezogen wurden, konnten sich geistreich und wahrhaft char-

mant fühlen; die Kundinnen von Worth empfanden sich als geschmückt und privilegiert, wie Prinzessinnen. All dies trug zu der neuen Vorstellung bei, daß ein Modedesigner ein Mann sein *sollte*, jemand wie Tolstoi oder Flaubert, mit einem großen Talent, Frauen zu erfinden, die die männliche Phantasie gefangen nehmen konnten. Ein wichtiges Element all dessen war — wie bereits gesagt — immer die Tatsache gewesen, daß die Kleidung im Auge des Betrachters stets mit ihrem Träger verschmilzt. Frauen, deren aufregendste Effekte von Designern geschaffen werden, können sicher sein, unmittelbares Lob und alle ernstzunehmenden Reaktionen selbst einzuheimsen. Genauso wie die Frauen, die von Schriftstellern und Malern geschaffen werden; den besten Phantasieprodukten wird ein eigenes Leben eingehaucht.

Um die Jahrhundertmitte jedoch hatte die romantische Trennung der Geschlechter auch das Gefühl intensiviert — verstärkt durch Kunst und Literatur und verbreitet durch populäre Mythen —, daß Frauen keine gewöhnlichen Menschen mit all ihren natürlichen Widersprüchen und Eigenschaften seien. Frauen wurden stattdessen zu Projektionen männlicher Annahmen, wobei jede Frau bestimmten Verallgemeinerungen über alle Frauen oder alle Frauen einer bestimmten Kategorie unterlag. Sie wurden entweder als Heilige, Opfer oder Dirnen, Engel, Dämonen oder seelenlose Kobolde katalogisiert, Personifikationen der grausamen Macht der Natur, der göttlichen Liebe, der Perversion oder der Weisheit, des Trostes oder der infernalischen Rache — alle ohne irgendwelche natürlichen psychologischen Schattierungen oder komplexe moralische Textur. Von Frauen, die in romantischen Zeiten nur physisch präsent waren, wurde folglich erwartet, daß sie im einen oder anderen Stil wie konkrete detaillierte Visionen der abstrakten oder wohlkategorisierten Ängste und Träume aussahen, die sich Männer über sie bildeten.

Die neu auf der Szene erschienenen männlichen Cou-
turiers waren geeignete Kostümbildner für jene Frauen, die
entweder bewußt oder unbewußt das Gefühl hatten, daß sie
als Mitspieler auf einer Bühne oder in einem vorgegebenen
Rahmen lebten und hart daran arbeiten mußten, männliche
Erwartungen um ihres eigenen Vorteils willen zu erfüllen.
Diese Epoche war auch dafür bekannt, die *grandes horizon-*
tales hervorzubringen, die berühmten Kurtisanen, lebende
Phantasien, deren größter Ruhm sich aus der Höhe ihres
Unterhalts herleitete, von dem ein großer Teil immer an die
Schneiderin ging. Die Arbeit des männlichen Couturiers
konnte jede Kundin zu genau so einem unberechenbaren
Wesen machen, aus wehender und irisierender Seidengaze
hervorgezaubert oder aus verführerisch glitzerndem Jett
und schwarzem Samt modelliert, wobei der ganze äußere
Zauber verborgene Freuden und Gefahren implizierte, die
offensichtlich die Kosten wert waren. Genau wie im Theater
wurden großartige Erscheinungen unsichtbar von verborgenen Metern von gestärktem Steifleinen und Roßhaar gestützt und letztlich in Form gehalten von einer Unterkon-
struktion aus Stahl, Leinen und Fischbein. Die Kenntnis dieser unsichtbaren Kunstgriffe verlieh der Betrachtung der Vision nur eine zusätzliche Würze.

Man muß betonen, daß kunstfertige Damenschneiderinnen auch nach dem Auftauchen von Worth im Jahre 1858
in ihrem Beruf weiterarbeiteten, aber er erhöhte die Ein-
sätze und setzte einen Standard: er schuf phantasievolle
Schnitte und dramatische Effekte, von denen einige auf eine
gewagte neue Einfachheit zurückgriffen; er setzte einen
männlichen Standard, der sich latent in der Herrenschnei-
dertradition gehalten hatte, für die formale Integrität und
Reinheit der Wirkung verbindlich war. In ein weibliches
Kleid der romantischen Art übersetzt, unterstrich eine solche Reinheit die männliche Idee, daß eine Frau ganz Ver-

dammnis oder ganz Erlösung sein mußte, eine Sirene oder eine Jungfrau. Ein weißes Musselinkleid hatte vielleicht eine schlichte Kaskade weißer Rosen und keinen weiteren Schmuck, ein feuerroter Brokat hatte unter Umständen ein in Wellenlinien appliziertes Muster, das Schlangen andeutete.

Trotz ihrer begeisterten Unterwerfung unter den männlichen kreativen Prozeß begannen doch einige Frauen, nachdem sie zwei Jahrhunderte lang mühsam die Dinge für sich selbst geregelt hatten, sich zu sehr dem männlichen Erfindungsgeist ausgeliefert zu fühlen, und viele lehnten dies scharf ab. Die Mitte des 19. Jahrhunderts hatte bereits die erste Welle praktischen modernen Feminismus erlebt, der zum Teil und bezeichnenderweise zusammen mit der Bewegung zur Abschaffung der Sklaverei in den Vereinigten Staaten entstanden war. Die Kleiderreform war eine natürliche Begleiterscheinung, obwohl sie ihre eigene Geschichte hatte. Die phantasievollen Details der »Mode« selbst wurden in erster Instanz nie der männlichen Tyrannei zugeschrieben, noch nicht einmal von Frauen, sondern, wie immer, der weiblichen Torheit.

Während all dieser Zeit, zwischen 1700 und 1860, konnten Frauen, die man dafür verachtete, sich modisch zu kleiden, nicht als die unwilligen oder sich dessen nicht bewußten Sklavinnen eines riesigen industrialisierten Modebusineß oder als Opfer der Bosheit männlicher Couturiers angesehen werden, wie wir es aus unserem Jahrhundert kennen. Ein Aufschrei erhob sich statt dessen gegen die Ausbeutung Tausender Näherinnen, die das elegante Konfektionsgeschäft beschäftigte, der armen Mädchen, die bei niedriger Bezahlung und schlechten Bedingungen darum kämpften, all die komplexen Kreationen rechtzeitig fertigzustellen. Die Frauen, die sich im Namen der Mode lächerlich machten oder die übertrieben viel Gedanken, Zeit und Geld auf sie verwendeten oder die vieles sehr kurzfristig bestellten, ohne je an die armen Arbeiterinnen zu denken, hielt man für die Opfer begrenzter Bildung und verkümmerter Moral, nicht männlicher Wünsche oder gar der Mode selbst.

Man machte sich die unbewußten Motive der Mode nicht klar, und die Kleidungsreformerinnen um die Jahrhundertmitte hielten die extremen Eskapaden der Mode für dumm, primitiv, sogar barbarisch, weil sie Frauen zu unmündigen Kindern oder käuflichen Närrinnen machte. Die wunderbar nutzlosen Details der weiblichen Mode schienen die bereits kompromittierte Position der erwachsenen weiblichen Intelligenz zu bestätigen. Einige reformorientierte Frauen hatten – damals wie heute – das Gefühl, daß man die kreativen Freuden der Mode gänzlich opfern müsse.

Das Problem lag in der Ambivalenz weiblicher Kleidung. Viele rechtschaffene Männer hatten sich seit Jahrhunderten sehr deutlich gegen die schrecklich unnatürliche Narretei von Kosmetik, Eingezwängtsein und allen Arten von überflüssigen Rüschen und Falten ausgesprochen. Trotzdem reagierten die meisten Männer darauf noch immer mit spontanen sexuellen Gefühlen und emotionaler Erregung. Viele Frauen reagierten ähnlich, selbst auf das Fischbein. Nur einige französische Autoren verteidigten die erotischen und imaginativen Tugenden der Mode direkt – Balzac etwa, ein großer Schöpfer von Frauenfiguren in der ersten Hälfte des Jahrhunderts, ließ sich besonders eloquent über die poetische Kraft weiblichen Putzes aus und nicht weniger beredt über männliche Eleganz. Stendhal und Baudelaire taten es ihm gleich.

In England und Amerika jedoch wurden die frühen feministischen Einwände nie gegen die Mode im Sinne einer männlichen Verschwörung erhoben, sondern nur gegen die männliche Restriktion des weiblichen Geistes, die Frauen auf solche angeblich ungesunde Beschäftigungen

beschränkte. Von den Reformerinnen wurde die Mode von
Frauen als weibliche Torheit in materieller Form, als manifest gewordene weibliche Schwäche eingeschätzt. Schließlich stellten Frauen die Hüte und Kleider selber her, die sie
dann trugen. Die Mode der Männer mit all ihrer verrückten
Makellosigkeit und Formalität galt nie als schwach. Es war
klar, daß Männer über das Geheimnis verfügten, sich so
anzuziehen, daß sie gleichzeitig seriös und sexuell attraktiv
erschienen.

Frauen jedoch, die in die Kleidung der Männer schlüpf-
ten oder stark »vermännlichte« Kleidung trugen, verfehlten die richtige Note: Sie sahen vielleicht seriös aus, aber
man konnte sie nicht ernst nehmen, weil sie zugleich irgendwie unauthentisch oder zu mutwillig unattraktiv aussahen. Eigensinnig negative Effekte mögen verblüffen, sie
überzeugen jedoch nie. Die grimmigen Gewänder, die einige »Frauen auf der Rednertribüne« trugen, verfehlten als
seriöse weibliche Kleidung hoffnungslos ihren Zweck; die
Botschaft der Reformerinnen kam nicht an, weil diese aussahen, als ob sie auf peinliche Weise Wahrheiten unter-
drückten, anstatt ihnen Ausdruck zu verleihen. Amelia
Bloomers gefeiertes Gewand aus dem Jahre 1851 hatte sich
der männlichen Details zugunsten von leicht orientalischen
entledigt, um nicht auf die weibliche Note zu verzichten.
Es war jedoch nicht harmonisch, da es ein bequemes, aber
bizarres Unterteil an ein konventionelles Oberteil heftete,
wobei es das weibliche Grundmuster auch nicht eindeutig
genug revolutionieren konnte, um ihm eine überzeugende
Seriosität zu verleihen.

Im nachgeahmt-männlichen Stil wurden Erotik und Frivolität durch den Anblick strenggeschnittener Jacken, die
kunstvoll auf den weiblichen Torso modelliert waren, nur
intensiviert. Die Reitkleidung der Frauen war in ihrer
Mimikry der Reitkleidung der Männer weiterhin notorisch

sexy – es entwickelte sich keine neue, allgemein weibliche
Realität in der Sportbekleidung der Oberschicht. Der moderne Impuls jedoch, sich in der Frauenmode an dem männlichen Kostüm zu orientieren, ist bereits seit 1850 aus-
zumachen, nicht nur, um mögliche weibliche Reize zu
entwickeln, sondern um ästhetisch überlegene und formal
integrierende Eigenschaften zu übernehmen. Das mußte
letztlich dazu führen, daß Frauen sich nicht wie Männer
anzogen, sondern daß sie einen weiblichen Weg fanden,
sich so anzuziehen, daß sie, wie die Männer, zugleich sexuell interessant und alltäglich seriös aussahen – real und nicht
fiktiv. Es brauchte mehrere Generationen, dies zu erreichen.

Nach dem Erfolg von Worth in den sechziger Jahren und
dem späteren Aufstieg französischer männlicher Modeschöpfer übernahm die Damenmode eine bestimmende Rolle
in der Geschlechterpolitik, nicht bloß in der Zurschaustellung von Klassenunterschieden oder der Enthüllung weiblicher Eitelkeit. Frauen glaubten immer mehr, daß sie dazu
beigetragen hatten, sich selbst zu fiktionalisieren, nicht bloß
unschuldig ihren Körper zu schmücken. Indem sie sich
begierig einem solch fragwürdigen Ziel überließen, konnte
es passieren, daß kultivierte und respektable Frauen im
Etablissement eines männlichen Designers auf ungebildete
und vulgäre Kurtisanen trafen; der gemeinsame Wunsch,
von einem Meister kostspielig kreiert zu werden, konnte zu
demütigenden Konfrontationen führen.

Frankreich war überall als Heimat der Erotik bekannt.
Die französische männliche sexuelle Phantasie, die aus
Dramen und Romanen oder aus Gedichten und von Bildern
bekannt war, betrat jetzt im Reich der weiblichen Kleidung
marktschreierisch die Szene, wo sie dieselben sexuellen
Fiktionen aus lebendigen Frauen gestaltete. Nachdem man
sich dessen bewußt geworden war, gab es sogar noch stär-
keren Protest gegen modische Kleidung, mit dem neuen

verborgenen Vorwurf, sie sei eine bösartige männliche Erfindung, frivol, sexy und französisch, die irgendwie dazu
beitrüge, den Frauen ihre Authentizität zu rauben – dies
wurde allerdings nicht Teil der öffentlichen Rhetorik.

Der Protest kam natürlich nicht von den Franzosen, sondern erhob sich in nüchternen protestantischen Ländern,
die das Phänomen aus einer kulturellen Distanz betrachteten, obwohl die Klientel von Worth international war. In
Frankreich selbst schützte eine ungebrochene Tradition,
die ins 15. Jahrhundert zurückreichte, die männliche und
weibliche Mode davor, je als Feind der Vernunft und Tugend gesehen zu werden. Man unterstellte, daß sich starke
Sexualität, Intelligenz und moralische Kraft mit komplexen
Äußerungen modischer Selbstachtung problemlos verein-
baren ließen. Geschah das, so erlangten Personen beiderlei
Geschlechts in allen Schichten eher mehr als weniger
Ansehen. Eleganz, womit ein deutliches Interesse an erfolgreichen ästhetischen und erotischen Effekten gemeint
war, gehörte zur Kleidung eines jeden, der des Arbeiters
genauso wie der des Dieners.

In England und Amerika wie auch in Deutschland bildeten sich jedoch Gruppen heraus, die Namen wie die »Gesellschaft für Vernunftgemäße Kleidung« führten und die eine
neue Art der Bekleidung auf den Weg zu bringen suchten,
die auf dem Ideal des gesunden Menschenverstandes beruhte und speziell für Frauen entworfen war. »Vernünftige«
Vorschläge, wie Frauen sich anziehen sollten, wurden in der
sturen Überzeugung proklamiert, daß man der weiblichen
Mode gänzlich entgehen könne und daß die wahre Schönheit weiblicher Kleidung rational etabliert werden könne
und solle. So würde den Frauen ermöglicht werden, gleichzeitig schön angezogen und erkennbar intelligent zu sein –
ein Zustand, den viele für unmöglich hielten, wenn sich die
subversiv erotischen Auftritte weiblicher Mode prunkvoll

entfalten durften. Man vergaß vollständig, daß die männliche Kleidung – genau wie ihre weibliche Version – ebenfalls ein Produkt der Phantasie war. Die Kleidung der Männer hatte jedoch seit langem anders auf das Auge gewirkt, schien an sich irgendwie von Natur aus vernünftig, was bereits in ihrem Entwurf impliziert war.

Die komplizierten abstrakten Phänomene der männlichen Mode wurden nie einer generellen Reform unterzogen; nur weibliche Wesen bedurften der Rettung. Die Kleider der Männer mochte ein einzelner Ästhet wie Oscar Wilde als zu nüchtern, um wirklich schön zu sein, betrachten – er plädierte dafür, zu den Tagen der Kavaliere, mit Spitze, Samt und wallendem Männerhaar, zurückzukehren. Auf der anderen Seite schlug George Bernard Shaw vor, die elegante

John Singer Sargent:
Mr. und Mrs.
I.N. Phelps Stokes.
Amerikanisch, 1897.

Das französische Gemälde
zeigt die Dame als zahmen
Vogel, der majestätisch sein
blasses Gefieder über das
Gras schleift, uninteressiert
an dem fragenden, vernünftigen Mann. Licht fällt auf ihn;
sein ländlicher Anzug gibt
ihm Besitzrecht am Park, aber
nicht an der seltenen, mysteriösen Kreatur, die darin
verweilt. Das amerikanische
Paar ist moderner: Sie streckt
ihre Ellbogen heraus, lächelt
selbstsicher und hält ihren
Hut wie ein Kavalier, sie ist
bekleidet mit einer männ-
lichen Halsbinde und einer
feminisierten Version männlicher Schneidermode. Er steht
in ihrem Schatten, sein
weißer Anzug verdunkelt
durch ihren noch weißeren
Rock, aber sein Kopf ist über
ihrem, sein Körper stabil und berechnend, sein Ausdruck nachdenklich.
Er verdient das Geld, sie hat den Spaß.

Herrenkleidung aus Gründen der Bequemlichkeit und der
Gesundheit durch gestrickte Wollhemden und Kniehosen zu
ersetzen und sich der Schönheit gänzlich zu entledigen.
Dabei handelte es sich jedoch um exzentrische persönliche
Ansichten und nicht um wirkliche Bewegungen. Die sexu-
elle und gesellschaftliche Realität der Männer fand offen-

sichtlich in der Herrenmode, die sich seit 1800 herausge-
bildet hatte, ihren angemessenen Ausdruck.

Weibliche modische Gewänder *behinderten* nun angeblich
die weibliche Vernunft, die Gesundheit, die Moral und den
Intellekt, wie sie es in früheren Jahrhunderten nach allgemeiner Meinung nie getan hatten. Obwohl die »Mode« vor
Worth, während der hundertfünfzig Jahre, in denen die
Frauen für sie verantwortlich gewesen waren, mit ihren
hohen Absätzen, voluminösen Röcken und steifen Korsetts
genauso extrem gewesen war, kamen die energischsten und
effektivsten Einwände gegen Reifen und Korsetts *nach* dem
Erfolg von Worth und der Einführung der Haute Couture.
Gesundheit, ästhetische Prinzipien, gesunder Menschenverstand und andere emphatisch vernünftige Vorstellungen wurden von den Reformern ins Feld geführt, um die
mächtige und gefährliche Kraft der männlichen sexuellen
Phantasie zu bekämpfen. Sie schien in einer Weise bedrohlich, wie es simpler weiblicher Flitterkram nie gewesen
war. Niemand verschwendete einen Gedanken an die Rolle,
die die weibliche sexuelle Phantasie spielte. Auch die kreative und positive Kraft sexueller Phantasie selbst, die in
der Luft lag, aber einstweilen außer in Literatur und Kunst
nicht zur Kenntnis genommen wurde, schien man ganz zu
ignorieren.

DIE REFORM DER FRAUEN

EINE REFORM AUF DER BASIS DER VERNUNFT WAR NATÜR-
lich ein Kampf, der nur scheitern konnte. Eine wirkliche
Veränderung dessen, was Frauen trugen, konnte nur herbeigeführt werden, wenn alle unbewußten Phantasien ihre

Themen änderten und ihren spezifisch weiblichen Aspekten im Namen der Mode größerer Spielraum gegeben wurde. Genau das trat schließlich ein. Die Vernunft in Gestalt mutiger ästhetischer Entscheidungen veränderte, ursprünglich unter dem Einfluß von Worth, schließlich die Kleidung der Frauen. Gegen Ende des Jahrhunderts, nach dem Tode von Worth, gingen interessantere weibliche Phantasien in die Welt des Modedesigns ein; und ein großer Teil der Wirkung beruhte auf der Verwendung männlicher Elemente, die wirkungsvoll waren, ohne etwas an Weiblichkeit zu opfern. Eine positive Neumodellierung der Form mußte, wie die männliche Kleidung von 1800, die Grundgestalt des Körpers verändern. Einfach nur die alten weiblichen Details zu unterdrücken, hätte nie funktioniert.

Die Idee, Frauen so real wie Männer erscheinen zu lassen, implizierte, daß ihr eigenes Weiblichkeitsgefühl sichtbar bewahrt und bestärkt werden mußte; und sie mußten sich selbst als attraktiv, selbstbewußt und selbstsicher annehmen. Noch vor der Jahrhundertwende hatten männliche Designer und Damenschneider unter dem neuen Druck, weibliche Realität statt männliche Phantasie zu projizieren, bereits begonnen, die Kleidung für Frauen variabler zu gestalten, die Themen der Reitkleidung auf das Promenieren in der Stadt und das Reisen in Zügen und Bussen abzustimmen, ohne die Frauen jedoch provokativ wie verfälschte Männer aussehen zu lassen. Gleichzeitig stiegen weibliche Designer in den Beruf ein, mit neuen Ideen, die sich ziemlich von denen unterschieden, die in die Kreationen romantischer Damenschneiderinnen eingeflossen waren.

Zwischen 1900 und 1912 wurde die Kleidung der Frauen, die seit 1700 zunehmend mehr Raum eingenommen hatte als die der Männer, nach und nach im Maßstab verkleinert, so daß die bekleideten Körper von Männern und Frauen, was den physischen Umfang anbelangte, sich anglichen. Die

Frauenkleider erzeugten nun eine visuelle Einheit der körperlichen Form, und das Verschwinden der übermäßigen
Betonung von Brüsten und Hüften war Teil dieses Trends.
Man entledigte sich nicht der Korsetts, aber sie nahmen
nach und nach einen anderen Charakter an. Die neuen Mieder konzentrierten sich hauptsächlich darauf, den Umfang
des weiblichen Körpers an Hüften, Bauch und Hinterteil zu
reduzieren, die alle zuvor mit ausladenden Röcken vergrößert worden waren. Das befreite die Rippen von ihren
Fesseln, und die Brüste konnten nun nach unten fallen.
Ganz offensichtlich wurde die alte Struktur verabschiedet,
die die weibliche Figur und ihre Kleider auf eine sehr
schmale Taille und einen schmalen Brustkorb festgelegt hatte, wobei Busen und Becken darüber und darunter auffällig
hervortraten. Das alte Korsett beruhte auf der deutlich zwei-
geteilten weiblichen Gestalt, wobei sich der Rock und seine
darunterliegenden Geheimnisse von den lockenden Arrangements darüber eindeutig unterschieden. Im alten System
konnte jede der Hälften so ausladend wie möglich werden,
wenn sie nur in der Mitte durch den rigiden Einschnitt der
Taille im vorgegebenen Rahmen blieb.

Lange vor dem Ersten Weltkrieg jedoch produzierte die
Couture-Mode elegante Schneiderkostüme für Frauen, die
die einheitliche Figur vom Nacken bis zum Fuß umspielten,
den Boden aber nicht berührten, um die Füße bei ihren Bewegungen zu enthüllen, äußeren Schmuck auf ein Mini-
mum reduzierten und aus zuvor »maskulinen« Stoffen,
Wolle in dunklen Schattierungen, gemacht waren; ich
möchte unterstreichen, daß dies ein eleganter Trend, keine
praktische Entwicklung war. Während des Krieges schienen
Kleider mit militärischen Anspielungen und einer gewissen
Strenge passend, und viele Frauen trugen so etwas wie einfache zivile Uniformen, worin sie die Arbeit der abwesen-
den Männer verrichteten. Die Röcke, die ab 1912 nicht mehr

bis zum Boden reichten, waren 1916 fast am Knie angelangt. Darin spiegelten sich Wünsche, die schnell verflogen und die Röcke ungefähr zehn Jahre später wieder auf Knöchellänge zurückbrachten. Eine Vermännlichung des Äußeren beeinflußte die Tagesmode wie schon oft zuvor und wie immer in Kriegszeiten, dieses Mal jedoch wurde die weibliche Figur so geformt, daß sie der Idee angepaßt werden konnte.

DENNOCH WAREN, IM EINKLANG MIT DEN GESTEIGERTEN sexuellen Gefühlen der Kriegszeit, Abendkleider dünner und femininer denn je, jetzt wadenlang, um Füße und Fesseln in aufregenden Schuhen und Strümpfen zu zeigen; oberhalb der Taille saßen sie sehr locker und enthüllten viel. Ohne geschnürte Taillen und ausladende Unterröcke sahen die Körper, die sie trugen, außerordentlich real aus, Brüste und Hüften standen in einer organischen menschlichen Beziehung zueinander, und Füße und Beine waren deutlich sichtbar. Die Haltung, zuvor sehr gerade und königlich, um sich dem Umfang und der Steifheit der Kleider anzupassen, gestattete jetzt eine unbekümmerte und entspannte Schlacksigkeit – ein anderes definierendes und irreversibles Zeichen weiblicher Modernität, das zuvor nur auf avantgardistischen Werken der präraffaelitischen Kunst zu sehen gewesen war.

Aber die alten Sitten änderten sich beruhigenderweise nicht – wie auch heute noch nicht. Im Einklang mit der neuen »Realität« des Körpers wurden weibliche Hüte größer und auffallender ausgestattet, als sie es jemals seit 1780 gewesen waren, und die Schuhe erhielten, da sie stets zu sehen waren, eine erotischere und phantasievollere Nuance. Vernünftigkeit stand dem ganzen Unterfangen sichtlich fern – der weiche, freie Körper schien den überladenen Kopf und dekorative Füße zu fordern. Man kann tatsächlich aus der

Georges
Barbier,
*Mode-
zeichnung.*
April 1914.

Distanz erkennen, daß komplexe Fuß- und Kopfbekleidung
auch eine Eigenschaft der innovativen, *männlichen* Moden
des Spätmittelalters war, die den Körper enthüllten – ein
Beiwerk sexueller Phantasie, das mit der modischen Befreiung der Männer einherging. Endlich sollten in der Mo-

Französische Fotografie:
*Eine Dame beim Rennen
in Longchamps.*
Etwa 1914.

Die Dame auf der Fotografie spielt um des verwegenen Effektes willen mit männlicher formeller Bekleidung in der eleganten Ausführung für den Tag, nicht zum Reiten; ihr Pelz fügt ein feminines erotisches Element hinzu. Die Modezeichnung zeigt die Dame, wie sie pointiert die männliche Silhouette nachahmt, mit einem klaren Umriß und einfachen Formen für Hut und Kostüm, die beide dennoch erkennbar weiblich sind.

derne die Frauen zum Zuge kommen. Unser ganzes Jahrhundert hindurch blieben die Schuhe der Frauen auffallend, die Haare waren zu extremen Türmen frisiert, hohe Hüte beherrschten das Milieu genauso wie kunstvolle Kosmetik. Die Männer hatten alle diese Freiheiten in der Vergangenheit schon gründlich erforscht, die Frauen sind bis heute offensichtlich noch nicht bis zu diesem Punkt gekommen. Und die Männer haben sich natürlich die Möglichkeit bewahrt, diese Dinge wiederaufzunehmen.

In den zwanziger Jahren des 19. Jahrhunderts kam es wahrscheinlich zu dem wichtigsten Einschnitt in der Frauenmode überhaupt. Weibliche Sexualität wurde nun in direkten körperlichen Begriffen ausgedrückt, statt indirekt auf sie zu verweisen. Den männlichen Körper hatte die Mode in der Vergangenheit mehrfach definiert, den weiblichen Körper hatte sie jedoch immer umkreist und allegorisiert. Nun begann die Kleidung der Frauen, die männliche Erklärungsmethode für den Körper zu übernehmen, jedoch mit verblüffenden weiblichen Elementen. Ab etwa 1913 spielte die weibliche Mode mit dem Tastsinn des Betrachters, was weder sie noch die Mode der Männer je zuvor getan hatte.

Die männliche Bekleidung hatte während der ganzen europäischen Geschichte die Körper der Männer nicht versteckt, aber sie hatte entschieden verhindert, daß sie zu einladend oder verlockend erschienen, damit sie nicht den Anschein der Verletzlichkeit erhielten. Die weibliche Kleidung folgte darin dem männlichen Beispiel, wobei sie widersprüchliche, verführerische Signale integrierte. Um 1920 jedoch offenbarten die Kleider der Frauen nicht nur ihren Körperbau, nun suggerierten sie auch, wie sich die Frau in ihrem Körper fühlte und wie dieser Körper sich für andere anfühlen könnte.

In vergangenen Moden der Frauen klang der Reiz der Berührung indirekt an, wobei die Verführung im Stoff des Kleides statt im okkulten und unberührbaren Körper liegen konnte. Die geschnürte Taille hatte zur Umarmung eingeladen, aber sie bot durch ihre eingebaute Verweigerung einen perversen Reiz. Darüber war die enthüllte Brust als glatte Skulptur zum Vorschein gekommen, die als Teil eines Kunst-

werks gesehen, aus einer bestimmten Entfernung genossen
werden wollte, und die Frau selbst schien sich in anständiger Entfernung von allem zu befinden. In den zwanziger
Jahren dieses Jahrhunderts jedoch schienen die Pelze und
weichen Woll- und Seidenstoffe, die der nachgiebigen Figur
angepaßt wurden, endlich einzugestehen, daß eine Frau
ihren eigenen Körper fühlen könne, und sie luden andere
geradewegs dazu ein, sie als ein körperlich reagierendes
Lebewesen anzufassen und zu streicheln.

Stoffe, die über die Haut gleiten, geben dem Betrachter ein
starkes Gefühl davon, wie sie sich für denjenigen, der sie
trägt, anfühlen. Ein Rocksaum, der in einer bestimmten
Höhe direkt quer zu den Beinen verläuft, erzeugt an genau
diesem Punkt eine sichtbare Liebkosung durch den Stoff.
Der Betrachter kann beobachten, wie die Trägerin diese
spürt, und die Hand des Betrachters kann nachempfinden,
daß es sich um eine bewegliche, verhandelbare Barriere
handelt. Ein anderes Element, das damit zusammenhing,
waren die fleischigen Rundungen, die man für Frauen noch
immer für passend hielt und die während der Kriegs- und
Nachkriegszeit den Reiz, sie zu berühren, nur noch erhöh-
ten. Danach stellte die Mode die Forderung nach der schlanken Frau. Man kann sogar sagen, daß die spätere Mode der
Frauen, die auf ihrer Enthüllung beruhte, die Distanz extremer Schlankheit verlangte, die schon an sich die zugreifende
Hand und den umschlingenden Arm eher abschreckt als
ermutigt.

In den zwanziger und dreißiger Jahren waren Mode-
schöpferinnen wie Alix Grès und Madeleine Vionnet Spe-
zialistinnen dafür, auf die Freuden der Berührung zu verweisen, während sie an der vorgegebenen Schlankheit und
einer Aura der Verfeinerung festhielten. Beide gingen mit
Stoff um, als ob sie Skulpturen daraus machten, als ob er
eine Fortsetzung des Fleisches sei, und sie modellierten ihn

direkt auf den Körper, um eine vollständig plastische und greifbare Komposition zu entwickeln. Gabrielle Chanel, die zur selben Zeit arbeitete, ist am berühmtesten dafür, daß sie den männlichen Anzug ohne jeden Hauch von Androgynität verweiblichte und daß sie nur auf seine erotische Attraktivität baute und darüber hinaus auf subjektives Gefallen setzte.

Chanel hatte etwa um 1915 mit bequemen Jerseyensembles und -kleidern begonnen und hatte sich dann in den zwanziger Jahren Strickkostümen und dem gefeierten kleinen Schwarzen zugewandt. Doch erst als Chanel ihre Karriere als Modeschöpferin in den späten 50er Jahren wiederaufnahm, entwarf sie als Reaktion auf die regressiven Einschränkungen für Frauen, die sich früh in diesem Jahrzehnt abgezeichnet hatten, ihre berühmten einfachen Kostüme aus weichen, gewebten Wollstoffen mit vielfarbigen Oberflächen. Diese Kostüme verwiesen auf die Art erotischer Selbstbeherrschung, in der keine Aggression lag, sondern statt dessen ein Element konstanter, nicht ausufernder körperlicher Freude, eine ruhige, katzenartige Sinnlichkeit, die weder aktive Arbeit noch aktives Denken behinderte. Der Anzug für Frauen – eine geschneiderte Jacke, die mit einem Rock getragen wird, das alte Muster der Reitkleidung – konnte so

Die Fotografie gibt die klassische Reinheit des Kleides, eingefangen in ein atmosphärisches Drama wieder, das zu genauerer Wahrnehmung einlädt, hauptsächlich der Kunstfertigkeit, mit der ein einziges Stück Stoff zu einem modernen Meisterwerk geformt worden ist. Die Schönheit des Gewandes ist vollkommen, ohne aufgesetzten Zierat oder einen rigiden Unterbau; die gesamte Verschönerung ist durch die kontrollierte Handhabung des Materials geschaffen worden, und nur die Bewegung des Körpers in diesem macht das Kleid zu einer verständlichen Komposition. Dieses Bild repräsentiert einen großen Moment in der modernen weiblichen Mode, in dem die Sprache der männlichen Einfachheit der Schneiderkunst gründlich und fruchtbar in taktile weibliche Begriffe übersetzt worden ist.

Modefotografie: Kleid von Alix Grès. 1938.

zu einem Kostüm werden, das eine rein weibliche sexuelle Unabhängigkeit in der modernen Welt ausdrückte, die schließlich erreicht wurde, ohne auf irgend etwas Männliches zu verweisen, sei es im strengen oder neckischen Sinn.

Während der zwanziger und dreißiger Jahre wurden weibliche Designer in ihrer Berufssparte immer wichtiger, wobei viele von ihnen weibliche Entwürfe in die Richtung entwickelten, daß sie eine subjektive, taktile Freude am Tragen von Kleidern ausdrückten statt den männlichen Standardwunsch nachzuahmen, den Betrachter mit einer Vision zu verblüffen. Die männlichen Entwürfe für Frauenkleider wurden davon beeinflußt, obwohl die männlichen Designer damals wie heute auch weiterhin eher den visuellen Gesamteffekt als die Wirkung der Schönheit des Gewandes am Körper betonen, das heißt auf die Erscheinung verweisen und nicht auf den Organismus. Schiaparelli war eine Anhängerin der männlichen Methode, die sich immer an den puren optischen Reiz hielt, und einige moderne Spielarten der männlichen Standardsicht waren sicherlich begeisternd. Poiret war das erste große moderne Beispiel, obwohl seine Karriere in den zwanziger Jahren ein rasches Ende nahm; Balmain, Dior und Balenciaga traten in die Fußstapfen der großen Worth-Tradition, wie es Givenchy heute noch gelingt und Lacroix es immer mal wieder versucht. Die Ausnahmen von der Regel sind zu Recht gefeiert worden: Patou und Molyneux in der Vergangenheit, Yves Saint Laurent in neuerer Zeit. Bei Giorgio Armani und verschiedenen anderen Nicht-Franzosen erkennt man in

---

Chanel bekämpfte immer die distanzierende romantische Sicht weiblicher Mode, sowohl in ihren ersten Erfolgsjahren mit einfachem Jersey und einfachem Schwarz, wie in ihrer späteren Karriere mit einfachen Kostümen. Ihr modernes Ideal der realistischen, selbstbestimmten weiblichen Sexualität gestattete lebenslange Attraktivität, für die sie selbst ein Beispiel war.

Fotografie von Kammermann:
Chanel (71 Jahre alt) in ihrer Wohnung. 1954.

letzter Zeit den Einfluß des mobilen und taktilen Ideals,
das ursprünglich ein weiblicher Beitrag zum modernen
Kleiderdesign gewesen war. Frauen wie Norma Kamali und
Donna Karan halten daran fest.

Die berühmte »Bequemlichkeit« aller dieser Dinge war,
darauf möchte ich bestehen, nicht grundsätzlich eine Frage
der praktischen Annehmlichkeit für Frauen oder der dank-
baren Befreiung vom Korsett. Es ging nicht darum, physisch
anstrengendere Dinge tun zu können – dies hatten Frauen in
allen möglichen Kleidern seit Jahrhunderten getan, ohne
viel Ehre dafür einzuheimsen. Es ging statt dessen um einen
neuen Stil weiblichen körperlichen Vergnügens, nur mit
stärker sichtbarer Betonung dessen, was Frauen immer an
ihren eigenen Körpern gemocht hatten, des körperlichen Gefühls der Flexibilität und der Betonung von Gliedern und
Rumpf, selbst ohne kraftvolle Aktivität, des Gefühls subtiler Muskelbewegungen und der Stärke der Knochen unter
glatter Haut, dem rhythmischen Verlagern von Gewicht.
Literatur und Aktkunst zeigen, daß Männer die Körper der
Frauen immer wegen eben dieser Eigenschaften bewundert
haben, aber während der meisten Zeit der europäischen
Geschichte waren dies private Geheimnisse, die nur privat
genossen und vielleicht von Künstlern enthüllt, aber in der
Mode nie offen zum Ausdruck gebracht worden waren.

Nur die Kleidung der Männer, mit Anzügen als neuester
Spielart, drückte die Idee des männlichen Körpers als sichtbar funktionierendes, selbstbewußtes und einheitliches In-
strument aus. Und die Herrenanzüge des 20. Jahrhunderts
scheinen ebenfalls die gesamte Oberfläche des Körpers mit
beweglichem Stoff zu berühren, mit einem Streicheln, das
sichtbar ist, während es empfunden wird. Je nachdem, wie
die Männer sich verhalten oder wie es die Umstände verlangen, können sie jedoch auch den Anschein der Unverletzlichkeit erwecken.

IN DIESEM JAHRHUNDERT WURDEN DIE EROTISCHE KRAFT
weiblicher körperlicher Bewegung und der Körperoberfläche wie auch Kleider, die sie nicht nur zeigten, sondern
unterstrichen, schließlich von der Mode öffentlich anerkannt. Vorher waren – trotz des Geschreis, das die Leute
manchmal gegen sie erhoben –, Einschnüren, Verbergen
und dekorative Projektion tatsächlich »bequem« gewesen,
weil sie ästhetisch, sozial und vor allem sexuell befriedigend
waren. Sie wurden erst dann wirklich unerträglich, als die
gesellschaftlichen Übereinkünfte und sexuellen Phantasien
von Männern und Frauen sich wandelten.

Die Veränderungen der Frauenmode fielen zeitlich mit der
Ausbreitung eines neuen Tanzstils zusammen: dem engen
Paartanz. Gleichzeitig entstanden Filme, die ideale männliche und weibliche Körper dabei zeigten, wie sie in ihren
beweglichen Gewändern auf verschiedenste Art agierten,
neue Bewegungsstile entwickelten und sich dabei anpaßten
und berührten, Bewegungsstile, die zu den Kleidern paßten. In solchen Bildern behauptete sich der Anzug der Männer als perfekte Hülle für ausgreifende moderne Bewegung –
ablesbar an der schönen visuellen Harmonie, die der ge-
schmeidige Vernon Castle und der flinke Fred Astaire in
ihren unendlich fließenden Kleidungsstücken erzeugten.

Daß es neue sexuelle Übereinkünfte zwischen Männern
und Frauen gab, war hauptsächlich Resultat von Veränderungen des weiblichen Bildes und Selbstbildes. Sie schlugen
sich in einer neuen Sichtweise der Frauen nieder, die
Hollywood dadurch projizierte, daß es neue Rollen anbot,
die Frauen spielen konnten. Bis zu diesem Jahrhundert und
bis zum Erscheinen des Films war die gutangezogene Frau
die ideale Dame gewesen, eine kultivierte Persönlichkeit,
deren reifer Stil und Charme im Laufe der Zeit sorgfältig entwickelt worden war, mit Unterstützung durch die gesellschaftliche Stellung und das Einkommen ihres Vaters und

ihres Gatten. Ihr Gegenbild war die Kurtisane, in gleicher
Weise geschult und gereift, häufig ebenso verfeinert, unterstützt von denselben Männern. Junge Mädchen waren vielleicht potentielle Kurtisanen oder Damen, aber vom Standpunkt der Mode aus hatten ihre Figur und ihre Konversation
nur einen kunstlosen, linkischen Charme und überhaupt
keinen Stil und ihr Leben keinen Horizont. Es fehlte ihnen
an Ausbildung, Erfahrung und vollentwickelten Körpern;
Eleganz paßte nicht im entferntesten zu ihnen.

Im Gegensatz dazu war die moderne elegante Frau immer
weniger eine reife Frau, sondern ein unabhängiges Mädchen
in unterschiedlichen Stilen. Hollywood produzierte zuerst
zwei unterschiedliche Typen von ihr, die sich grob als der
Vamp und das Kind beschreiben lassen – Theda Bara und
Mary Pickford, beide Karikaturen. Diese extremen amerikanischen Sichtweisen fanden dennoch einen deutlichen
Widerhall in der Arbeit französischer Modeschöpfer wie
Poiret, der sowohl glühende Abenteuerinnen in schweren
Satindraperien und Reiherfedern darbot wie unschuldige
Kreaturen in süßen Matrosenmützen und plissierten Lei-
nenröcken. Später tauchte die verrückte Erbin auf, eine
nicht sehr geglückte Mischung aus Kind und Vamp. All dies
fand vor 1925 statt, während die Gesellschaft sich mit neuen
Konzeptionen von weiblicher Freiheit und weiblicher Sexualität herumschlug, die beide noch immer in der Öffentlichkeit verbotene, unkontrollierbare Dinge zu sein schienen: Huren und Kinder sind bekanntlich sehr gefährliche
Objekte der Begierde.

Die Synthese zeichnete sich in den nächsten paar Jahren in
Gestalt des Hollywood-Bildes von Clara Bow ab, des jungen
Mädchens, das sexy ist, aber Selbstachtung und Humor
besitzt und seinen eigenen Weg geht, das helle, schicke,
fließende Kleider trägt, die zeigen, wie es seine Beine gebraucht, sowohl um zu tanzen, als auch um zielstrebig vor-

anzuschreiten. Viele Kinoversionen hiervon trugen dazu
bei, eine neue ideale Frau zu kreieren und eine neue moderne Eleganz, die nicht auf der kumulativen Wirkung von
Erfahrung beruhte, noch an eine sorgfältige und intensive
Pflege geknüpft war. Die weltkluge französische Version dieses amerikanischen Bildes war die reale Gestalt der Chanel,
die zeigte, wie man bis im Alter von 88 Jahren, als sie starb
und noch immer mit »Mademoiselle« angesprochen wurde,
ein junges, schlankes und unabhängiges Mädchen sein
konnte. Sie war die Geliebte von vielen, aber niemandes
Frau, Mutter oder Tochter, reich durch ihre eigenen beruflichen Anstrengungen, eine gute Freundin, die den Großen
und beinahe Großen gesellschaftlich nahestand. Das alles
war zuvor undenkbar gewesen, außer für notorische Büh-
nenstars, die sich außerhalb der gesellschaftlichen Schran-
ken bewegten. Im 20. Jahrhundert jedoch erkannte die Gesellschaft eine solche Person als respektabel an. Ihre Kleider
– elegant, sexy und jugendlich, alles zur gleichen Zeit –
mußten jetzt sowohl ihre moderne Freiheit als auch ihre
genuine Ehre reflektieren.

STÜTZEN

EIN LETZTES WORT ZU JENEN ENGEN KORSETTS UND LANGEN
Unterröcken. Auch wenn unsere heutige Zeit Widerstands-
geist als natürliches und universelles Gefühl, sogar als
Tugend hochhält, sollte man nicht unterstellen, daß alle
Frauen in der Vergangenheit in ihren langen Röcken und
engen Korsetts zornige Opfer waren und sich ihretwegen zur
Hilflosigkeit verdammt fühlten.

Elisabeth I., Katharina die Große und Katharina von Me-

dici waren Staatsoberhäupter, die ihre Völker mit großem
politischem Talent, mit Energie und Hingabe durch schwierige Zeiten führten, gewöhnlich gekleidet in Gewänder von
enormer Schwere und großer Starrheit, die den Körper eng
einschnürten und Röcke und Ärmel von riesigen Ausmaßen
hatten.

Für diese Frauen stand außer Frage, daß ihr Gefühl für die
eigene Autorität und sogar ihre politische und intellektuelle
Agilität durch diese Kleider verstärkt und unterstützt wurden. Das Kostüm suggerierte außerdem für das eigene Ich
der Trägerin und für andere sexuelle Energie. Elisabeth war
immer dünn gewesen, aber die beiden Katharinas nahmen,
je älter sie wurden, immer mehr zu. Ihr bloßer Umfang,
wenn sie vollständig in königliche Gewänder gekleidet
waren, war offensichtlich außerordentlich wirkungsvoll,
vielleicht noch wirkungsvoller als die Männer in ihren
Gewändern.

Derartige Kleider beschränkten diese Königinnen weder
auf das Sofa noch ihre Konversation auf Frivolitäten, und sie
ermutigten sie auch nicht, ständig in Ohnmacht zu fallen
oder sich unterlegen und passiv zu fühlen; und wahrscheinlich auch nicht, sich unwohl zu fühlen. Tatsächlich passen
inneres Gefühl und äußerer Ausdruck von Personen, seien
sie männlich oder weiblich, in bestimmten Situationen zusammen: wenn sie sich körperliche Würde, geistige Energie
und rhetorische Kunst erhalten, wenn sie sich gute Stimmung und gute Manieren zusammen mit der Fähigkeit bewahren, majestätisch ruhig zu stehen, zu sitzen und zu
gehen, stundenlang zu reiten oder zu tanzen, während sie
unablässig die ständige Herausforderung ihrer Gewänder
überwinden, strahlen sie die Aura von Macht aus, und der
Betrachter hat nie das Gefühl, daß sie sich einer Last unterwerfen. Sowohl Männer wie Frauen waren darauf aus, derartige Wirkungen zu erzeugen.

All dies zeigt sich noch heute auf der Opernbühne. Die männlichen und weiblichen Stars von Verdis *Don Carlos* zum Beispiel, das in der Zeit von Elisabeth I. und Katharina von Medici spielt, tragen Kostüme, die ebenso starr, schwer und gewaltig sind wie die der Renaissance und ebenso überladen mit aufgesetzten Verzierungen, steifen Halskrausen, phantasievollen Hüten und komplizierten Unterbauten. Man kann beobachten, wie diese Schauspieler schwierige Musik einfühlsam singen, ein farbiges Drama überzeugend spielen, wie sie mit ungebrochener Würde gehen oder stehen, sich verbeugen oder knien und perfekt im Rhythmus tanzen, all das, während sie den Dirigenten im Auge behalten, sich an die Noten, den Text und die Regieanweisungen erinnern, ihr empfindliches Vokalinstrument unter Kontrolle halten und mit all diesem glitzernden Gewicht, dieser Starrheit und den vielen Metern Stoff umgehen, als ob es nichts wäre. Derartigen Leistungen von Männern wie Frauen klatschen die modernen Zuschauer begeistert und mit Recht Beifall, und nicht nur, weil sie die musikalischen Produktionen gut finden. Moderne Zuschauer, die einem Ideal leichter, beweglicher Hüllen verpflichtet sind, mögen sehr wohl eine Spur von Neid und Erstaunen verspüren.

Im wirklichen Leben der Renaissance partizipierte der hohe und niedere Adel beiderlei Geschlechts an solchem modischem Heldentum wie auch noch zur Zeit von Katharina der Großen und sogar noch im 19. Jahrhundert, als nicht nur weibliche Röcke, sondern militärische Ausgehuniformen ein Höchstmaß an Rigidität und Prachtentfaltung erreichten. Korsetts für Männer, die damals oft verwendet wurden, um die steife Perfektion des formellen militärischen Kostüms zu erhalten, gingen letztendlich auf das strenge Gürten der Lenden kämpfender Männer in den antiken Kulturen zurück. Männer wie Frauen trugen Korsettstangen, ob nun direkt in die Kleidung eingenäht oder als separates Korsett,

im Bewußtsein der seriösen inneren und äußeren, nicht
zuletzt erotischen Macht, die wichtiger als jede körperliche
Unbequemlichkeit war. Wir haben die Attraktionen sichtbaren sexuellen Heldentums, den verführerischen Anblick
müheloser Anstrengung, bereits erwähnt.

Genauso und im Sinne eines Spiegels konnten sich Generationen von gewöhnlichen Frauen in ihren langen Rök-
ken und steifen Miedern durch diese Kleidung gestützt
und bestärkt fühlen, gut gerüstet und wohl präsentiert, als
Frauen wie als Personen attraktiv und bedeutsam, ihre Geheimnisse gut gehütet. Sie konnten sich in ihr auch nüchtern oder sexy fühlen, energisch oder träge, oder all dies
zusammen, je nach Persönlichkeit und Milieu.

Gewöhnliche körperliche Tätigkeit wurde durch solche
Kleidung offensichtlich nicht behindert, auch nicht der
recht sportliche Tanz vergangener Zeiten: Es existieren
Fotografien von Bergsteigerinnen wie auch von Tennisspie-
lerinnen und Eisläuferinnen, die viele Röcke übereinander
tragen.

Generationen von geschnürten Frauen in langen Röcken
liefen bei der Hausarbeit den ganzen Tag treppauf, treppab,
beugten sich über Waschzuber, klopften Teppiche, reckten
sich zu Wäscheleinen empor und rannten den Kindern
hinterher. Gewöhnliche Landarbeit wurde in Korsetts und
langen Röcken verrichtet, wie Gemälde von van Gogh und
Millet illustrieren, und sicherlich waren Fabrikarbeite-
rinnen und Büroangestellte während der Arbeit nicht
anders angezogen. In den Städten meinte man, daß nur Huren mit lockerer Moral oder Schlampen mit schludrigen Gewohnheiten ohne Korsett herumliefen. Zweifellos gab es Arbeiterinnen auf dem Feld und im Bergwerk, die kein Korsett
trugen, aber eigentlich war dies in allen Klassen üblich.
Zweifellos trugen auch faule Ehefrauen, flatterhafte Mädchen und verdorbene Kurtisanen Korsetts, und jede von

ihnen mag sich sehr wohl durch dieses Kostüm einge-
schränkt gefühlt haben.

Aber es gibt überwältigende Beweise dafür, daß diese nor-
male weibliche Kleidung jahrhundertelang zur allgemeinen
Befriedigung beitrug. Sie gab Frauen das Gefühl der Voll-
ständigkeit, die akzeptable Kleidung immer gibt – was ihr
wahres Gefühl des Wohlbefindens ausmacht. Ein solches
Wohlbefinden ist eine innere Befriedigung, die sogar in der
Einsamkeit erreicht werden kann; es braucht nicht sozial
oder sexuell zur Schau gestellt zu werden, um zu wirken.
Eine große Zahl von Frauen trug regelmäßig ein enges
Korsett und weite Petticoats mit dem eindeutigen Gefühl,
bequem gekleidet zu sein, ohne einen Gedanken daran zu
verschwenden, Besuch zu empfangen, aus dem Haus zu
gehen oder einem Mann zu gefallen, ähnlich wie eine Frau
heute vielleicht einen weiten Pullover und enge Bluejeans
trägt.

Extremes Einschnüren, so berühmt barbarisch, war immer eine sehr seltene Sitte, ein Fetischismus, der im 16. Jahrhundert zum ersten Mal praktiziert wurde und seinen
Höhepunkt im späten 19. Jahrhundert erreichte, eben zu
dem Zeitpunkt, als aller weiblicher Staat begann, er-
drückend zu erscheinen. Fetischistisch enges Einschnüren –
was zur Verkleinerung der Taille bis zu 35 Zentimetern
führen konnte – war nie allgemein üblich, weder bei Frauen
aus der Oberschicht noch bei gewöhnlichen Frauen aus der
Mittelschicht. Man fand es normalerweise bei arbeitenden
Mädchen in der Stadt, bei denselben Personen, die heute
wahrscheinlich fünf Zentimeter lange Fingernägel und zehn
Zentimeter hohe Absätze tragen. Die berühmten Beweise für
verschobene Knochen und Organe fanden sich bei Leich-
namen aus den Arbeitshäusern, nicht bei den verwöhnten
Damen der höheren Bourgeoisie – obwohl einige ängstliche
junge Mädchen aus der Mittelschicht zu extrem enger

Schnürung gegriffen zu haben scheinen, genauso wie sie
heute hungern. In Ohnmacht zu fallen, war anscheinend
eine weibliche Reaktion, die bei jeder denkbaren Gelegenheit möglich war, ohne daß Korsetts benötigt wurden; man
fiel üblicherweise in Ohnmacht, weil man physisch und
mental überanstrengt war, was nichts mit der Einschnürung
zu tun hatte.

Die meisten Korsetts verliehen der Figur einfach eine schöne Linie und unterstützten den korrekten Sitz des Mieders
und den richtigen Fall des Rockes, statt primär dem Körper
einen unerträglichen Zangengriff aufzuerlegen. Dieser Halt
war eher fest, und da er sowohl Eleganz wie Contenance
erzeugte, war er zu einer Zeit, wo es noch nicht in Mode war,
die Muskeln zu trainieren, eher beruhigend als unange-
nehm. Da er auf eine gewisse Selbstachtung verwies, hatte er
einen beschützenden Charakter. In erotischer Hinsicht produzierte er eine dynamische Differenz zwischen der schlanken bekleideten Figur und dem fülligen nackten Körper. In
den vier Jahrhunderten vor dem späten 19. Jahrhundert
hatten Frauen anscheinend kein Problem, sich in ihren Korsetts und langen Röcken als reale Personen zu fühlen.

Im allgemeinen haben die Menschen immer das getragen,
was sie wollten; die Mode existiert, um stets diesen Wunsch
zu erfüllen. Da Mode jedoch auf ständige Ungewißheit verpflichtet ist, und alles was schick ist, nur vorübergehend
wirkt, ganz egal, wie stark die Mode auch ist, wurden, solange die Mode existiert, Proteste gegen akzeptierte Moden
laut. Sie appellieren an die Einsicht der Menschen, daß
Mode irrational sei. Modische Besonderheiten scheinen
sogar absichtlich entworfen, um Einwände zu provozieren,
und sie bilden für jeden individuellen Rebellen oder entschlossenen Rhetoriker immer eine leichte Angriffsfläche.
Wir haben jedoch gesehen, daß nur eine tiefe und allgemeine Unzufriedenheit den enscheidenden Anreiz liefert, sie

durch die nächste Mode zu ersetzen. Obwohl unendlich viele Mädchen zweifellos ohne Unterlaß seit dem 16. Jahrhundert gegen das Korsett rebelliert haben – oder gegen alle Arten von langen Röcken oder Tricks, um die Haare zu locken –, müssen die meisten von ihnen schließlich dies alles in gewisser Hinsicht akzeptiert haben, da die Korsetts und langen Röcke und Locken nicht verschwunden sind. Für die meisten Frauen brachten sie offensichtlich mehr Freuden als dauerndes Martyrium. Nicht nur die männliche, sondern auch die weibliche sexuelle Phantasie war mit ihnen verquickt; sie erfüllten eine breite Skala imaginativer Bedürfnisse.

Aber nur bis zu diesem Jahrhundert, als eine neue Meßlatte auftauchte und die alten modischen Versatzstücke nicht mehr ausreichten. Wie wir gesehen haben, waren schon seit geraumer Zeit mehr Mängel als Vorzüge deutlich geworden, und man hörte generell Klagen, die nicht mehr isoliert und individuell oder parteiisch und politisch geäußert wurden. Die modernen Veränderungen verhießen eine schlagartige Befreiung, als sie sich schließlich durchgesetzt hatten, als ob eine Schlacht unerwartet schnell gewonnen worden wäre – es ist ein beliebtes Argument, daß der Erste Weltkrieg dafür verantwortlich gewesen sei. Diese Veränderungen waren aber das Ende eines langen Anpassungsprozesses, der sich eben wegen seines evolutionären Charakters als unumkehrbar herausstellte. Die modernen modischen Verwandlungen der Frauen brauchten Zeit, und obwohl die gesellschaftlichen Veränderungen derselben Zeit immens waren, haben die sexuellen und ästhetischen Wandlungen, die wirklichen Unterschiede in der weiblichen Gestalt, Linie, Form und Textur initiiert.

DIE FRAUEN NEU ENTWERFEN

DER WEIBLICHE IMAGINATIVE EINFLUSS WAR SICHERLICH
nicht der einzige, der den Wandel in der Erscheinung von
Frauen im ersten Drittel dieses Jahrhunderts zustande gebracht hat. Mehr als alles andere trug die neue Möglichkeit,
daß Frauen gute Konfektionskleidung und elegante massenproduzierte Mode bekommen konnten – wie hundert Jahre
früher die Männer –, zu der Modernisierung des weiblichen
Aussehens bei. Die Veränderungen glichen mit ihnen auch
die alten primitiven Klassenunterschiede aus und einige der
auffälligsten früheren Geschlechtsunterschiede. Wie lange
zuvor schon für Männer wurde während der letzten beiden
Jahrzehnte des 19. Jahrhunderts gutaussehende Konfektionskleidung für Frauen in Kaufhäusern und sogar im Ver-
sandhandel erhältlich. Das meiste davon war in einem vereinfachten Stil gehalten, der auf der höchsten Ebene bereits
in Mode war – die bequeme Art von Kleidung, die nicht not-
wendigerweise präzise Maßanfertigung erfordert.

Nach 1890 konnten hart arbeitende Sekretärinnen und
Verkäuferinnen in New York oder London bereits schicke
Konfektionskostüme kaufen und sich, genau wie ihre Brü-
der und Ehemänner, in Kleidern gut angezogen fühlen, die
ihre eigenen modernen Vorzüge hatten und nicht eine ver-
gebliche Bemühung um höhere Eleganz darstellte. Äußerst
unterschiedliche und schön verarbeitete konfektionierte
Hemdblusenkleider gehörten ebenfalls in das Repertoire
eines berufstätigen Mädchens um die Jahrhundertwende,
und sie bildeten eine eigene Mode aus, die der maßgefertigten Haute Couture ziemlich fernstand.

Die wirkliche Modernisierung der Mode hing von einer

Statusverbesserung der massenproduzierten, maschinenge-
fertigten Kleidung ab, die die Verbesserung des ästhetischen Status alles industriellen Designs begleitete. »Design«
war schon seit langem eine gehobene Beschäftigung, das
Richtige für einen wahrhaft kreativen Geist. Aber diese Vorstellung hatte eine Handwerkstradition vorausgesetzt, in
der das entworfene Objekt ein individuelles Meisterwerk
ist, wie etwa eine Teekanne von Paul Revere oder eine
Schale von Cellini. Damenschneiderinnen und Herrenschneider hatten an dieser Tradition partizipiert, wenn auch
auf einem viel niedrigeren Niveau – ihre Namen wurden erst
unter den neureichen Statussuchern im 19. Jahrhundert
allgemein gefeiert. Zu dieser Zeit genossen maschinengefer-
tigte Gegenstände kein sehr hohes Ansehen, und die großen
Verteidiger ästhetischer Entwürfe – Ruskin, William Morris
und andere – erhoben diese entschieden über alles, was eine
seelenlose Fabrik ihre unglücklichen Arbeiter mit Maschinen herzustellen zwang.

In diesem Jahrhundert wurden indessen die imponieren-
den technischen Errungenschaften des vorhergehenden –
der Eiffelturm, die Eisenbahnzüge, Dampfschiffe und Hän-
gebrücken – bewundert, und diese Bewunderung erstreck-
te sich nun auch auf die technischen Errungenschaften der
beweglichen und tragbaren und für alle verfügbaren Art,
Flugzeuge, Autos, Telefone und Kaffeekannen. Die Designer
derartiger Dinge zollten elementaren Materialien und primären Funktionen ebensoviel Respekt wie jeder traditionelle Handwerker, und das Publikum schätzte die gut ge-
stalteten industriellen Produkte um ihrer glatten Schönheit
willen und kauften sie in großen Stückzahlen. Ihre Ver-
fügbarkeit und ihr niedriger Preis waren Vorzüge, die zu
dem angepriesenen guten Aussehen hinzukamen, das nun
von dem neuen dynamischen, sexuell aufgeladenen Look
praktischer Funktionalität abhing.

Mit der Liebe kam der Respekt für die unendliche Repro-
duzierbarkeit solcher Objekte, das wunderbare Wissen, daß
jedes Exemplar automatisch mit demselben Standard an
technischer Perfektion hergestellt wurde. Eine neue Ästhetik, beruhend auf dem Ideal vollkommener Gleichheit,
konnte das alte Ideal individueller Einzigartigkeit ersetzen
oder doch zumindest mit ihm rivalisieren. Die Normung von
Glühbirnenfassungen, Steckern und Lampenschirmen, Bett-
federungen und Bettwäsche, Flaschendeckeln und vielen
anderen Gegenständen trug dazu bei, daß das Publikum
sich an den vielfältigen industriell gefertigten Waren erfreute, wobei alles wunderbarerweise so gemacht war, daß
es zu allem anderen paßte. Die Herstellung abgestufter
Standardgrößen weitete sich schließlich auf Strümpfe und
Büstenhalter, Blusen und Röcke, Schuhe und Handschuhe
aus. Die Schönheit derartiger Dinge liegt genau darin, daß
sie in identischer Form vervielfältigt werden können, in
ihrer maschinenzugeschnittenen, maschinengenähten, un-
fehlbaren Perfektion. Jeans sind heute das beste Beispiel für
fabrikgefertigtes Aussehen, und wie die Jeans selbst war die
ganze Entwicklung, die ich beschrieben habe, weitgehend
ein amerikanisches Phänomen. Das französische moderne
Design war zum größten Teil immer noch eine Sache exquisiter individueller Konzeption und Handwerkskunst, und
die meiste französische Mode wurde noch immer nach Maß
angefertigt.

Die amerikanische Modernisierung ermöglichte den Kleidern der Frauen, sich gleichberechtigt mit den Kleidern der
Männer am neuen unpersönlichen Charakter des amerikanischen modernen Designs zu beteiligen. Wenn die originale Idee eines Designers leicht auf die Massenproduktion
übertragen werden und vielen Menschen in vielen verschiedenen Kontexten anvertraut werden kann, sieht sie
bald nicht mehr nach einer individuellen Erfindung aus.

Für amerikanische Frauen vollzog sich die Modernisierung der »angezogenen Frau« als »Design-Objekt« elegant in etwas, das an der Aufregung beteiligt war, die durch moderne Architektur und industrielle Fertigung erzeugt wurde, etwas, was die Stimmung der Gesellschaft selbst zu schaffen schien. Eine Frau konnte wie eine glatte neue stromlinienförmige Maschine, jenes universelle Objekt der Begierde, erscheinen statt als Modepuppe oder vereinzelter Fetisch, und sie konnte dabei selbst-erschaffen aussehen. Genau wie alle anderen Gegenstände legt eine riesige Bandbreite verfügbarer massenproduzierter Kleidung die wichtigste kreative Betonung auf die Wahl des Verbrauchers und tritt in einen angemessenen Abstand zum ursprünglichen Designer. Zur Zeit wirbt die Bekleidungsfirma Gap für ihre Waren als neutrale Objekte, die der individuelle Kunde gänzlich mit seiner eigenen Imagination erschaffen kann; kein Wort über die begabten Leute, die diese Kleidung tatsächlich entwerfen.

Wie schon bei der Herrenschneiderei arbeitete sich die Demokratisierung somit unmerklich in die weibliche Mode vor. Die Gewänder der Haute Couture wurden unauffällig und einfach, und gleichzeitig konnte man preiswerte, massengefertigte Kleidung als exzellente Beispiele für schickes modernes Design tragen, ohne eine Andeutung snobistischer Verunsicherung der Art, daß die Armen erfolglos die Reichen nachäfften oder daß die Reichen herablassend die Armen nachäfften. Der individuelle weibliche wie auch der männliche Geschmack konnte aus einer gewissen Entfernung auf der Straße viel auffälliger wirken, als es Reichtümer oder Armut taten. Nach 1920 wirkte der Konfektions-Look auf die Haute Couture selbst zurück, und eine gewisse abstrakte Allgemeinheit holte die Vorstellung ein, wie man angezogen zu sein hatte, sogar auf dem Niveau der Haute Couture. Dieser Look wies eine auffallende Ähnlichkeit damit auf, wie Männer sich bewährterweise kleideten – zurückhaltend, abstrakt und gleichförmig.

Nach einer langen Zeit behutsamer Reformen vollzog sich die letzte Phase in sehr kurzer Zeit. Zwischen 1920 und 1930 wurden die in Kleider gehüllten Körper gewöhnlicher Frauen gänzlich verwandelt, um sexuelle Gleichheit mit Männern zu suggerieren. Im allgemeinen brachte dies nicht das Gefühl sexueller Ähnlichkeit oder Identität mit sich, aber ein ungewohnter Wesenszug trat in der femininen Mode in der Tat auf – das knabenhafte Aussehen trat auf dem Plan. Mit dem reduzierten Umfang weiblicher Kleidung fiel es mehr auf, daß Frauen generell kleiner als Männer waren. Um Frauen weiter den Anschein von Freiheit und Unabhängigkeit zu geben, gestattete ihnen die Mode vorläufig, flotten jungen Männern oder frechen Straßenjungen zu ähneln.

Bis zum Ende der dreißiger Jahre war der Rock indes immer noch universell in Mode und Hosen eine eher seltene Anomalie. Hosen waren schon 1911 aufgetaucht, nicht zum Sport oder aus Bequemlichkeitsgründen, sondern als fortschrittliche und aufsehenerregende Möglichkeit in der Haute Couture. Frauen hatten zum Radfahren schon davor Kniehosen getragen, aber Hosen waren immer noch die Ausnahme und ungebräuchlich, waren manchmal Teil der Sportbekleidung der Oberschicht, manchmal Teil einer Neigung der Oberschicht, Androgynität auf erotische Weise zu betonen. Die Mode für Frauen blieb jedoch, obwohl radikal modifiziert, im ganzen traditionell feminin. Die Frauen behielten das Privileg, Schmuck und Farbe entspechend ihrer expressiven Neigung zu verwenden, aber alles in einem reduzierten formalen Schema, das die Phantasie denselben integrierenden Regeln des Designs unterwarf, die alle anderen von Menschen hergestellten Dinge beherrschten.

Bevor die deutlich gliedernden, aber verbergenden männlichen Hosen überhaupt als normale weibliche Bekleidung akzeptiert werden konnten, brauchte man Zeit, um sich an die Beine der Frauen zu gewöhnen – besonders die Frauen selbst. Das weibliche Bein mußte einerseits so gewöhnlich und andererseits so unterschiedlich erscheinen wie Gesichter und Hände von Frauen, und es mußte sich ebenso aktiv in das Alltagsleben eingliedern. Hosen mußten warten, bis Beine nichts Neues mehr waren, und die Gewöhnung an die Offenbarung der Mode, daß die untere Hälfte des weiblichen Körpers eine konstante und notwendige Beziehung zur oberen Hälfte hat, beanspruchte den größten Teil dieses Jahrhunderts. Die permanente Verkürzung der Röcke war der wichtigste Schritt, um die Modernisierung der Frauen zu fördern, der originellste moderne Beitrag zur weiblichen Mode, der erreicht wurde, ohne auf das männliche Standardvokabular zu rekurrieren. Sie war ein entscheidender moderner Schachzug im uralten weiblichen Spiel der Enthüllung.

Der kurze und enge Rock war visuell viel radikaler als jede andere Veränderung der Moderne, abgesehen von der Verschiebung, die auf die Betonung des Taktilen zielte; er verlieh schließlich dem weiblichen Körper eine Kohärenz, die ein männliches Privileg gewesen war – es wurde deutlich, daß Kopf und Füße nicht unabhängig voneinander waren, genausowenig wie Denken und Handeln. Und ganz nebenbei konnte der kurze Rock sogar eine geheime Überlegenheit der männlichen Schneiderkunst bedeuten – man konnte ihn als Wiederaufnahme der männlichen Revolution des 14. Jahrhunderts ansehen, als Männer zum ersten Mal begannen, in ganzer Länge die Beine zu zeigen, während die der Frauen verhüllt blieben. Die modernen Frauen bedienten sich schließlich der Möglichkeit, über die Höhe des Saumes selbst zu entscheiden, ein Effekt, der bei den Tuniken der Männer drei Jahrhunderte in Gebrauch gewesen, bevor Kniehosen im 16. Jahrhundert definitiv den Sieg davontrugen.

Die Mode hatte zuvor schon einige Male versucht, die Röcke kürzer zu machen – nach 1770, dann wieder etwa um 1830 und für eine kurze Zeit gegen Ende der sechziger Jahre des 19. Jahrhunderts –, aber immer mit einem Rock, der eine steife Glocke bildete und das Wagnis, Füße und Fesseln mit dem Rest des Körpers zu verbinden, nicht wirklich einging. Röcke wurden jedesmal wieder länger, nachdem sie die weiblichen Füße als anscheinend ablösbare Ornamente exponiert hatten. Da die langen Röcke die weiblichen visuellen Proportionen jahrhundertelang verzerrt hatten, während die Kleider der Männer die männlichen Proportionen respektiert hatten, war die erste Funktion der kurzen modernen Röcke, den Körper der Frauen in seinen Kleidern mit dem der Männer korrespondieren zu lassen. In der Aktkunst war dies natürlich schon lange zum Ausdruck gebracht worden, aber in der Mode nie. Nun war eine Parität erreicht, die nicht mehr aufgegeben werden sollte. Sie etablierte die visuelle Akzeptanz öffentlicher Gleichheit von Männern und Frauen, das Bild eines steten Verlangens.

1925 waren die modernen Röcke knielang und nicht unbequem, und sie strahlten keine mysteriösen Suggestionen aus. Danach rutschte der Saum hoch und runter, aber nie mehr für immer ganz nach unten. Die Röcke hatten die Tendenz, Becken und Schenkel nachzuzeichnen, sich mit ihnen statt unabhängig von ihnen zu bewegen und die Form mit einer anscheinend einzigen Stoffschicht zu bedecken, geradeso wie die Hosen der Männer. Wenn die Röcke in den zwanziger und dreißiger Jahren je abstanden oder am Boden schleiften, dann zum Spaß und nicht aus Prinzip. Moderne Hüte wurden kreativ feminin, entwickelten erfindungsreich und suggestiv Formen, die der Kopfform angepaßt wurden, statt alten männlichen Vorgaben zu folgen. Sie legten jede Spur der alten weiblichen Haube oder Kappe ab, trugen aber auch nicht mehr die ganze Last vergangener Frivolitäten. An ihnen befestigte moderne Schleier waren ornamental, klein und verführerisch, ohne jede Spur von Schamhaftigkeit.

So standen die modernen bekleideten Körper von Männern und Frauen, obwohl noch immer so verschieden in ihrer Art, sichtlich unter dem gleichen menschlichen Maßstab und hatten gleichermaßen funktionale Beine und Füße, ihre Hüte waren etwa gleich groß, und ihr Haar nahm etwa gleich viel Raum ein. Ähnliche Badeanzüge zeigten nun ihre Glieder und Rümpfe in gleicher aktiver Bewegung. Nur die Schuhe der Frauen blieben bei dem altbekannten Fetischismus und der Unbequemlichkeit. Frauen belebten eine in früheren Zeiten mit den Männern geteilte Sitte wieder: das kräftige Auftragen von Make-up. Die Elemente weiblicher Mode für Erwachsene, die noch immer die Basis der modernen Bekleidung für Frauen sind – die gutsitzenden geschneiderten Jacken und Röcke, die geschneiderten Hosen, die geschickt angepaßten Kleider, die weichen Pullover und schmeichelnden Blusen, von der Hemdbluse zu rüschenbesetzten oder drapierten Artikeln –, wurden in den zwanziger und dreißiger Jahren eingeführt, nachdem realistische weibliche Proportionen sich durchgesetzt hatten und dem weiblichen bekleideten Körper zum ersten Mal seit der Antike seine eigene, würdevolle visuelle Einheit wiedergegeben worden war.

Das gesamte Bekleidungsschema wurde zu der Zeit als äußerst radikal und befreiend begriffen, was sich auch in Zukunft bestätigen sollte, obwohl sich in und nach dem Zweiten Weltkrieg ein beachtlicher Rückschritt abzeichnete. Die Rückkehr zu einem gewissen viktorianischen Stil in Kleidung und Leben der Frauen in den fünfziger Jahren

hat die triumphale Revolution des Jahrhundertanfangs
ausgelöscht und scheint sich in den Köpfen der Menschen
mit der viktorianischen Ära selbst vermischt zu haben.
Während der vierziger Jahre hatte sich ein gewisser Rückzug von der fortschrittlichen Moderne abgezeichnet, mit
einer neuen Fragmentierung des schmückenden Beiwerks,
einer neuen Umständlichkeit oder Groteskerie der weiblichen Linie, die zum Teil von einem weiteren Krieg ausgelöst
worden waren.

Die frühen fünfziger Jahre produzierten einen stärker
ästhetisch integrierten Stil, in den sich aber ein Wiederauf-
leben der alten Zwänge mischte – obwohl, wie in den berühmten zwanziger Jahren, die Moden von etwa fünf Jahren in der Erinnerung einen sehr großen Raum einnehmen
können. Viele meinen heute, daß es in der weiblichen Kleidung vor 1968 überhaupt keine Freiheit gab, als ob diese
Revolution, indem sie gegen die fünfziger Jahre rebellierte,
mit einem Schlag die modische Befreiung des weiblichen
Geschlechts, das seit dem Mittelalter gefangen war, herbeigeführt habe. Eine derartige Annahme unterschlägt jedoch
die wichtigeren und stetigeren Veränderungen, die in den
vier Dekaden vor 1940 nach und nach erreicht worden
waren – währenddessen sehr viele moderne Frauen es zu
einer respektablen Ausbildung und ernstzunehmenden
Karriere, dem Wahlrecht und den Segnungen effizienter
Empfängnisverhütung gebracht hatten, wenn sie auch nicht
so respektiert wurden, wie es eine solche Entwicklung
eigentlich impliziert hätte.

Während dieser langen Zeit gestand die weibliche Mode
dem ganzen Körper nicht nur Beweglichkeit und Taktilität
zu, sondern zog zum ersten Mal die Tatsache in Erwägung,
daß Brüste, weil sie mit den Muskeln des Brustkorbs und
der Arme verbunden sind, aber keine eigenen Muskeln
haben, ständig Form und Position verändern und letztlich

zu hängen beginnen. Der moderne Büstenhalter, in den dreißiger Jahren perfektioniert, war entworfen worden, damit Brüste aller Größen sich im Einklang mit dem Körper bewegen konnten, damit sie im Schutz von glatten Hüllen gehalten wurden, ohne nach oben gepreßt oder gedrückt zu werden, wie es die steifen Korsetts getan hatten, aber auch ohne sie hängen zu lassen.

Trotzdem konnte der moderne Büstenhalter verwendet werden, um Brüste noch mehr, als die Korsetts es getan hatten, einzuengen, und frühe Versionen versteckten die Brüste, sowohl um die neue abstrakte Einheit des Körpers zu betonen, als auch um dem modischen Look unreifer Jugend stärker hervorzuheben. Später, im Amerika der vierziger und fünfziger Jahre, war klar, daß große Brüste zwar sehr begehrt waren, daß sie aber nicht so aussehen sollten, wie sie es normalerweise taten. Filmschauspielerinnen trugen unglaublich statische Brustvorsprünge, die hoch an ihrem Brustkorb fixiert waren und besonders lächerlich aussahen, wenn das Kostüm ein Nachthemd oder eine antike griechische Tunika war.

In den revolutionären späten sechziger Jahren wurden Büstenhalter daher manchmal mit Falschheit und Provokation der Sinne assoziiert, ganz als ob sie neue Versionen der alten Korsetts wären. Als jedoch bewegliche Brüste und sichtbare Brustwarzen wieder in der Mode auftauchten und es erlaubt war, keine Büstenhalter zu tragen, wurden schon bald – angesichts des wachsenden Anspruchs der Frauen, daß ihre individuellen Phantasien von der Mode ernst genommen werden sollten – keine Einwände mehr gegen sie erhoben. Die Frauen beriefen sich wieder auf das Recht, unterstützende oder einschnürende Unterkleidung zu tragen, wenn sie es für angemessen hielten, und sie wegzulassen, wenn sie wollten; Büstenhalter wurden ganz wie Röcke zu optionalen Elementen, die allen Arten von modischer

Variation und Konnotation unterlagen. In jüngster Zeit wurde die akkumulierte Bilderwelt des Femininen den Frauen
endlich zurückgegeben, damit sie damit tun konnten, was
sie wollten: sie können sie plündern wie eine Kostümkiste –
sie können alles benutzen, genauso wie sie alle männlichen
Elemente benutzen können.

Es war jedoch ein großer und früher Triumph, daß der
modernisierende Impuls in der weiblichen Mode schon bald
nach 1900 anerkannte, daß nicht alle Frauen große, halbku-
gelförmige und sehr feste Brüste haben, die hoch auf dem
Brustkorb sitzen. Die Mode der zwanziger Jahre schien endlich die absolute Freiheit von der berühmten hohen Rund-
heit der Brüste zu feiern, was über eine sehr lange Zeit das
Kennzeichen weiblicher Mode gewesen war. Flachbrüstige
Frauen erlebten ihren ersten großen Tag der Anerkennung
in der modernen Welt. Und nicht nur das, es wurde schließlich auch respektiert, daß weibliche Taillen und Hüften verschieden groß sein und sich an unterschiedlichen Stellen
befinden konnten. Auch magere Frauen ohne Rundungen
kamen zu ihrem Recht, und eine undeutliche Taille und
schmale Hüften wurden, zugleich mit den kleinen Brüsten,
einem flachen Hinterteil und einer sehr sichtbaren Kno-
chenstruktur, zu weiblichen Merkmalen, die die Mode
anerkannte.

Der männliche Anzug hatte immer die Möglichkeit impliziert, unterschiedliche Körperstrukturen zu integrieren,
hatte mit seinem veränderbaren Grundmuster allen Formen
geschmeichelt. Die klassische moderne Mode der Frauen tat
jetzt dasselbe, und tatsächlich konnte erst mit dieser neuen
Modernisierung »klassische Kleidung« in der weiblichen
Mode zu existieren beginnen. Die Klassik in der Mode benötigte das Moderne der Form, eine grundlegende und
variable formale Sprache, die dem Design mehr statt weniger
Freiheit zur Verfügung stellen konnte – einen Ausweg aus

zeitgebundenen, schnell veraltenden äußeren Trivialitäten, in Richtung einer Welt starker und bedeutender formaler Ideen.

Die Mode gestand nun auch sichtbar zu, daß die Haare von Frauen unterschiedlich dicht und dick sein konnten, so daß es besser aussehen mochte, wenn sie kurz und nicht zusammengebunden waren, statt zu versuchen, sie lang und schwer aussehen zu lassen, wie weibliches Haar es angeblich seit ewigen Zeiten sein sollte. Haare unterlagen nicht mehr dem Zwang, sorgfältig aufgerollt, geflochten oder gelockt werden zu müssen oder künstlich aufgebauscht zu werden, wenn sie nicht dicht genug waren. Die Frauen konnten sich mit Hilfe ihrer Haare sexuell behaupten – sie konnten es schwingen lassen, zurückwerfen und mit seiner Vitalität angeben, wie es die Männer getan hatten, statt es in der Öffentlichkeit wie einen zusätzlichen weiblichen Körper herumzutragen, schön und ungebärdig und ständig strikter Reglementierung bedürftig.

Indem die Mode eine neue Art der Variabilität für die weibliche körperliche Erscheinung schuf, die nicht eine Nachahmung, sondern eine Analogie zu der Erscheinung in Männerkleidung war, verlieh sie der Idee Ausdruck, daß Männer und Frauen in ihrer Funktion als komplizierte menschliche Individuen gleich waren, daß jeder und jede sichtbar Charakter, eine geistige Ausstattung und ein inneres Leben von einzigartiger Privatheit besaß. Wir haben gesehen, wie in der modernen Männermode abstrakte Einfachheit und Gleichheit in den Formen der Bekleidung dazu dienen, wirklich individuelle Eigenschaften zu betonen. Persönliche Schönheit, die man als weibliche Pflicht ansah, wurde ebenfalls zu einer variablen individuellen Angelegenheit, die nicht mehr ausschließlich mit einem perfekten jungen Gesicht und einer perfekten jungen Figur assoziiert wurde.

Die zunehmend profitable Kosmetikindustrie unterstrich diese neue Tatsache der Moderne, ermutigte das Pflücken der Rosen während des ganzen Lebens, nicht nur während der Jugendzeit. Genauso wie die moderne Mode Körpern aller Art schmeicheln konnte, konnten die verschieden-artigsten Gesichter durch Make-up verschönert werden. Make-up wurde das Symbol für den bewußten, kreativen Charme, der alle unansehnlichen körperlichen Attribute überwindet und daher das Alter irrelevant macht. Die Kos-metik-Magnatin Helena Rubinstein hat angeblich einmal gesagt: »Es gibt keine häßlichen Frauen, nur faule.«

In der Zwischenzeit wurden Beweglichkeit und Berühr-barkeit, die Statik und Unverletzlichkeit ersetzten, zu er-wünschten Attributen des bekleideten weiblichen Körpers, nicht bloß seiner Kleider oder seines verborgenen nackten Zustandes. Es fand eine sichtbare Integration der gesamten lebenden, fühlenden Frau und ihrer Bekleidung statt. Wie ihr männliches Gegenstück konnte auch sie nun auf das selbstbeherrschte Tier verweisen, das sich in seiner Haut wohlfühlte. Als materielles Phänomen hörte eine elegant gekleidete Frau damit auf, einem Baum oder Haus zu glei-chen, verwurzelt, schützend und geschmückt, oder einer leblosen Puppe, der nur durch ihren Schmuck Geist ein-gehaucht wurde, oder gar einem geschmückten Ballon oder einem aufgetakelten Schiff, das den Launen des Windes ausgesetzt war. Sie wurde viel eher zu einem selbstangetrie-benen Auto oder Motorboot, stromlinienförmig, vibrierend von Leben, schnell und elegant.

MODERNE VERWANDLUNGEN

WIR HABEN GESEHEN, WIE ZUR GLEICHEN ZEIT DAS KOSTÜM der Männer, ohne sich viel zu verändern, dieselben Assoziationen hervorzurufen begann. Da männliche Anzüge ohnehin die Avantgarde der modernen ästhetischen Triebkräfte gebildet hatten, standen sie bereits für den Fortschritt. In ihrer prophetischen modernen Klassik hatten sie sich während des gesamten 19. Jahrhunderts ununterbrochen in Richtung auf weitere Modernität hin entwickelt – auch während der ästhetische Charakter sowohl der schönen wie der angewandten Künste auf einen wiederbelebten Geist des Rokoko oder des romantischen Historismus zurückfiel. Auch die Kleidung der Frauen hatte diesen Weg eingeschlagen, ganz im Sinne des alten Klischees, daß die Frau ebenso schön wie unberechenbar sein sollte.

Die viktorianische Bekleidung eleganter Männer schloß sicherlich viele Möglichkeiten modischer Unbequemlichkeit und ausschweifender Prachtentfaltung ein. Aber die Formen selbst waren einfach geblieben, und Männer waren immer eindeutig, ihre Kleidung eine offenherzige Reflektion des männlichen Interesses am konzertierten Fortschritt des Denkens, der Wissenschaft und des Handels und des Desinteresses an kapriziösen und suggestiven Unwichtigkeiten jeder Art – sie hielten sich an das, was man bürgerliche Werte nannte. Gemälde des späteren 19. Jahrhunderts kontrastieren häufig einen Mann in dunklem Anzug mit dem ungezähmten Licht, der Bewegung und Farbe der Natur. Derartige Werke stellen die moralische und intellektuelle Überlegenheit des Mannes gegenüber dem glänzenden Mangel an Disziplin in der Natur heraus, während sie

zugleich auf den starken Reiz ihrer Schönheit und Flüch-
tigkeit verweisen. Sein Anzug sollte nicht schön, sondern
durch den Kontrast vernünftig sein – seit den braungelben
und mausgrauen Farben der Herrenkleidung, die mit den
Feldern und Wäldern zu verschmelzen schienen, hatte sich
eine Veränderung vollzogen.

Romantische Visionen stärkten die Annahme, daß die
Natur weiblich sei, davon befreit, die schwere Bürde des
menschlichen Verstandes zu tragen, die als essentiell männlich wahrgenommen wurde. Aber der männliche bewußte
Wille sehnte sich danach zu meistern, was er als die schwan-
kende, mysteriöse und mächtige Schönheit des Natürlichen,
jetzt verschmolzen mit dem Weiblichen, sah und wovon ein
Teil sich innerlich im geistigen und instinktiven Leben beider Geschlechter manifestierte. Indem Männer in den
Frauen die Verkörperung der Natur sahen, konnten sie sogar
den zweideutigen Glauben hegen, daß die Natur selbst danach verlangte, verstanden und vom Mann in nachvollziehbare Ordnung gebracht, von ihm in einer formal hand-
habbaren Form neu »erschaffen« zu werden, so daß seine
bewußte Verehrung für sie und sein Vergnügen an ihr vielleicht seine unbewußte Furcht vor ihrer Macht verdeckte.

Diesen allgemeinen Zustand doppelten Verlangens illu-
strierte damals die Mode für beide Geschlechter. Zusammen
mit der Schönheit der äußeren natürlichen Welt – Blumen,
Wasser, Wolken, Sterne – verwiesen die Kleider der Frauen
auch auf die natürliche innere Welt, den Fluß der Träume,
der Furcht und unausgesprochener Wünsche. Männer
konnten Vergnügen dabei empfinden, Frauen in wohlkom-
ponierten Toiletten zu sehen, die sichtbar die Kräfte zähm-
ten, die sie beschworen. Frauen konnten Vergnügen daran
finden, Männer zu betrachten, die in ihre vertrauener-
weckenden Ausdrucksformen des Verlangens nach Ordnung und gesundem Menschenverstand gekleidet waren.

Doppelporträts wie Bilder, auf denen die Mode beider Geschlechter abgebildet war, oder Genreszenen der viktorianischen Zeit stellten – häufig vor einem Hintergrund in der
freien Natur – lebhafte weibliche Phantasie der nüchternen
männlichen Klarheit gegenüber.

Zu Anfang dieses Jahrhunderts verlor die generelle Unver-
änderlichkeit, die das primäre Zeichen der Männermode
war, sehr viel an Boden. Nicht das Design, aber die Viel-
fältigkeit männlicher Eleganz wurde zurückgeschraubt,
und zwischen 1910 und 1930 kamen Straßenanzüge für
Männer als ästhetische Nachklänge des Maschinenzeitalters
auf. Dieselben glatten Röhren von Ärmel und Hosenbein
und die ordentlichen Formen von Kragen und Krawatte begannen jetzt, funktional und stromlinienförmig statt gren-
zenlos gebieterisch und vertrauenerweckend oder gewagt
revolutionär auszusehen, wie sie es bei ihrem ersten Erscheinen getan hatten. Kunstwerke und die Modekunst zeigten
nun ihre Ähnlichkeit mit ebenso geschmeidigen und röhren-
förmigen Frauen und mit ähnlich schlanken, aufragenden
Gebäuden. Man kann ablesen, daß das angeblich »phallische« Aussehen schmaler, glatter, sich schnell bewegender
Gegenstände zu einem formalen Element neutraler erotischer Macht wurde, ohne spezifisch männliche oder weibliche Assoziationen.

Die gesamte Natur ihrerseits unterlag bald derselben
Abstraktion der visuellen Form, indem sie den neuen Regeln der modernen Kunst folgte. Die Natur schien nun nicht
mehr so sehr im Gegensatz zur Schneiderkunst zu stehen,
die aus diesem Grunde, genau wie in der Zeit des Klassizismus, wieder natürlicher zu werden schien. Die visuelle
Darstellung begann nach physikalischer Wahrheit zu streben, eine Wahrheit, die aus fundamentalen Strukturen bestand, die erkannt und verstanden werden konnten, oder
aus fundamentalen Konzeptionen, die man in Diagramme

Französisches Modebild. 1925.

Das Modebild nimmt jetzt die moderne Kunst und das grafische Design zur Kenntnis; man sieht, daß die Frau ganz aus Stoff geschaffen ist, ihr Körper und ihr Kleid sind zu einer einzigen modernen Form stilisiert. Das Bild des Filmstars verkündet dieselbe Botschaft mit den Mitteln der

Werbefotografie von Clara Bow. 1928.

Kamera: Ihr Körper wird durch den farblosen Satin in ein Futteral aus flüssigem Licht gegossen. Ihre eigene körperliche Wahrnehmung des Kleides auf ihrer Haut drückt sich in ihrer sinnlichen Pose und ihrem befangenen Blick aus.

übersetzen konnte. Das Mysteriöse hatte an Attraktivität
verloren. Die Natur, die menschliche Natur und die Kultur,
wurden denselben modernen intellektuellen Regeln unter-
worfen, und alle von Menschen hergestellten Gegenstände
so entworfen, daß sie die strukturelle Dynamik anerkannten. Die beiden Geschlechter fanden so eine neue Basis, auf
der sie ihre visuelle Gleichheit entwerfen konnten.

Gemälde der populären Kunst und des Modedesigns zeig-
ten jetzt, wie zuvor gegensätzliche Dinge sich einer neuen
Einheit grafischen Verständnisses unterwerfen konnten.
Nach den neuen Regeln der Abstraktion waren angezogene
Männer und Frauen ebenso von Natur aus ähnlich wie nackte, und beide ähnelten Hügeln und Gebäuden, da alle unter
den distanzierten, kreativen Forscherblick des modernen
Auges und Geistes gerieten. Die Kleidung der Frauen hatte
sich verändert, und die Frauen selbst änderten sich − zum
Teil, um sich dieser modernen Vorstellung anzupassen. Auffallend ist jedoch, daß die Form der Herrenanzüge nicht
verändert werden mußte, nur der Sinn dessen, wofür sie
standen. Die Form war bereits da und hatte ihren eigenen
Reiz; man leitete sie jetzt aus neuen Quellen ab. Die moderne
abstrakte Form war nicht statisch, sondern dynamisch: Moderne Anzüge sahen nicht mehr unrettbar starr und fin-
ster aus, dem fließenden, schwindelnden Wirbel der Natur
oder der weiblichen Kleidung entgegengesetzt. Statt dessen
konnten sie an der Vitalität und Energie der modernen Visionen teilhaben, die voller Tatkraft und innerem Potential
waren − genau wie die moderne Natur.

Kleidungsstücke der Frauen zeigten nun, genau wie männliche, wie sie hergestellt waren, die Nähte und die Zu-
sammensetzung der Stücke wurden nicht mehr verdeckt.
Der grundsätzliche Charakter des Stoffes wurde respektiert
und nicht dadurch zurückgenommen, daß man ihn in dekorative Streifen, Puffen oder Patten zerschnitt und sie dann

Schnappschuß von Marlene Dietrich. 1932.

Die Kamera fährt fort, die moderne Schönheit von Anzügen beim Tragen zu steigern, sie zeigt, wie sie der körperlichen Bewegung schmeicheln, eine Kunst aus dem lässigen Agieren von Ärmeln und Hosen machen. Individuelle Gesichter bekommen mehr Bedeutung, indem sie dem Schema der Falten entsteigen, das die lockere Pose des Körpers beschreibt.

Dietrich benutzte oft männliche Kleidung, um das Aussehen ihres suggestiven Gesichtes zu verstärken; hier retten die neutrale Baskenmütze und der Pullover ihren Anzug davor, nach reinem Transvestitentum auszusehen.

wieder applizierte. Zwischen 1925 und 1935 war eine ideale weibliche Rüsche, eine Draperie oder ein Volant zum Beispiel nicht mehr ein kleines, bewegliches Detail, das die Aufmerksamkeit an der Oberfläche einer stabilen Form auf sich zog, sondern ein integraler Teil eines fließenden Rockes oder Ärmels, der aus ihm hervorwuchs oder ihn sogar erzeugte.

Zumindest in der Haute Couture wurde die Schönheit des Kleides selbst oft mit der Schönheit von Machart und Ma-

Man Ray:
Porträt von Balthus.
1933.

Foto rechts:
Esther Bubley:
*Greyhound-Bus-
Bahnhof,
New York City.*
1948.

terial identifiziert. Männer und Frauen waren sichtbar auf derselben Stufe, weil die weibliche Kleidung zum ersten Mal in ihrer Grundkonzeption dem männlichen Beispiel folgte und damit endlich dem überlegenen klassizistischen künstlerischen Beispiel nachkam, eher Methoden zu kopieren, als äußere Resultate zu imitieren. Die Möglichkeit, daß Frauen ebenso real aussehen konnten wie Männer, war, im Kontext einer universellen modernen Realität, perfektioniert worden. Eine gemeinsame Grundstruktur – Atome und Moleküle – lag der gesamten materiellen Welt zugrunde; ihr Abbild in Kunst und Kleidung konnte sich in gleicher Weise ähneln.

Kurz vor dem Zweiten Weltkrieg zeigte sich der Charakter der Mode für beide Geschlechter in einer errungenen Modernität, was in ähnlicher Art auf Architektur, Skulptur, Malerei und die industriellen Künste zutraf. Aber für die

Mode, die der Regel der Repräsentation folgte, war das
Aussehen stromlinienförmiger Funktion und ästhetischer
Integrität hinreichend, und konventionelle Gewohnheiten
wurden in dem modernisierten visuellen Schema beibehalten. Nicht modern waren die immer noch bestehenden,
deutlich sichtbaren Unterschiede zwischen den Klassen. Die
Kleidung behielt die meisten alten Konventionen zur
Unterscheidung der Geschlechter und der Lebensalter bei,
zu zeremoniellen Anlässen und zur Unterscheidung zwischen Unter- und Oberbekleidung. Synthetische Fasern waren noch nicht sehr weit entwickelt, und die traditionellen
Fasern – Baumwolle, Seide, Leinen und Wolle – wurden traditionell verwendet, wurden manchmal zusammen verwo-
ben und ergänzt durch etwas Kunstseide. Die Pflege der
Kleider war noch immer mühsam, und Hüte waren – wie seit
Jahrtausenden irgendeine Art von Kopfputz – noch für

jedermann vorgeschrieben. Wie gewöhnlich wurde die
Mode, selbst angesichts radikaler Veränderungen, von Kontinuität beherrscht.

Wir haben gesehen, daß während der zwanziger Jahre, in
Übereinstimmung mit dem richtigen Aussehen aller materiellen Dinge, bekleidete Figuren im Modedesign so entworfen wurden, daß sie Würfeln und stromlinienförmigen
Zylindern ähnelten oder daß sie wie flache Anordnungen
geometrischer Muster aussahen. Auffallend an den besten
dieser Modebilder ist jedoch, daß sie zum ersten Mal den
Stil ernsthafter moderner Maler nachzuahmen suchten. Es
gibt wunderbare Illustrationen, die die modische Figur zu
einem Braque oder Léger machen sollen oder zu einer
Gestalt aus einer Traumwelt von Maurice Denis. Solche
Bilder wurden begleitet von kleinen Modetexten, die die
suggestiven Sätze moderner Dichtung und Romanliteratur
nachahmten: Man griff nicht mehr zu den direkten oder
albern neckischen Beschreibungen, die für viktorianische
Modebilder verwendet worden waren.

Die Abbilder auf viktorianischen Modebildern waren in
Wirklichkeit heruntergekommene Versionen viel älterer
Kunstformen; sie zitierten die schmeichelnden, verschö-
nernden Konventionen, in der Darstellung von Kleidern,
die die Genre- und Porträtmalerei vergangener Jahrhunderte beherrscht hatten. Während dieser Jahrhunderte hatten Bronzino und Tizian, van Dyck und Terborch, Gainsborough und Boucher auch der absurdesten Mode noch
einen Hauch natürlichen Adels verliehen. Die Modekunst
um die Mitte des 19. Jahrhunderts versuchte, etwas von diesem idealisierenden Geist wiederzugewinnen, aber ohne
künstlerische Überzeugungskraft und daher mit sehr
schwachen Resultaten. Viel besser sind die ersten wirklichen Modebilder vom Ende des 18. und frühen 19. Jahrhundert, die brillante Beispiele rein grafischer Kunst ohne male-

rischen Ehrgeiz sind und die einen geschärften Sinn für die Verve und die Vitalität der Mode an den Tag legen.

Im Rückblick ist bemerkenswert, daß während der großen Blütezeit der französischen Kunst – die Monets *Frauen im Garten* mit ihrer Mischung aus herrlichen Kleidern, Gräsern und Blumen hervorbrachte, die eine neue Welt gemalten Glitzers erschuf, in der die Mode große Bedeutung hatte – die tatsächliche Kunst der Modeillustration äußerst banal und rückwärtsgewandt war. Niemand, der sie praktizierte, versuchte, auf die Entwicklungen der künstlerischen Avantgarde zu verweisen, sondern alle blieben statt dessen bei den sich auflösenden akademischen Konventionen. Nach 1860 wurde die Malerei sichtlich modern, obwohl die weibliche Mode es noch immer nicht war. Worth und seine Kollegen hielten ihren künstlerischen Charakter gänzlich literarisch und illustrativ – fiktional, wie ich schon gesagt habe. Die Modekunst sah aus wie Zeitschriftenillustrationen, und beide standen in der öffentlichen Achtung nicht sehr hoch. Die Mode selbst natürlich auch nicht.

Es war daher nicht unwichtig, daß während der ersten drei Dekaden dieses Jahrhunderts die Modeillustration, im Vergleich zum späten 19. Jahrhundert, von neuem zu einem außerordentlich avancierten grafischen Vehikel wurde. Sie schuldete nun auch dem neuen grafischen Design ihren Respekt, das ein ernstzunehmender Teil des Designs im allgemeinen war. Die Anerkennung kohärenter und lebendiger Kompositionen wurde auf Bühnenbild und Buchillustration ausgedehnt, und die Modekunst fügte sich derartigen Unterfangen ein. Sie alle gewannen ein Ansehen, das dazu beitrug, das ästhetische Prestige der Mode selbst anzuheben.

Die neue Seriosität der Mode ging mit der neuen Realität der Frauen einher; aber mehr noch kam allmählich die Vorstellung auf, daß alle Kleidung ernstzunehmen sei, gleich welche Formen sie aufwies. Zum Studium der Anthropologie kam das neue Studium der Psychologie hinzu, was die primitive Kunst weniger primitiv und viel weniger fern von den visuellen Äußerungen des modernen Lebens erscheinen ließ. Die Ursprünge ihrer Bedeutung, einschließlich jener der modernen Kleidung, begann man nun im neu entdeckten Unbewußten zu suchen, das seinerseits ein modernes Thema wurde.

Gleichzeitig mit derartigen Entdeckungen dehnte sich die Fotografie auf unerwartete Bereiche aus. Der Surrealismus in der Fotografie durchtränkte die geheimen Bilder der Phantasie mit einer verstörenden grafischen Lebendigkeit und Wahrheit, indem er die Themen innerer Obsessionen und verdrängter Ängste ansprach. Die moderne Kamera, die begonnen hatte, einen wichtigen Beitrag zur Wahrnehmung der modernen Architektur und Bildhauerei wie auch der modernen Maschinen zu leisten und sie zu beeinflussen, wurde nun außerordentlich wichtig für das Verständnis dessen, wie Kleidung aussehen sollte.

Die stromlinienförmige Abstraktion des modernen Industrie- und Architekturdesigns war durch moderne grafische Illustration und Malerei gut vermittelt worden, und die Kamera konnte ihr die zwingende Dramatik eines fotografischen Chiaroscuro geben. Aber Maschinen und Gebäude haben, wie atemberaubend man sie auch darstellt, keine komplizierte Seele. Die Kamera, die Mode aufnahm und die kreativ dem surrealistischen Weg folgte, begann zu zeigen, wie weit entfernt bekleidete Menschen wirklich davon waren, anderen materiellen Dingen zu gleichen, und sie zeigte, wie verinnerlicht und obskur die Quellen bekleideter Eleganz wirklich waren. Als Reaktion darauf verloren die Linien der Kleidung nach und nach mehr von ihrer geradlinigen Klarheit, sie nahmen wieder verwirrendere Nuancen an: Die Herrenanzüge saßen locker und fielen lässig, und die Kleider der Frauen, ihre Hüte und Schuhe entwickelten suggestivere Formen und eine interessantere Textur.

Während der dreißiger Jahre ersetzte auf der höchsten Ebene des Modedesigns die Fotografie immer mehr die Zeichnung. Die Modefotografie entwickelte sich zu einem raffinierten Medium, das die größten Künstler der Kamera herausforderte, und sie beherrschten so mehr und mehr die Wahrnehmung von Kleidung. Die neuen fotografischen Explorationen des inneren Lebens in visuellen Begriffen hatten demonstriert, wie entscheidend Kleidung für alle Erfahrung war. Im Gleichklang mit der innovativen künstlerischen Fotografie, mit dem Kino und dem professionellen Fotojournalismus begannen die Modebilder der dreißiger Jahre auch, den flüchtigen psychologischen Moment um seines eigenen Glanzes willen wiederzugeben. Zuvor hatten sie die Mode auf einem statischen Bild festgehalten, das entweder der Geschichte der Malerei und des Kupferstichs oder der modernen dekorativen Kunst verpflichtet war. Nun wurde die Geschichte der modernen Mode statt dessen permanent an die Entwicklung eines unendlich suggestiven Kamerazaubers gebunden.

Diese Akzentverschiebung bei der Abbildung von Mode hatte entscheidende Auswirkungen auf Kleidungsideale und veränderte schließlich den modernen Charakter der Kleidung ebenso wie ihr Aussehen. Statt Objekte modernen Designs zu sein, die ähnlich wie Boote und Autos aussehen sollten, begannen die bekleideten Figuren, auf Modefotografien wie Charaktere aus Träumen und Tagträumen auszusehen, aber mehr noch ähnelten sie Gestalten in kleinen, unfertigen Filmdramen. Diese hatten keine Geschichte und keine Zukunft, sie existierten auf verstörende Weise nur einen Augenblick. Die Mode, die Kleidung selbst, erfüllte nun immer weniger das Ideal der raschen Bewegung durch die Aktion des Lebens oder durch das sie begleitende Spiel

des Denkens und Fühlens, sondern sie erfüllte das Ideal
der schnellen und dramatischen Ersetzbarkeit. Massenproduzierte, gefilmte Momente mußten durchlebt werden,
gekleidet in eine veränderliche Folge massengefertigter
Kleidungsstücke, wobei jedes Ensemble einem vollständig
neuen wich. Nach und nach entstand das Postulat, daß
Kleider nicht umgearbeitet und nicht einmal gründlich aus-
gebessert, sondern nur ersetzt werden konnten.

Das gegenwärtige riesige Secondhand-Geschäft mit Kleidung, das mit dem Erscheinen von La Mode Rétro in den
siebziger Jahren und der darauf folgenden Ausbreitung der
wirklichen und auch der vorgeblichen Billigladen-Mode auf
die Bühne trat, wurde letztlich durch diese moderne
Positionsveränderung möglich. Kleidung aus zweiter Hand
hatte früher einen sehr unappetitlichen Ruf als etwas, das
nur von denen getragen wurde, die zu sehr am Rande der
Gesellschaft standen oder zu heruntergekommen waren, um
ihre eigene Kleidung zu machen oder sie machen zu lassen;
sie schien etwas, das für die ganz Armen, die man die kri-
minellen Schichten nannte, geeignet war. Tatsächlich aber
hatte es den Handel mit gebrauchter Kleidung jahrhundertelang gegeben; er hatte sich hauptsächlich auf die unprä-
tentiösen Kleidungsstücke bezogen, die auf der untersten
Ebene der Gesellschaft getragen wurden: wo jemand vielleicht einen Mantel verkaufte, um dafür Brot zu kaufen,
oder ein anderer ein paar Groschen verdient hatte, um einen
Mantel zu erstehen. Die sehr aufwendigen Kleidungsstücke
der Reichen wurden von Dienern, an die sie weitergereicht
wurden, auch an solche Händler verkauft, damit andere sie
für andere Zwecke kauften und umarbeiteten.

Die Garderobe einer eleganten Person konnte, da die Mode
ständig neue Looks verlangte, aus vorhandenen Kleidungsstücken hergestellt werden. Der kostbare Stoff konnte
auseinandergetrennt und neu zusammengesetzt werden, so

daß die alte Form, von der die neue zehrte, erkennbar blieb; die Mode pflegte auf dem Material der vorhandenen Mode aufzubauen. Selbst wenn alte Vorstellungen und Einrichtungen bröckelten, konnte die Kleidung selbst mit ihrer quasi organischen Standfestigkeit bei schnellen modischen Veränderungen, mit ihrer Beziehung zu ihrer eigenen Vergangenheit in bekannten Materialien und handgemachter Struktur zu ihrem Besitzer von Überleben und Kontinuität sprechen. Zu Anfang dieses Jahrhunderts wurde, etabliertem Brauch folgend, gute modische Kleidung immer noch oft umgearbeitet, damit sie zu der Mode des folgenden Jahres paßte; sie wurde sorgfältig geflickt und auf neue Weise für ihre ursprünglichen Besitzer oder deren Familie wiederhergestellt. Sie wurde manchmal vielleicht an das Personal oder an Theater weitergegeben, um am Ende aufgetragen oder vernichtet zu werden, ohne daß man einen Gedanken an modische Wiederbelebung verschwendete.

Seit der enormen Zunahme sowohl massengefertigter Kleidungsstücke wie massenproduzierter Bilder werden gebrauchte Dinge ohne jede Veränderung viel schneller weitergegeben. Zunächst beherrschten alte Vorstellungen weiterhin die Szene, und der neue schnelle Umschlagprozeß verdammte viele Kleidungsstücke zur völligen Nutzlosigkeit – das war eine Einbahnstraße. Heute jedoch werden gebrauchte Kleidungsstücke wieder gekauft, um in neuen Kontexten erneut modisch zu erscheinen und nicht sogleich zu unmodischem Abfall degradiert zu werden. Aufgrund synthetischer Fasern, die sich nicht abnutzen, behält abgelegte Kleidung ihre ursprüngliche massenproduzierte Vitalität, bereit zu neuen Aktionen in neuen Dramen, bereit, neue Visionen zu entwickeln, ohne sterben und wiederauferstehen zu müssen.

DIE MODERNE BILDERINDUSTRIE, NICHT NUR DIE MODERNE Bekleidungsindustrie, war verantwortlich dafür, daß sich der absolut flüchtige Charakter aller Eleganz, sogar bei Kleidung, die an und für sich steif, schwer und unbeweglich ist, aufdrängte. Seit den dreißiger Jahren betonen Modefotografien unablässig die Abhängigkeit erwünschten Aussehens von vollkommen ephemerer visueller Befriedigung, der Harmonie allein des Augenblicks. Diese Harmonie ist total, aber flüchtig, kann im nächsten Moment dahinschwinden. Der Großteil der Kleidung, die Menschen derartigen Bildern entsprechen läßt, wird jetzt von Personen produziert, die man nicht kennt, oft aus geheimnisvoll hergestellten Stoffen und in unsichtbaren Prozessen, die so funktionieren, daß sie in kurzer Frist neue Kleidung in großen Stückzahlen herstellen können. Jedes Set Kleidung soll für ein paar vollkommene Augenblicke lebendig sein und dann durch das nächste ersetzt werden. Während der dreißiger Jahre und danach begannen Kleidungsstücke unter dem Einfluß der Modekamera und mehr noch des Kinos wie austauschbare Versatzstücke zu wirken, ihre Schönheit hing von der raschen Veränderung des Ambientes und der dramatischen Suggestion ab. Daher erschien die Mode mehr und mehr wie eine Sequenz illustrativer Kostüme – das ist die Richtung, in die sie sich seither entwickelt hat.

Nach dem Zweiten Weltkrieg kehrte die Mode zu romantischen Idealen zurück, die aus dem weiblichen Körper ein aufregendes Geheimnis machten. Die winzige gefältelte Corsage von Diors Kreation, unterstützt durch lange Handschuhe, gestattet dem eleganten Kopf und dem nackten Oberkörper, wie eine Blume aus einem engen Schaft hervorzubrechen, in Balance gehalten durch die Riesenglocke des Rockes darunter. Das Porträt der Kaiserin auf der übernächsten Seite zeigt den Ursprung dieser Effekte, wobei die große flitterbesetzte Wolke des Rocks den juwelengeschmückten Kopf und die Büste der Frau auf einem korsettierten Stengel trägt. Beide Posen betonen den nackten Rücken und die nackten Schultern der Dame.

Horst v. Horst: *Gesellschaftsfotografie, Kleid von Christian Dior.*
Dezember 1949.

Nächste Seite:
Franz Xaver Winterhalter: *Kaiserin Elisabeth von Österreich.*
1865.

Weil Greta Garbo und Errol Flynn oder Charlton Heston und Sophia Loren oder Richard Gere und Glenn Close in moderner Kleidung oder im romantischen Kostüm, in exquisiter Couture und Pelzen oder in den tristen Gewändern armer Arbeiter unverändert erscheinen, wurde immer wieder die Botschaft verkündet, daß eine moderne Person, besonders natürlich eine Frau, mit ihrem traditionellen Recht auf spontane Gefühlsveränderungen, sich je nach Laune oder Gelegenheit durch die Kleidung immer wieder gänzlich verändern kann, ohne ihre persönliche Identität oder Integrität zu verlieren – und vor allem ohne grundsätzliche Berücksichtigung der sozialen Umstände.

Ein postmoderner Mensch, gleich welchen Geschlechts, hat überdies gelernt, daß im Kleiderschrank einer Person nicht nur verschiedene Garderoben existieren können wie auf Kostümständern hinter der Bühne, sondern daß man sie heute kombinieren darf. Jenseits des klassischen Kinos, in der neuen Welt des Musikvideos und der schnellaufenden, sich überschneidenden, entwurzelten Kamerabilder werden alte Jeans und neuer Flitter oder heller Chiffon und schwarze Kampfstiefel nicht nur schnell hintereinander, sondern gleichzeitig getragen. Die neue Modefreiheit der letzten 25 Jahre ist als Chance begriffen worden, nicht neue Formen zu kreieren, sondern mehr oder minder skandalös mit all den robusten und soliden alten zu spielen, einen raschen Bilderstrom zu entfesseln, der eine pulsierende Flut unterschiedlichster Anspielungen trägt.

NEUERE REVOLUTIONEN

NACH DEM ERSTEN WELTKRIEG WURDE DIE REALE MACHT
massengefertigter Mode zum ersten Mal wirklich anerkannt. Erst damals wurde die Vorstellung einer »Diktatur«
der Modeschöpfer mit dem Design modischer Kleidung für
Frauen assoziiert. Die Nachkriegszeit war in eine weitere
Periode, in der sich die Geschlechterdifferenz stark in der
Kleidung ausprägte. Offen zur Schau gestellte, unbere-
chenbare sexuelle Phantasie wurde wieder ein exklusiv
weibliches Attribut. Man kehrte sowohl in der Mode als
auch im Sexualleben zu unmodernen Verhältnissen zurück,
als ob die großen befreienden und integrierenden Bewegungen der ersten drei Jahrzehnte des Jahrhunderts sich
nie ereignet hätten. Frauen wollten die Privilegien wieder
in Anspruch nehmen, die ihnen in den alten romantischen
Phantasien verliehen worden waren, und sie waren sich zu
dem Zeitpunkt nicht bewußt, welchen Preis sie dafür zah-
len mußten. Die sexuellen Schlachten schienen, wie der
Krieg, auf Dauer gewonnen; man konnte vergessen, wogegen sich der harte Kampf gerichtet hatte, und zu den
Freuden der Romantik und den Gefahren der Unwirklich-
keit zurückkehren.

Die männliche Mode wurde betont nüchtern, rigide und
bewußt zurückhaltend, während das Geschäft mit der
weiblichen Mode nun dadurch expandierte, daß die weibliche sexuelle Phantasie in die Welt der erotischen Unterwürfigkeit und des Narzißmus, der sich als Schamhaftigkeit verkleidete, zurückverlegt wurde, in die Welt der
langen Haare, die bloß hochgesteckt waren, um gelöst zu
werden, der eng in Mieder gezwängten Taillen, die auf die

Befreiung durch Männer warteten, der zahllosen Röcke, unter denen sich der Lohn verborgen hielt. Christian Dior ähnelte einem wiederauferstandenen Worth, er suggerierte den Frauen unerreichbare und ablenkende Visionen, die mit viel verborgener Disziplin und Mühe aufrechterhalten werden mußten. Auch die Hausfrau erlebte eine Renaissance, und Frauen aus der Mittelschicht wollten wieder fünf Kinder haben und ihr eigenes Brot backen, statt den Beruf der Neurochirurgin oder Senatorin anzustreben, woran sie in den dreißiger Jahren gedacht hatten.

Die Modeindustrie jedoch hatte die Elemente modischer Bekleidung irreversibel standardisiert und es daher den Konsumenten schwerer gemacht, sich selbst im neuen romantischen Stil zu präsentieren, besonders wenn man auch noch sparen mußte. Persönlicher Ausdruck in der Kleidung hatte in der Tat ernstlich an gesellschaftlicher Stellung verloren, besonders in Amerika, wo Konformität stärker denn je gefragt war. Immer mehr Frauen, die sich von modischen Trends nicht angesprochen fühlten, begannen, sich von ihnen bedroht, und von jenen, die sie kreierten, sogar direkt angegriffen zu fühlen. Feindseligkeit erhob sich speziell gegen die männlichen Designer, die durch die wiedergewonnene Macht, die man ihnen an die Hand gab, und durch die neue Publicity, die man ihnen einräumte, berühmt und reich wurden.

Während die Haute Couture immer noch für nur wenige zugänglich war, wurden seriengefertigte Moden von ihr abgeleitet, und diese standen nun jedem zur Verfügung. Aber nicht jede Frau war noch in der Lage, modische Kleidung zu ändern und neu zu arrangieren, damit sie zu ihrem Geschmack und ihrem Umfeld paßte; Frauen mußten nicht mehr nähen können, und Frauen aus der Mittelschicht hatten keine Dienstädchen mehr, die Kleidung reparieren und ändern konnten. Gewöhnliche Frauen mochten durch

das, was in den eleganten Ateliers von Paris (oder zunehmend von Mailand und New York) geschah, beeinflußt fühlen, aber nur über das, was in Geschäften als Konfektionsware angeboten wurde. Da die Alltagsmode deutlich mit ihr
in Verbindung stand, galt die Couture nun als »Diktator«
statt als ein ferner Parnaß purer Eleganz. Die Frauen begannen, sich ein bißchen hilflos zu fühlen, wenn in den Geschäften nichts angeboten wurde, das ihnen gefiel, da nur
einige ohne weiteres ihre eigenen Kleider machen oder die
Konfektionskleidung umarbeiten konnten. Wenn ein neuer
Stil, der einen alten hinwegfegte, ihr nicht besser stand,
konnte eine Frau mit Recht aus der Fassung geraten.

Am Ende wurde das Ressentiment gegen die Mode über-
mäßig politisiert, mit dem Aufstieg und der Verbreitung
des neuen Feminismus assoziiert. Die Frauenmode wurde
nicht mehr als kollektives ästhetisches Medium empfunden, das die Gefühle und Eigenschaften aller Frauen ausdrückte; vielmehr wurde sie selbst als endemisch auftre-
tende Unterdrückung gesehen, von einer kapitalistischen
und patriarchalischen Gesellschaft erzeugt, um die Frauen
insgeheim zu versklaven. Die sich wandelnde Rhetorik zur
Mode war ein Indikator dafür, daß eine neue Reform-
bewegung der Kleidung anstand, wobei eindeutig benenn-
bare Feinde besiegt werden mußten. Die Reform vollzog
sich erneut im Zusammenhang mit einer Veränderung der
Beziehungen zwischen Männern und Frauen, aber jetzt
unter Bezug auf das industrialisierte Textilgeschäft. Da die
Geschlechter offiziell bereits gleich waren, war die neue
Methode, dem romantischen Mythos zu entkommen, sie
identisch erscheinen zu lassen – natürlich dem überlegenen
männlichen Modell entsprechend.

Das expressive Material, das in diesem Kampf eingesetzt
wurde, kam aus der massengefertigten männlichen Arbeitskleidung, am auffälligsten waren die berühmten Bluejeans,

die die zweite Hälfte dieses Jahrhunderts eroberten. Diese vereinigten, zusammen mit anderen ähnlichen männlichen Kleidungsstücken wie Army- und Navy-Sachen und bestimmten Kleidungsteilen des aktiven Sports, alle Tugenden modernen Designs in seiner massenproduzierten Bestform mit einem offenkundigen Mangel an geschlechtsspezifischer Erotik und Mode. Die Tatsache, daß Jeans und militärische Arbeitskleidung ebenfalls aus Design hervorgegangen waren, genauso wie Dichtungsringe und Steckdosen, wurde außer acht gelassen. Arbeitskleidung sah aus, als wäre sie durch göttlichen Machtspruch entworfen, und sie war daher bestens geeignet, anti-modische Gefühle beider Geschlechter auszudrücken. Später wurde »Designerjeans« zu einem Begriff, der Angst und Wut auslöste, weil er deutlich machte, daß irgend jemand alles Produzierte entworfen hatte und das Design aus Profitgründen ständig modifiziert wurde.

Zur revolutionären Zeit der Alternativkultur waren Jeans nicht das einzige Element, das ins Auge fiel, aber das bei weitem beständigste und mächtigste – vor allem, weil sie noch immer Teil des großen Plans der Herrenschneiderei waren – in seiner ehrwürdigsten plebejischen Version. Wenn Frauen provozieren wollten, trugen sie Jeans – wie auch andere männliche Kleidung; und man konnte sich ihrer bedienen, um einen neuen Stil der Anti-Mode zum Ausdruck zu bringen. Auch Männer, die Anzüge verachteten, konnten Jeans tragen, so wie in den dreißiger Jahren in England dieselbe Sorte von Männern trotzig Cordhosen angezogen hatte, die einstige Uniform des englischen Arbeiters. Diese modischen Proteste brachten keine Gefahr mit sich, da man in Wirklichkeit nicht das formale Grundschema verließ und die Hosen um so mehr visuelle Kraft entfalten konnten, als sie vernünftig und real aussahen, keinesfalls verkehrt oder lächerlich.

Im Vergleich dazu überlebte die kurze Vogue männlicher Roben und Gewänder als Protest gegen konventionelle Anzüge nicht. Obwohl Elemente fremder Kulturen in die Mode eingeführt wurden – lateinamerikanische, afrikanische, orientalische und asiatische Motive wurden dem allgemeinen Vokabular des westlichen modischen Lebens wirkungsvoll hinzugefügt –, fungierten sie hauptsächlich als ornamentale Attribute, nicht als Grundformen. Hüte, Schuhe, Gürtel und Taschen oder auch Westen und Hemden für beide Geschlechter transportierten wiederholt die Geschmacksnote entschlossenen Multikulturalismus, aber die lange, umhüllende *Galabija*, die Alltagskleidung der ägyptischen Männer, hatte nur geringe Chancen, sich bei westlichen Männern, die mit der offiziellen Herrenmode unzufrieden waren, durchzusetzen. Bislang wiegen falsche sexuelle Konnotationen schwerer als richtige politische.

Frauen hatten jedoch mittlerweile über zwei Generationen nach und nach gelernt, Hosen zu tragen. Sie konnten sich nun männlicher Jeans bedienen, die ohne Konzessionen an weibliche Traditionen des Schnittes oder Verschlusses gemacht waren, und dieser Umstand wurde damals als sehr befreiend empfunden. Frauen auf Farmen und Ranches hatten Jeans schon seit langem angezogen; als sie zur städtischen Mode der Frauen wurden, sah das weniger nach spezifisch männlicher als nach unprätentiöser praktischer Bekleidung aus, derer man sich bediente, um die Idee jeglichen modischen Zwangs zu bekämpfen. Frauen trugen nun wie die Männer Jacketts zu den Jeans, auf eine Weise, die moderner und flexibler war, als es jeder noch so perfekt nachgeahmte männliche Hosenanzug es je hätte sein können, aber Frauen behielten sich das Recht vor, sie mit eleganten Blusen, ausgefeiltem Make-up und Schmuck anzuziehen. Nur der gefürchtete Rock hatte damals den

Beigeschmack von Sklaverei. Bevor der Rock zu einem optionalen Kleidungsstück wurde, hatte er eine Krise durchgemacht, während der er ausgiebig verachtet wurde, was ihm auf Dauer jedoch keinen Schaden zugefügt hat.

In den siebziger Jahren jedoch schien dann ein geschneiderter Anzug für Männer aus einem Stoff ebenso wie ein Kleid aus einem einzigen Stoff für Frauen einengend zu wirken, weil sie formell erschienen – wie ein Hochzeitskleid oder eine Paradeuniform, in jedem Fall verwiesen sie auf Zwang und Vorschrift. In einigen weniger formellen Kostümen aus einem einzigen Stoff tauchte dann bald der entgegengesetzte Look der Freiheit auf – es war der Look des Taucheranzugs, des Jumpsuits oder Trainingsanzugs, der Look des Badeanzugs oder Bademantels. Tatsächlich hatte der moderne Anzug im frühen 20. Jahrhundert, als er ein Straßenanzug wurde, dieselben Konnotationen der Freiheit wie heute der Trainingsanzug. Alle modernen Kleider hatten das – nach dem komplizierten Kleidungsstil früherer Tage.

Als die Frauen sich dann jedoch in den siebziger Jahren von neuem das Idiom der Herrenschneiderei aneigneten, gaben sie Kleider zugunsten von Einzelstücken auf: Sie stellten Röcke und Jacken aus unterschiedlichem Schnitt und Stoff zusammen, die man mit ausgewählten Blusen und Pullovern trug. Auch Hosen konnten Teil des Arrangements sein, und Frauen konnten ihr Aussehen sehr nuanciert zusammenstellen, indem sie alle Elemente gegeneinander auswechselten, geradeso wie das Männer immer hatten tun können, nur daß ihnen kein Rock zur Verfügung gestanden hatte. Kostüme aus einem Stoff waren nur ein Beispiel, und eine Zeitlang suggerierten sie nun eher Karriere-Kleidung als die körperliche Selbstbeherrschung, die Chanels Kostüme ausgedrückt hatten. Die modernere weibliche Mode bestand aus Einzelstücken, ein weiteres Abbild des ursprünglichen männlichen Vorbildes.

Ein Wort zu Pullovern. Diese waren ursprünglich auch
Teil der traditionellen männlichen Bekleidung verschiedener Kulturen – handgestrickte warme Hüllen für Schäfer,
Seeleute und Fischer, die in kalten Klimazonen im Freien
arbeiteten. Zu Anfang dieses Jahrhunderts wurden schotti-
sche Versionen der modischen englischen Sportbekleidung
für Männer angepaßt und zwischen den Kriegen vom Prin-
zen von Wales, dem späteren Herzog von Windsor, zu eleganter Kleidung erhoben. Danach wurden Pullover verfeinert und in alle informellen Bekleidungsschemata für
Herren eingegliedert, wobei sie an die Stelle von Westen
traten. Im Laufe der Zeit wurden sie von Frauen zusammen
mit geschneiderter Kleidung überhaupt übernommen und
in das klassische weibliche Repertoire eingegliedert. Das
visuelle Spektrum jedoch, dessen sich Pullover in der
modernen Damenmode erfreuten, war immer breiter als in
der Herrenmode, weil ihre gestrickte Textur der beweglichen Gestalt der modernen Frau großen Nuancenreichtum
bot – Chanel war die erste, die sie für die weibliche Mode
und nicht mehr nur für weibliche Golfkleidung verwendete. Trotzdem verwiesen sie immer auf ihre Herkunft: die
männliche Unterschicht; sie behielten immer ihre Eigenschaft bei, sich zu dehnen und eng anzuliegen, so daß sie
für Frauen immer ein wenig gewagt blieben. Diese Geschmacksnoten haben dazu beigetragen, daß sie als elegante Kleidungsstücke einen etwas perversen Beigeschmack
erhielten, was ihren Reiz nur erhöhte. Dasselbe gilt für
die Verwandtschaft des Pullovers mit warmen Winter-
strümpfen und dicker Unterwäsche.

In letzter Zeit haben Pullover für beide Geschlechter ein
neues Leben im sich ewig ausdehnenden Universum ma-
schinengestrickter Stoffe begonnen, von denen viele aus
synthetischen Fasern sind. Diese erst kürzlich entdeckte
Welt entwickelt nicht nur lebhafte, attraktive, neue Ver-

sionen der Straßenbekleidung für jedermann aus Dingen, die zuvor als langweilige Unter- oder Sportkleidung getragen wurden, sondern läßt auch neue Arten gekaufter oder selbstgestrickter Kleidungsstücke so leicht und durchscheinend oder so fest und elastisch sein, wie man es sich nur wünschen kann. Die Maschinenstrickerei erlaubte zum ersten Mal jeder Frau, sich durchsichtige Strümpfe zu kaufen. Seit damals hat sie sich zu einem der wichtigsten Bereiche kreativer Mode weiterentwickelt, die heute und in Zukunft bestimmend sein wird, da sie wirklich neue Grundformen entwickeln kann, von denen man noch nichts ahnt.

DIE EINSCHRÄNKUNG, DIE AM ENDE DIESES JAHRHUNDERTS mit weiblichen Kleidern und männlichen Anzügen assoziiert wird, schließt die Wahrnehmung einer unakzeptablen Beschränkung auf das eine oder andere Geschlecht ein – Spielereien im Bereich des Transvestismus machen sich jetzt über diese scharfe Trennung lustig. Wir haben gesehen, wie entschieden sexuelle Konventionen in der ersten Hälfte dieses Jahrhunderts aufrechterhalten worden sind, selbst dann, wenn Frauen mit maskulinen Methoden experimentierten. Damit die Kleidung eine radikalere Form der Gleichheit von Männern und Frauen ausdrücken konnte, brauchte es in jüngster Zeit mehr als Frauen, die sich einfach in Männeranzüge warfen – das riecht inzwischen zu sehr nach Unterwerfung unter die männliche Dominanz, außer man tut es klassisch kokett bloß zum Spaß. Frauen in vollkommen konventioneller männlicher Kostümierung, im Smoking oder in Anzügen mit Hemd und Krawatte, vermitteln noch immer den alten Hauch weiblicher Provokation, der seine Reize hat, aber überhaupt nichts mit tatsächlicher Geschlechtergleichheit zu tun hat. Die eigentliche Lösung scheint zu sein, daß alle sich jetzt wie Kinder anziehen.

Eine Gruppe Erwachsener im Museum oder Park sieht jetzt genau wie ein Schulausflug aus. Alle stecken in den gleichen farbenfrohen Reißverschlußjacken, Pullovern, Hosen und Hemden, wie sie Kinder tragen – diese Dinge erinnern an traditionelle Arbeitskleidung, nur in fröhlicheren Farben. Die Sitte, Kinder in derbe Hosen, Hemden und Jacken zu stecken, stammt noch aus der Zeit, als Männer und Frauen bei den meisten Gelegenheiten Anzüge und Kleider trugen, aber sie ist nicht unabhängig von der alten romantischen Sitte zu sehen, Kinder – neben den verkleinerten Versionen derber Bekleidung, einschließlich grober Sportkleidung oder dem Militär und der Marine angelehntem Sonntagsstaat – in exotische oder antike Kostüme zu stecken. Matrosenanzüge sind eines der ersten Beispiele, sie gehörten um die Jahrhundertwende zur alltäglichen Ausstattung eines kleinen Jungen, während seine Eltern elegante Erwachsenenkleidung trugen. Ein Jahrhundert zuvor konnte man kleine römische Soldaten und Piraten oder Türken sehen, und in diesem Jahrhundert kamen Miniatur-Holzfäller und Eisenbahner dazu. Mittlerweile jedoch wirken Kinder in robusten Spielkleidern eher aufgeklärt als romantisch; es scheint zu ihrem Besten zu sein und nicht ein Beitrag zum Amüsement der Eltern.

Die einfarbigen Jumpsuits und Jogginganzüge für Erwachsene, zusammen mit kleinen Gymnastikshorts und T-Shirts in leuchtenden Farben, erinnern heute an die Strampel- und Spielanzüge, die früher von Kleinkindern beiderlei Geschlechts getragen wurden. Sie sind Kostüme, die den Beigeschmack von absoluter Körperfreiheit vermitteln und keinerlei Verantwortung außer für das eigene Ich tragen, wobei es nicht nötig ist, der ursprünglichen Funktion des Kleidungsstücks zu entsprechen. Überdies sieht die gesamte Spannweite historischer-plus-theatralischer Kostümierung, die in die Mainstream-Mode eingedrungen ist, wie

eine Erwachsenen-Übernahme der früheren Privilegien
sorgloser Kinder aus. Es war diese Freiheit von Verantwortung, die Eltern betonten, wenn sie ihren Kindern
Sachen anzogen, die in ihrer ursprüglichen Form höchst
bedrohlich waren, die aber offensichtlich harmloses Spiel
bedeuteten, wenn sie von Unschuldslämmern unter zehn
getragen wurden.

Derartige Kleidung bedeutet zugleich auch Freiheit von
der Bürde erwachsener Sexualität. Und genau das scheint
das grundlegende Thema der Tendenz zu sein, daß Männer
und Frauen sich genau gleiche Sandkasten- oder Spiel-
kleider anziehen. Seit der Mitte dieses Jahrhunderts sind
kleine Jungen und Mädchen in identische männliche
Spielkleidung gesteckt worden, in einem Alter, in dem ihre
Kleidung die Geschlechter nicht differenzieren muß, weil
sie nicht nach dieser Differenz handeln und denken sollen.
Männer und Frauen in Kleinkinderkleidung scheinen behaupten zu wollen, daß die Strategien des Liebesspiels
ihnen nie in den Sinn kommen; Sex muß sie unerwartet
überfallen. Zugleich kann ein umgekehrter Stil der Roman-
tisierung von Kindern gelegentlich dazu führen, daß eine
Mutter in Jeans, Stiefeln und Windjacke Hand in Hand mit
einem kleinen Mädchen geht, das ein puffärmeliges Samt-
kleid mit Spitzenkragen und zierlichen Lacklederschuhen
trägt. Meistens ist jedoch die ganze Freizeitfamilie, von der
Großmutter bis zum Dreijährigen, genau gleich angezogen,
ständig bereit, sich auf die Schaukel zu setzen.

Frauen haben sich die Freiheit genommen, sich in die
Kleider von männlichen Piraten und Paschas oder Kava-
lieren der Restaurationszeit und romantischen Duellanten
oder ins Leder westlicher Banditen zu werfen. Der parodistische Beigeschmack hat jedoch die Tendenz, sie wie
Kinder aussehen zu lassen, die in harmlosen Versionen wil-
der Ausstaffierungen stecken – es sind immer männliche,

da diese die besten Entwürfe waren und den meisten Spaß machten. Eine unbedrohliche, aber der Unterschicht zugehörige ethnische und historische Aufmachung, die einst von Frauen getragen wurde, die ein sehr hartes Leben führten, kann einen Teil des Repertoires bilden – Zigeunerinnen und Bauernmädchen tauchten in der Frauenmode immer wieder auf, und sie lieferten auch die bevorzugten Kostüme für kleine Mädchen.

Aber abgesehen von der Beschwörung von Kinderspielen betont die parodistische Note eines Großteils der gewöhnlichen Mode auch die Art, in der Formen überleben und wiederbelebt werden, die Fähigkeit, auch dann noch zufriedenzustellen, wenn das meiste ihrer tatsächlichen historischen Bedeutung bewußt nicht mehr gefragt oder vergessen ist. Es wird deutlich, daß die Mode genau wie die Sprache in der Poesie dieses freie Spiel der Form und seiner vielen Anspielungen nur in den Dienst der Bekleidungskunst stellt und nie dem einfachen Ziel direkter Kommunikation überläßt.

Heute

INFORMALITÄTEN

EIN MANN, DER VOR ANZÜGEN AUSREISST UND JEANS
und ein T-Shirt anzieht, trägt immer noch vollkommen herkömmliche Kleidungsstücke, die zum Teil
aus konventioneller Unterwäsche bestehen; er rekurriert
auf eine andere alte Tradition modischer Revolution, die das
Unsichtbare an die Oberfläche bringt. Bei Frauen finden wir
jetzt das gleiche mit Büstenhaltern und Hüftgürteln, nachdem schon viel früher Petticoats, Peignoirs, Unterwäsche,
Unterhemden und Schlüpfer aus dem Unsichtbaren hervor-
geholt worden waren. All dies sind Szenen des unterneh-
mungslustigen weiblichen Dramas der Entblößung; männliche Unterwäsche nimmt sich davon in gewisser Hinsicht
aus. T-Shirts gehen auf männliche Unterhemden zurück,
wie in grauer Vorzeit alle Hemden. In bestimmten Zusam-
menhängen sind Hemdsärmel bei Männern noch immer
gesellschaftlich verboten, ein Überrest aus den alten Tagen,
in denen das Hemd als Unterkleid fungierte. T-Shirts waren
noch stärker mit Verbotenem konnotiert, da sie ursprünglich *unter* Oberhemden getragen worden waren, als noch
intimere schützende Schicht.

Innerhalb der Männermode galt die provozierende Entblößung nie als Teil eines formalen Musters. Hemden – einst
unsichtbar unter den mittelalterlichen Wämsern – wurden
kurz nach ihrem Erscheinen zu eleganten Statussymbolen,
die nichts Erotisches an sich hatten. Die wichtigen Teile, die
zu sehen waren – Kragen, Manschetten und der obere Teil

des Hemdes –, wurden in die imposante äußere Komposition, unter der die Haut verborgen war, einbezogen, der Rest jedoch blieb versteckt – als Unterwäsche, die in der Öffentlichkeit als erniedrigend galt. Traditionellerweise ist ein Mann in bloßer Unterwäsche würdelos und lächerlich oder verletzlich und vielleicht sogar ein Opfer: Symbolisch scheint er nackt und hat nicht das Verlockende des Halbausgezogenen.

Dennoch kennen wir ihn halb ausgezogen, in Hosen und ohne Jacke, ein attraktives Bild unbefangener Bereitschaft zur Arbeit oder zum Spiel, tatkräftig bis auf seine zweite Haut ausgezogen, die den ehrlichen Schweiß seiner sportlichen Betätigung oder seiner Arbeit aufzusaugen bereit ist. Mit offenem Hemdkragen und aufgekrempelten Ärmeln kann er tatsächlich auf sehr erotische Weise entblößt sein, aber dieser Effekt wirkt – anders als das weibliche Dekolleté – nur dann, wenn keine Absicht dahinter verborgen ist. Ein Mann kann daher in gewöhnlichen Hemdsärmeln und Hosen attraktiv unangezogen sein, und in einem T-Shirt, der Unter-Unterwäsche, verstärkt sich der Effekt noch. Eine nackte Verletzlichkeit lauert immer noch unter der tatkräftigen Bereitschaft. Diese Kombination bietet einen besonderen Reiz.

Es verwundert daher nicht, daß sich T-Shirts neben Jeans im letzten Drittel dieses Jahrhunderts über die ganze Welt verbreitet und alle Geschlechter, Schichten und Nationen in eine universelle gemeinsame Nacktheit einbezogen haben. Auf dieser ungekünstelten Haut wird häufig ein Emblem angebracht, in Buchstaben oder auch nicht, etwas, das der Person wie eine zeitweilige Tätowierung anhaftet, die bloße Kleidung transzendiert. T-Shirts waren am Anfang hauteng, aber es ist klar, daß sie den Träger sogar noch nackter aussehen lassen, wenn sie locker sitzen, und die Erhebungen und Vertiefungen des Brustkorbs sich dem Auge nicht aufdrän-

gen. Eine derartige Befreiung von der Paßform steigert nur
die Vorstellung, daß der Träger in Wirklichkeit überhaupt
nicht angezogen ist, er ist nichts anderes als ein herumspa-
zierender nackter Körper, der lässig die Botschaft auf seiner
Brust aufblitzen läßt.

Weil arme Jugendliche in den Städten ebenfalls das ursprüngliche Jeans-T-Shirt-Kostüm trugen, behielt es —
gleichzeitig an ehrliche Arbeit erinnernd — den modischen
Look jugendlicher Gesetzlosigkeit. In den sechziger Jahren
wurde es zum neuen *Sansculotten*-Kostüm, zur angstein-
flößenden Kleidung der unruhigen Massen in den Städten.
Wie das Original setzte es sich bleibend durch und entwickelte großen Variantenreichtum in allen sozialen Gruppen.

T-Shirts und Jeans behalten ihre modische subversive
Autorität, ihre Fähigkeit, unter allen angebotenen Moden
eine der wichtigsten zu sein und stets neu auszusehen, vor
allem, weil ihre Form alt und vertraut ist, aber auch, weil
sie immer auf den nackten Mann anspielen. Wenn Frauen
Jeans tragen, verweisen sie immer noch auf den »Nackten
Menschen«, das universelle menschliche Wesen, das in
neutrale Blöße gekleidet ist, um zu signalisieren, daß Sex
im Augenblick nicht angesagt ist.

Wir leben in gewalttätigen Zeiten, und der gewalttätige
Unterton des Lebens ist in jedem modischen Bewußtsein
sichtbar. Die alltägliche Kleidung tendierte in letzter Zeit
dazu, das aufgeklärte moderne Aussehen, das physische
Sicherheit voraussetzte, zugunsten einer angedeuteten Bereitschaft, physischen Herausforderungen oder Gefahren zu
begegnen, zu unterdrücken. Rüstungsähnliche Kleider
sind, wie schon gesagt, wieder attraktiv. Eine bestimmte
Version derber Kleidung scheint zur Atmosphäre zu passen,
selbst unter den friedlichsten Umständen. Für einen Teil des
Publikums sind die eleganten Formalitäten des modernen

klassizistischen Kostüms, die Charakteristika ordentlicher Anzüge und gutsitzender Kleider, in letzter Zeit mit den Regeln professionellen Auftretens in der Öffentlichkeit und daher mit Zwang assoziiert. Und das zieht weitere Assoziationen von Langeweile und risikoloser körperlicher Wohlanständigkeit nach sich – Assoziationen, die man früher als zivilisiertes erwachsenes Verhalten bewunderte und die jetzt aus der Perspektive einer rebellischen Jugend betrachtet werden. Der alte aufgeklärte Beigeschmack gleicher und dennoch unterschiedlicher männlicher und weiblicher sexueller Verantwortung bleibt der Kleidung erhalten, aber derartige Konnotationen haben für die Freizeitbekleidung ihre Glaubwürdigkeit verloren.

In einer allgemeinen gesellschaftlichen Atmosphäre, die stur als »informell« bezeichnet wird, bedeutet soziale Sicherheit gewöhnlich, daß traditionell sichere Kleidung abgelehnt wird. Sich fein anzuziehen ist riskanter, als sich lässig anzuziehen, zu großer Respekt für einen bestimmten Anlaß wird für schlimmer gehalten als zu geringer. Die Dinge haben sich verschoben, so daß viele Menschen zur Arbeit elegante Kleidung tragen und Arbeitskleidung in der Freizeit – außer es handelt sich um die wilden und reißerischen Attribute, die auf eine Gefahr anderer Art verweisen, um den »Dressed-to-kill«-Effekt. Aber die reale Existenz klassischer Kleidung scheint von der Rhetorik der Zwanglosigkeit nicht bedroht, lediglich ein Teil ihrer ursprünglichen Bedeutung und ein Teil ihrer früheren Verwendungsarten. Selbstporträts moderner Maler, wie etwa Matisse, zeigen den Künstler an seiner Staffelei in Anzug und Krawatte – der Künstler als gewöhnlicher Mann, genau wie alle anderen. In letzter Zeit malen Künstler sich in Sport- oder Arbeitskleidung, um den Künstler beim Spiel als Arbeiter zu zeigen, genau wie alle anderen, oder vielleicht bei der Arbeit als Spieler oder tatsächlich als ewiges Kind.

Jetzt, wo erwünscht ist, daß Kleidung einen Hauch von Bedrohung oder erwartetem körperlichem Risiko vermittelt, bekommen Radlerjacken, Windjacken, Seemannsjacken, Sweatshirts, Arbeitshemden, Basketball-Shorts, Seemannshosen, Overalls und alle dazu gehörenden Schuhe und Mützen ein Element ernsthafter Eleganz – elegant erscheint die ganze Formensprache männlicher Kleidung, die entworfen ist, um bei physischer Anstrengung getragen zu werden oder um zu schützen, Kleidungsstücke, derer sich jetzt beide Geschlechter in der Freizeit bedienen. Feine Wolle in gedämpften Farben, weiches Leder, sogar Seide, Samt und Leinen können jetzt – neben den vielen Spielarten von derber Baumwolle und synthetischen Fasern – für derartige Kleidungsstücke verwendet werden. Das moderne ästhetische Interesse an Schnitt, Farbe und integriertem Aufputz kann ihnen eine klassische moderne Schönheit verleihen, die durchaus neben den vielen groben und unschönen Spielarten der gleichen Sache bestehen kann. Viele Leute tragen selbstverständlich diese Kleider noch im Sinne ihres ursprünglichen Zwecks.

Obwohl die Funktion derber Sport- und Arbeitskleidung ursprünglich darin bestand zu schützen, werden heute Lässigkeit, Bequemlichkeit und Freiheit an ihr geschätzt, besonders von all denjenigen, die tagtäglich Anzüge bei der Arbeit tragen. Man sieht sie – in direktem Gegensatz zu ihren Ursprüngen – dezidiert als Freizeitkleidung. Männer und Frauen aus der Mittelschicht tragen sie bislang nicht im Büro oder zu Hochzeiten oder vor Gericht, wo die erwachsenen Versionen der Eleganz noch immer das Bild beherrschen und die Frauen noch immer ihren eigenen Stil verwirklichen. Selbst in informellen Mußestunden kann jedoch die weibliche Ausdrucksform, konservativ wie stets, die alten Formen der Prachtentfaltung annehmen – Flitter, Entblößung, Einzwängung, Verzierung –, so daß ein Mann

Helmut Newton: *Modefotografie, Anzug von Yves Saint Laurent.*
September 1975.

Lara Rossignol:
Modefotografie,
Anzug von
Rhonda Harness.
November 1986.

Sexuelle Zweideutigkeit und erotisches Risiko sind in einer zunehmend gewalttätigen Epoche zu beherrschenden Themen der Modefotografie geworden. Die beiden Frauen auf der bedrohlichen nächtlichen Straße stellen sich auf entgegengesetzte Weise sexuell zur Schau, wobei die eine dafür ihre Nacktheit mit Hut und hohen Absätzen verwendet, die andere einen klar gegliederten Anzug, der darunter männliche Nacktheit sugge-riert. Das Paar scheint gut zueinander zu passen, aber der Fotograf deutet an, daß der Anzug die Option mit mehr Sexappeal ist. Der Mann und die Frau, die sich umarmen, haben eine zweideutigere Beziehung – er ist nackt wie ein sich anklammerndes Baby, sie ist unangemessen gekleidet, um zu herrschen und zu entfliehen; oder er ist Tarzan im Dschungel, und sie ist angemessen gekleidet, um von einer überlegenen Kraft angegriffen und fortgeschleppt zu werden.

in Cordhosen und Lederjacke entweder von einer paillettenbesetzten, dekolletierten Frau mit spektakulär aufge-
türmtem Haar begleitet sein kann oder von einer Frau, die
schlicht mit ähnlichen Hosen und einer Lederjacke bekleidet ist. In manchen Milieus können natürlich sowohl die
hosentragenden wie die paillettenbesetzten Begleiter ebenfalls Männer sein.

Wenn die Mode nicht von ihrem üblichen Kurs abweicht,
könnte man erwarten, daß in sehr ferner Zukunft Bom-
berjacken und Arbeitshosen in die konventionelle formelle
Bekleidung beider Geschlechter eingehen und so ein neues
praktisches, androgynes Standardkostüm für Erwachsene
entsteht, das unmerklich aus der unschuldigen Kinderkleidung hervorgehen wird. Eine Frau im Smoking vermittelt
noch immer den Hauch von Provokation und erscheint
nicht konventionell formell; aber eine Frau in einer Reiß-
verschlußjacke und Hosen sieht bereits nach dem Maßstab
purer Eleganz klassisch modern aus, wenn die Kleidungsstücke ästhetischen Regeln gehorchen. In ferner Zukunft
könnten sich die Menschen im Plenarsaal des Senats genauso wie jetzt im Museum, im Café oder beim Ballspiel geben,
nur etwas glatter, zurückgenommener und geläuterter.
Genau wie im Falle des Straßenanzugs wäre eine solche
Entwicklung noch immer keine Erneuerung der Form, da
die Grundmuster für jene Arbeitsjacken und Arbeitshosen,
genau wie für Jeans und T-Shirts, bereits seit mehr als
einem Jahrhundert vorhanden sind.

Neu wäre es, wenn *beide Geschlechter* sie ganz normal als
formelle Berufskleidung betrachteten. Die Kleidungsstücke
sind natürlich alle gänzlich männlich; wenn alle Männer
und Frauen sie vor Gericht, im Aufsichtsrat und am Konfe-
renztisch trügen, würde das bedeuten, daß traditionell
weibliche Effekte ausschließlich in Mußestunden entstehen
könnten. Und dann würden sowohl Männer als auch Frauen

ohne Zweifel sich all der Möglichkeiten von Röcken, langen
Gewändern, Schleiern, Roben, Haremshosen, Kosmetik,
Pailletten, Federn, hohen Absätzen, modelliertem Haar,
Spielarten des Dekolletés und so weiter bedienen, würden
sich freizügig all die verfügbaren Stile anderer Kulturen
und die unendlichen Ressourcen der Geschichte aneignen.
Auf einer Party könnte es dann so aussehen, wie man sich
in der Phantasie das byzantinische Reich oder den Hof
von Aschurbanipal vorstellt – nur daß alle Kellner und
Kellnerinnen moderne dreiteilige Anzüge trügen.

Aber bisher schreiten die Dinge nur so langsam wie gehabt voran. Jeans und andere Formen massengefertigter
Arbeitshosen können, wie wir gesehen haben, mit konventionellen Jacketts getragen werden. Diese Mode, die Stu-
denten der amerikanischen Eliteuniversitäten in den fünfziger Jahren aufbrachten, stellte tatsächlich eine Rückkehr
zum frühen modernen männlichen Vorbild dar, das für
einen Anzug verschiedene Stoffe verwendete, wobei der
plebejischste für die Hosen genommen wurde. Ein »Sport-
sakko« mit eleganten Hosen aus anderem Stoff zu tragen ist
eine ältere Variante, von der konventionelle moderne Männer meinen, sie sei ein absolut informelles Kostüm, beleidi-
gend lässig für bestimmte Anlässe und etwas völlig anderes
als ein »Anzug«, selbst wenn das Design, der Schnitt und
die Paßform identisch mit denen eines Anzugs aus einem
Stoff sind und dieser Aufzug weder bequem ist noch so
scheint. Es handelt sich tatsächlich um einen Anzug, der nur
durch die Konvention informell ist – ein Anzug, der auf die
revolutionären Anfänge des Anzugs zurückgeht. Eine weitere wichtige Variante ist der Blazer mit Flanellhosen, der
formeller ist, weil er an seine ursprüngliche Konnotation der
Oberschicht erinnert, an Marine und Jachtclub. Dieses Modell wird noch direkter mit dem klassizistischen Vorbild
assoziiert.

Wir können sehen, daß der heutige formelle Anzug, der
früher als informeller Straßenanzug bekannt war und als
solcher betrachtet wurde, mit seinem Beigeschmack von Bequemlichkeit und Zugänglichkeit den früheren Gehrock,
der symbolisch für einengende Rechtschaffenheit stand,
ersetzt hat. Folglich nahm das Kostüm aus Jackett und Jeans
das Aussehen der symbolischen gesellschaftlichen Lax-
heit an, das der Straßenanzug einst gehabt hat, was nicht
weiter verwundert, wenn wir uns die subversive Bedeutung vergegenwärtigen, die ein Kostüm aus verschiedenen
Stoffen – verborgen unter der Oberfläche seiner geglättet
formalisierten Spielarten – immer schon transportierte. Den
Anzug durch Jeans oder andere modische Hosen zu spren-
gen, ist im ursprünglichen Sinne modern. Wir werden
sehen, ob elegante Standardanzüge unter kontinuierlichem
sozialem Druck langsam zu Fossilien werden und zunächst
bei offiziellen Anlässen von Jacken und Hosen aus verschie-
denem Stoff ersetzt werden, was einen weiteren revolutionären Schritt zurück in die Vergangenheit bedeuten würde.

GESCHLECHTER

ES IST KLAR, DASS DIE MODERNISIERUNG DER FRAUEN-
kleidung bedeutet hat, Männerkleidung auf die eine oder
andere Weise, direkt oder indirekt, zu kopieren. Deutlich
ist aber auch, daß viele Männer im letzten Drittel dieses
Jahrhunderts sich liebend gerne des früher weiblichen
Spiels der vielfältigen, expressiven Verkleidung bedienen.
Im Kleiderschrank eines Mannes bildet die neue, farben-
frohe Freizeitversion aktiver Kleidung einen scharfen Kontrast zu gutgeschnittenen Büroanzügen und formaler sport-

licher Kleidung wie etwa Tweedjacketts; klassische Hemden liegen neben auffälligen Sweatshirts, und alles kann
in ein und demselben urbanen Milieu getragen werden.
Wir sind jetzt Zuschauer des kuriosen Spektakels, daß ein
Mann, der es sich in seiner Stadtwohnung fünfzehn Stock-
werke über einer Straße gemütlich gemacht hat, in einem
warmen Zimmer mit zerbrechlichen Antiquitäten und per-
sischen Teppichen sitzt, Wein schlürft und Trollope liest
und dabei ein Kostüm trägt, das dafür gedacht war, auf der
Weide Vieh einzufangen oder in den nördlichen Wäldern
Holz zu sägen. Einst erzielten nur Frauen und Kinder vergleichbare visuelle Effekte.

Abgesehen von solchen Kuriositäten hat die neue Freiheit
der Männer eine angenehme Fülle an Vielfalt hervorgebracht, die der modernen weiblichen gleicht, wenn sie auch
nicht gänzlich die gleiche und noch immer nicht ganz so
breit gefächert ist. Handtaschen, Halsketten und Ohrringe
sind jedoch für Männer nicht mehr tabu, genauso wie fast
alle Teile der Männerbekleidung seit langem den Frauen
offenstehen. Man darf sie als Verkleidung tragen, wenn sie
nicht praktisch oder elegant sind. Beide Geschlechter spielen heute Bäumchen-Wechsel-Dich, weil zum ersten Mal seit
Jahrhunderten Männer Kleidersitten von Frauen übernehmen statt umgekehrt.

Einige dieser Bekleidungsformen, die Männer nun übernehmen, sind allerdings männliche Attribute, die sie vor
langer Zeit aufgegeben haben und die Frauen sich dann zu
eigen machten. Handtaschen und Ohrringe, langes Haar und
Schals in leuchtenden Farben, phantasievolle Hüte und
Schuhe können problemlos als männliche Sitten regeneriert
werden, da sie im Westen als sehr alte und beständige
männliche Traditionen im verborgenen weiterlebten. Es ist
jedoch wenig wahrscheinlich, daß alte westliche weibliche
Effekte – voluminöse Röcke, kreative Ausschnitte an Brust,

Rücken und Armen, Hauben oder Schleier – in nächster Zeit
von gewöhnlichen westlichen Männern aufgegriffen werden. Die Männer haben von den Frauen nur wieder gelernt,
wie man sich unterschiedlich und vielfältig, dekorativ und
farbenfroh kleiden kann, und sie haben ihr Haar wiederentdeckt. Das ältere weibliche symbolische Material bleibt jedoch nach wie vor weitgehend tabuisiert.

Die Übernahme von Männerkleidern durch Frauen ande-
rerseits, die in der Vergangenheit immer eine partielle Angelegenheit und ein fester Bestandteil femininer erotischer
Tradition war, hat sich in letzter Zeit festgesetzt, und die
Gesellschaft hat dies gründlich verinnerlicht. Hosen und
Anzüge und kurze Haare gelten heute als völlig weiblich,
und Frauen, die sie tragen, wirken nicht mehr männlich.
Frauen können Männer nicht mehr speziell deswegen nachahmen, um ernstgenommen zu werden, denn männliche
Kleidung ist ebenfalls bereits weiblich. Aber daraus folgt,
daß heutzutage die männliche Kleidung – selbst wenn
Männer sie tragen – eine nicht mehr so einzigartig männliche Bedeutung hat, und daher können sie getrost neue
Versatzstücke übernehmen, die früher feminin genannt
wurden. In der zweiten Hälfte dieses Jahrhunderts haben
sich Frauen endgültig das gesamte männliche Beklei-
dungsrepertoire angeeignet, es ihren Bedürfnissen unter-
geordnet und es für die Männer mit enormen neuen Möglichkeiten aufgeladen.

Selbst konventionelle Männer, an denen keine langen
Haare oder Ohrringe zu sehen sind, tragen leuchtende Hemden, Pullover, Socken, Hüte und Schals in auffallenden Formen und Farben, die man zuvor nur an Frauen gesehen hat.
Viele modische elegante Hosen, Jacken und Westen für
Männer scheren sich nicht mehr um ihre Traditionen und
werden sehr viel expressiver, um auch den Frauen zu gefallen. Noch vor kurzem waren Hosen modisch, die ein biß-

chen von der Unterhose sehen ließen und von den Hüften
zu fallen schienen – eine Anspielung auf das weibliche Vokabular der Entblößung, das es zuvor nicht gegeben hatte.
Die männliche Straßenmode, die sich aus ganz Unterschiedlichem speist, hat endlich eine Wirkung auf Männer der
Mittelschicht, wie sie sie einst nur auf Frauen hatte.
Phantasie und Spaß scheinen durch weiblichen Einfluß wieder in die männliche Kleidung eingedrungen zu sein – das
heißt durch eine neue Anerkennung und Wahrnehmung
weiblicher Realität, die diesen Einfluß nun zuläßt.

Die Qualität der Veränderlichkeit des äußeren Designs,
die zwei Jahrhunderte mit weiblichen Kleidungsgewohn-
heiten assoziiert wurde, braucht neben der Attraktivität
nun nicht mehr Schwäche und Ausgefallenheit zu repräsentieren, und Männer brauchen sie nicht mehr zu fürchten. Man schaut anders auf die alten prunkenden Einfälle,
in die sich einst vor der modernen Ära männliche Kraft
kleidete, zum Teil deshalb, weil leuchtende Farben, auffällige Haartrachten, Flitter und hautenge Paßform Attribute
der großen Gegenwartshelden des Sports und Showge-
schäfts sind, die gigantische Honorare erhalten und globale
Aufmerksamkeit auf sich ziehen. Männliche sexuelle
Potenz ist in der postmodernen Welt nicht mehr an jene
nüchternen Vorstellungen von Männlichkeit gebunden, die
sich im 19. Jahrhundert verfestigt hatten und jeden Phantasiereichtum in der Kleidung dadurch diskreditierten, daß
sie ihn feminin nannten.

Männer können ihre Haare – jetzt, wo jeder ihre uralte
männliche Autorität anerkannt hat – ganz unterschiedlich
tragen, und Frauen haben natürlich nichts von ihrer modernen Freiheit, in der Öffentlichkeit damit zu spielen, aufgegeben. Haare haben stärkere Gefühle als irgend etwas sonst
in der Geschichte der Kleidung provoziert, da sie immer
zugleich Teil der Kleidung und des Körpers sind, zugleich

intim und äußerst sichtbar, wenn der Kopf unbedeckt bleibt. Der äußere Anschein des Haares kann offensichtlich heftige Qualen und Freuden verursachen, sowohl bei den Besitzern wie bei denen, die es anschauen, und es ist leicht nachvollziehbar, warum einige Traditionen darauf bestanden, daß Frauen ihr Haar verbergen. Haar eignet sich dafür, jede Art von Rebellion auszudrücken; es abzuschneiden, kann aggressiv oder resigniert sein, es wachsen zu lassen, kann den gleichen Effekt haben. Meinungen und Vorschriften zum Thema Haare von Männern und Frauen werden unablässig zum Besten gegeben, und das Aussehen der Haare wird immer kommentiert. Bei den Männern waren die Bärte immer Teil der allgemeinen Aufregung über Haare. Die Männer spielten stets mit Bärten, Koteletten und Schnurrbärten. Man sollte jedoch nicht vergessen, daß in diesem Jahrhundert, in dem die Frauen mit Aufwand ihre Gesichter bemalen, die meisten Männer genauso sorgfältig darauf achten, das kosmetische Ritual des Rasierens einzuhalten. Beide dienen dem wesentlich *bildhaften* Ideal des vollständig bekleideten Körpers, das das Gesicht in die Komposition einbeziehen muß.

Heutzutage, wo alles gegen alles ausgetauscht werden kann, können Frauen ihre Haare sehr kurz oder Männer ihre Haare sehr lang tragen und sehen damit nicht transsexuell, sondern bloß auffallend aus. Männer tragen nicht nur langes Haar, sie binden es auch zusammen, und zwar mit den dekorativen Clips und den stoffverkleideten Elastikbändern, die früher nur Frauen verwendeten – aber es fällt auf, daß sie normalerweise keine Haarreifen à la Alice im Wunderland tragen, die aus Hauben und Schleiern entstanden sind und einstweilen wohl eindeutig feminin bleiben. Stirnbänder sind im Gegensatz dazu Unisex-Symbole. Beide Geschlechter rasieren sich die Köpfe, färben ihre Haare lila oder tragen Dreadlocks; jeder kann im androgynen kind-

lichen Geist getrost die Frisuren imitieren, die mit außer-
irdischen Phantasien assoziiert sind oder jeglichen Kopfputz anderer Kulturen übernehmen. Neu in Mode gekommen – in neueren Filmen an starken und mutigen Männern
zu sehen – ist ein klassischer Herrenanzug mit Krawatte und
dazu ein Pferdeschwanz oder langes lockiges Haar, was einst
nur für junge Mädchen gedacht war. Selbst im Rahmen der
neuen männlichen Freiheiten hat der Anzug nichts an
Einfluß eingebüßt, vielleicht weil auch er das Eigentum von
Mädchen geworden ist.

In letzter Zeit ist das bewußt androgyne Aussehen öffentlich stark von angebeteten Pop-Sängern vertreten worden,
wobei offensichtlich die uralte Vorstellung bestätigt wird,
daß die sexuelle Lust komplexer sein kann, wenn beide
Geschlechter ihre erotischen Affinitäten anerkennen dürfen
und sich nicht strikt getrennt halten. Die Welt hat darüber
hinaus gelernt, daß homosexuelle Männer und Frauen ebenso variantenreiche Stile in der Kleidung haben wie alle anderen freien Bürger. Aus diesem Grund können nun auch
heterosexuelle Männer und Frauen sich neue Moden aus
alten Zeichen zusammenstellen, die einst engstirnig als ho-
mosexuell denunziert wurden, Moden, die heute nur noch
durch Sympathie und Ironie auf solche früheren Assoziationen verweisen, und die wir zu verwenden gelernt haben.

ENTHÜLLUNGEN

DIE BERÜHMTE »ENTHÜLLENDE« QUALITÄT DER MODE
wird heute viel diskutiert. Das Gefühl der Menschen, daß
ihre Kleidung ihre Geheimnisse verrät, kommt aus dem
Wissen, daß jede Wahl im Rahmen der signifikanten Alter-

nativen der modernen Bekleidung nicht völlig der bewußten Kontrolle unterliegt. Besonders im modernen Amerika, wo Grenzen zwischen sozialen Gruppen eine um so
größere Rolle spielten, weil sie ständig im Fluß waren, war
das Unbehagen darüber, was Kleidung ausdrücken kann,
immer stark. Unser besessener Drang, immer besser zu werden, unbefriedigende Bedingungen, Anfänge und Neuan-
fänge aller Arten zu überwinden, brachte eine ständige
Suche nach Regeln mit sich und hat in Amerika eine Art
Mode hervorgebracht, die zu äußerster Konformität führen
kann, welche anscheinend aus schierer Angst entsteht. Ein
solider Glaube daran, daß äußere Zeichen ein unsicheres Ich
verbergen können, begann sich auszubreiten wie ein ängst-
licher Rückzug auf die primitiven Bedingungen isolierter
Stammeskulturen.

Herstellung und Vermarktung bedienen offensichtlich die
Furcht vor individueller Entblößung. Die charakteristi-
schen Zeichen der Hersteller und Designer erscheinen auffällig an Kleidungsstücken und Zubehör, und komplette Zu-
sammenstellungen modischer Bekleidung, die auf bewußte
Zustimmung zu spezifischen modischen Geschmacksrich-
tungen oder Ideen verweisen, können bis hinunter zu kleinen Details übernommen werden. Auf diese Weise können
individuelle Geheimnisse vor der Enthüllung sicher scheinen, besonders der individuelle Mangel an Mut und ästhe-
tischem Selbstvertrauen. Jeder haßt es, wie ein Narr auszusehen, aber besonders, wenn er wie der einzige Narr
aussieht, ein Idiot, der in einer privaten Welt lebt, hoffnungslos isoliert – ein Gefühl, das viele Menschen wirklich
von sich selbst haben. Dieses Gefühl scheint bei den
Jugendlichen am stärksten, für die richtig – das heißt wie
alle anderen – auszusehen der intensivste Antrieb der Mode
ist. In den Gymnasien und Colleges ist es sozial gefährlich,
persönlichen Phantasievorstellungen sichtbar nachzuge-

ben; daher sehen ganze Aufgebote von Schülern bis zu den
Haarspangen und Gürtelschnallen hemmungslos austausch-
bar aus; sie wetteifern nur um die winzige Variation, die der
vorherrschenden Gleichheit individuellen Schick hinzu-
fügt, und auch diese muß stimmen.

Erwachsene fürchten sich noch lange, nachdem sie die
Schule verlassen haben, wie Narren auszusehen. Sie können
sich durch die Mode in ein vorgegebenes Muster verwandeln. Damit werden sie deutlich erkennbar an einer allgemein angestrebten bekannten Narrheit beteiligt – sie werden Angehörige eines bestehenden Stammes. Dem Bedürfnis, persönlich akzeptiert zu werden, wird mit einer Fülle
akzeptabler persönlicher Verkleidungen begegnet: Wenn
man sich einer gänzlich anheimgibt, wird keiner das echte
Ich durchschauen. Du wirst eine Uniform angezogen oder
zum Schleier gegriffen haben; der ehrbare Mantel der von
dir gewählten Gruppe wird dich vor der Lächerlichkeit
beschützen.

Es ist eindeutig, daß »Uniformen«, die heutzutage in so
vieler Rhetorik über Kleidung so heftig verachtet werden,
tatsächlich das sind, was die meisten Menschen am liebsten
tragen – Kleidungsstücke, in denen sie sich ihren Mitmen-
schen, ohne Gefahr zu laufen, ähnlich fühlen. Wenn sie
erst einmal in der Uniform stecken, können sie ihre persönlichen Details auswählen, sich einzigartig fühlen und dann
die Angehörigen anderer Stämme verhöhnen, die in ihrer
Stammeskleidung alle lächerlich gleich aussehen. In den
letzten beiden Jahrhunderten haben Männer sich viel mehr
als Frauen davor gefürchtet, wie Narren auszusehen. Dies
war der Grund, warum die Kleider des männlichen
Stammes eine stärkere Uniformität aufwiesen als die des
weiblichen. Und dies war der Grund für die Frauen, nei-
disch zu sein – und sie verhöhnten es.

Ein tiefer Reiz der Mode liegt darin, daß man durch sie

wie alle anderen aussehen kann, wie die alten Stämme – aber zugleich kann man durchaus unter den Stämmen wählen. Darüber hinaus lädt die Mode auf das angenehmste zu riskanter Hingabe an private Phantasien ein, mit einer Fülle von Variationen und Details, die im Kontext der vollständigen und vielleicht verwirrenden und trügerischen Wahlfreiheit angeboten werden. In gewisser Weise läßt die Mode viele Menschen bemerkenswert gleich aussehen; auf andere Weise gestattet die Mode es jedem, aufregend einzigartig auszusehen. Schuld und Furcht angesichts dieser schwierigen Kombination scheinen nie enden zu wollen; sie sind eine Verantwortung.

Wenn man tatsächlich das findet und auswählt, was der eigenen privatesten Vorliebe entspricht, wird man sich natürlich »enthüllen«. Ohne genaue Betrachtung oder Interpretation wird deutlich, welche Obsessionen man für Farben, Formen und Schmuckstile hat, von welchen Dingen man unendliche Versionen sucht – in summa alles das, was man verbergen möchte, die Dinge, die selbst ohne bewußten Wunsch zu dem Bild beitragen, dem man unbewußt ähneln möchte oder zu ähneln glaubt. Wenn man sich bewußt ist, daß man immer hochgeschlossene Kleidung trägt oder nie etwas Grünes oder lockere oder enge Sachen liebt, wird man vermutlich plausibel klingende Gründe dafür vorbringen, wenn jemand fragen sollte. Ein Mann, der Krawatten haßt oder Krawatten liebt oder farbige Hemden liebt und weiße meidet oder unter keinen Umständen einen Hut trägt, kann sich vermutlich für all das einen Grund ausdenken. Wir

Subversive männliche Moden in der zweiten Hälfte dieses Jahrhunderts begannen mit den T-Shirts und Bluejeans der Landarbeiter, die später von der rebellischen städtischen Jugend übernommen wurden. Brando zeigt das Bewußtsein, daß ein T-Shirt männliche Unterwäsche ist und daß sich darin zu zeigen ebenso sexy ist wie sein Ausdruck oder seine Muskeln.

Werbefotografie: *Marlon Brando in »Endstation Sehnsucht«*. 1951.

wissen jedoch, daß Mode nicht auf Gründen basiert; der Wunsch, Erklärungen vorzubringen, zeigt nur, wie irrational sie uns alle erscheinen läßt.

Die moderne Mode hält die Uniformität aufrecht, die den nötigen Hintergrund für den bevorzugten Zeitstil abgibt, während sie den unbegründeten Gesten des Verlangens und der Abwehr – der Enthüllung des unauslöschlichen unbewußten Wunsches, alter vergrabener Erinnerungen, tiefer geistiger Gewohnheiten – erlaubt, sich frei auf der Oberfläche zu entfalten. Ich habe darauf hingewiesen, daß genau die Formen, die Kleidung annimmt, dies sicherstellen, weil sie sich aus den unterschwelligen Phantasien entwickelt haben, die allen in einer gemeinsamen Kultur gemeinsam sind. Wenn die neue Freiheit der persönlichen Wahl nicht von strikten gesellschaftlichen Codes behindert wird, kann die individuelle Psyche sich selbst im Detail zu ihrer eigenen Befriedigung privat entwerfen, indem sie das moderne visuelle Vokabular der Kleidung verwendet, das durch die Generationen hindurch akkumuliert wurde. Die Modeindustrie füttert stets neues Material von außen in die Mischung ein, erlaubt schnelle Veränderungen des expressiven Themas: Die Designer schöpfen aus ihren eigenen unbewußten Wünschen und bewußten Erinnerungen in der Hoffnung, in großen Teilen des Publikums, das immer neue Märkte bildet, einen Widerhall zu finden.

Die vielen möglichen konventionellen Formen, die Kragen und Manschetten annehmen, die Arten von Verzierungen, die normalerweise auf verschiedene Teile der Kleidung appliziert werden – Riegel über den Schultern von Regenmänteln, Biesen auf einer Hemdbrust, eine Blume im Knopfloch –, der übliche lockere oder enge Sitz der Bekleidung, Nähte, Taschen, Schnallen, Reißverschlüsse und Knöpfe, ganz zu schweigen von Farben und Farbkombinationen, Mustern und Musterkombinationen und besonderen Stoffen für bestimmte Kleidungsstücke, die Verwendung von Verzierungen, die aus abstrakten Formen oder aus Tieren und Blättern hervorgegangen sind – alle diese Dinge haben sich nach und nach entwickelt und ein variables, aber dennoch kohärentes, modernes modisches Bild mit einer autonomen Geschichte erzeugt. Dies ist das Fundament der modernen Kleidung, das akkumulierte Vokabular der modernen Schneiderkunst, angereichert mit sich überlappenden vielfältigen Bedeutungen, die wir alle übernehmen, trotz gesellschaftlichen und sogar trotz modischen Wandels. Die meisten Veränderungen der Mode variieren einfach das Rezept – machen Sachen aus unüblichen Stoffen, setzen die Knöpfe tiefer, verengen weite Sachen und umgekehrt oder ziehen einige Dinge für eine Zeitlang aus dem Verkehr, all das, ohne die Ingredienzen aufzugeben, die noch immer starke positive Reaktionen in uns allen auslösen.

Im Laufe der Zeit sind Elemente hinzugefügt worden, von denen die meisten in raffinierter Weise eher einen neuen Blick auf alte Konventionen erzeugt haben, als sie zunichte zu machen – Strumpfhosen zum Beispiel, die auftauchten, um Strümpfe mit Strumpfgürteln zu verbessern, ohne daß sie diese zum Verschwinden gebracht hätten, sondern nur dazu, nicht mehr soviel benutzt zu werden. Reißverschlüsse, die theoretisch nützlich sind, wurden seit ihrem Aufkommen in den zwanziger Jahren ornamental und suggestiv verwendet, um ihre Anspielungen lebendig zu halten und immer zu erneuern und ihr Fortleben zu sichern. Nur sehr wenig verschwindet schnell; ein halbes Jahrhundert lang oder länger bleibt alles bestehen. Stile und ihr psychologisches Drumherum bleiben, erzeugen Behagen und verborgene Befriedigung und vermischen sich mit neuen Dingen, die aufregend und verführerisch sind. Die freiesten persönlichen Entscheidungen, die unter Tausenden möglichen Optionen getroffen werden, können daher eine unbe-

wußte Bindung an alte Familientabus oder an ethnische und
regionale Bräuche verraten, an Obsessionen aus der Kindheit und vor allem an sexuelle Dispositionen fundamental-
ster Art, selbst wenn die oberflächlichen Entscheidungen
neuen modischen Trends zu folgen scheinen.

Am wichtigsten ist jedoch, daß ein Großteil dieses Verrats
und dieser Knechtschaft unbemerkt bleibt. Entscheidungen
mögen von diesen inneren Antrieben geleitet sein, aber der
zufällige Betrachter sieht nur die allgemeinen Merkmale der
Mode, die man übernommen hat, und beurteilt das, was man
sein möchte, in allgemeinen Begriffen, ohne zu verstehen,
warum blau einen abstößt oder warum man eine Vorliebe
für Dinge hat, die tailliert sind, oder warum man, ohne zu
zögern, Schmuck aus silberfarbenem Metall und nicht gol-
denem oder farbigem wählt. Viele merkwürdig aussehende
Menschen kleiden sich offensichtlich entsprechend tiefen
Überzeugungen, die von den Betrachtern nicht geteilt werden – sie wissen offenbar nicht, wie sie tatsächlich aussehen,
sondern sind zufrieden mit dem, was ihre Kleidung sie über
ihr Aussehen empfinden und glauben läßt. Diese Leute
mögen die wahren Originale sein, wenn sie auch gewiß nicht
die geschätztesten sind. Die berühmten Botschaften, die
wohlbekannte Sprache der Kleidung kommunizieren häufig
überhaupt nicht; ein Gutteil davon ist eine Form privaten
Gemurmels.

ÄNGSTE

BEI ALL DEN WIDERSPÜCHLICHEN EINFLÜSSEN, DIE IN DER
Mode am Werk sind, ist klar, daß die am besten angezogen
sind, die das größte Maß an Selbsterkenntnis haben, gleich

welcher Mode sie folgen – schick, anti-schick, risikolos, ideologisch, städtisch, provinziell, verschroben, traditionell, bodenständig, politisch, »modisch«.

Eine derartige Selbsterkenntnis mag tatsächlich rein körperbezogen sein, ein ausgezeichnetes abgelöstes Verständnis der eigenen Physis und Erscheinung statt eines gehüteten Schatzes falscher persönlicher Mythen, die die wahre Einsicht behindern.

Diesen Menschen kann es an anderen Arten von Selbstwahrnehmung fehlen, und sie können Spinner oder Langweiler sein; wenn sie jedoch ein sicheres inneres Gespür für ihr eigenes körperliches Aussehen haben, können Männer wie Frauen einen erfreulichen Anblick bieten, wenn sie die richtige Kleidung wählen und tragen. Sie sehen nie wie Narren aus, selbst wenn die Mode, die sie tragen, an sich ziemlich albern ist. Einer solchen körperlichen Sicherheit liegt eine sexuelle Selbstwahrnehmung zugrunde, ein intuitives Wissen darüber, was den sich bewegenden und agierenden eigenen Körper in einem gesellschaftlichen Milieu verschönert – und was nicht. Man muß wissen, wie die eigene bekleidete Gestalt sich tatsächlich verhält und erscheint, nicht wie man sie im Spiegel sieht, wenn man sich nicht bewegt und sich um der Wirkung auf einen selbst willen in Pose wirft.

Diese Form von Selbsterkenntnis findet normalerweise nicht bewußt statt, und daher könnte man behaupten, daß sie überhaupt keine Erkenntnis ist und ihre Wirkungen nur eine andere Art unbewußter Enthüllung sind. Sie bewußt wahrzunehmen bedeutet, daß man Zeit und Mühe an ein spezifisch äußeres Selbstverständnis wenden muß, nicht an körperliche oder moralische Verbesserung. Es bedeutet ein gründliches, objektives Studium in zahlreichen Spiegeln, jene Sorte eines privaten Trainings, das wirkliches Wissen über die tatsächliche Erscheinung bringt: wie man von hinten und von der Seite aussieht, im Sitzen und im Gehen, wie man normalerweise den Kopf bewegt, welche Gesten und welches Mienenspiel man beim Sprechen hat – all das erfordert eine detaillierte Selbstbetrachtung, die ihrerseits – wiederum besonders im puritanischen Amerika – aus der Mode gekommen ist. Es handelt sich dabei um etwas, das mit teuren französischen Kurtisanen oder englischen Regency-Dandies assoziiert wird, deren einziges Kapital ihr besonderer physischer Charme war, der unablässig technisch verfeinert werden mußte und sich wildentschlossen klinischen Selbstanalysen unterzog. Spontaneität gehörte nicht in dieses Programm, und ungeschützt wahre Gefühle auszudrücken oder Konflikte der individuellen Seele zu offenbaren, wurde nicht angestrebt.

Moderne Amerikaner wollen wahrhaftig und spontan aussehen, aber zugleich wollen sie nicht wirklich etwas über sich selbst verraten, weil ihre privaten Schwächen anderen lächerlich erscheinen könnten. Genau in den Spiegel zu schauen, um tatsächlich ein gewisses Verständnis und eine mögliche Kontrolle der physischen Eigenschaften zu bekommen, die einen verraten könnten, riecht danach, daß genau dies einem zu wichtig ist, die schlimmste Schwäche von allen. Es ist viel sicherer, sich auf Zeichen zu verlassen und das wahre Aussehen zu vergessen; man möchte projizieren, daß man selbst und seine Kleidung verstanden und nicht wirklich gesehen werden. Die einzigen modernen Bürger, denen dies erlaubt ist und denen unterstellt wird, daß ihnen ihr Aussehen in jedem Augenblick unendlich wichtig ist, sind Showbusineß-Künstler, besonders im Fernsehen (und dazu gehören auch Politiker und Moderatoren), die den Vorteil haben, daß sie ihr eigenes Verhalten ohne Ende auf Filmstreifen beobachten können, und die ihre gesamte physische Erscheinung so fein abstimmen können, daß sie für die Kamera spontan und gleichzeitig perfekt aussieht.

Gewöhnliche Menschen tun anscheinend eine Menge
dafür, um nicht zu erkennen, wie sie tatsächlich aussehen,
indem sie behaupten, sie könnten das nicht aushalten, und
indem sie gutes Aussehen loben, aber sich selbst dafür verachten, daß es ihnen wichtig ist, schön auszusehen, die sich
von Spiegeln magisch angezogen fühlen, die sie gleichzeitig
lauthals verachten. Statt dessen nehmen sie ab und trainieren im Fitneß-Studio, was beides gut für die Gesundheit und
sehr angesehen sein mag, ganz zu schweigen von der hohen
gesellschaftlichen Akzeptanz, was jedoch beides keinerlei
Wirkung auf den Stil der Bewegungen und der Gesten hat,
den normalen Gang, den normalen Gesichtsausdruck oder
die Art, wie man seine Kleider trägt – das heißt auf das wirkliche Aussehen. Und dieselben Leute wählen oft Kleidung
mit starken, sehr bekannten Signalen, die verhindern, daß
eine genaue Selbstwahrnehmung stattfindet.

Die Prosa der Modewerbung versucht, die herrschende
Furcht vor unbewußter Selbst-Offenbarung zu besänftigen.
Sie schmeichelt den Lesern, indem sie ihnen suggeriert, daß
jeder in Wirklichkeit ein natürlicher Aristokrat ist, mit
einem reichen Innenleben ausgestattet, das auf anmutige
Weise die Entblößung durch die persönliche Wahl der
Kleider zuläßt, daß er jemand ist, der starke Instinkte hat,
die er mit Selbstsicherheit unter Kontrolle hält, dessen Ticks
allesamt kreativ sind – jemand, dem die Mode nur dienen
kann. Die Produktionen, für die aufdringlich geworben
wird, werden als Werkzeuge für die meisterhafte Selbstdarstellung angeboten, exemplifiziert durch die abgebilde-
ten Modelle. In Wirklichkeit fällt niemand darauf herein,
und die Ängste, nicht zu genügen, werden noch größer; die
Suggestion hinter dem Tenor derartiger Modetexte ist, daß
der ideale Modekonsument die Wesensmerkmale hat, die
einst dem Künstler eigen waren.

Ein Künstler ist nach moderner und romantischer Auffassung nur dadurch im Geschäft der unbewußten Enthüllung seines Innenlebens, daß er seine Fertigkeiten und sein Talent bewußt einsetzt, um – durch die Elemente eines künstlerischen Mediums – etwas ihm Äußerliches zu erschaffen. Wenn Kunst korrekt funktioniert, unterstützen und nähren die unbewußten inneren Dispositionen des Künstlers das Talent, das er überlegen einsetzt, und das Endergebnis läuft im Betrachter zusammen – eine bewußte Anerkennung der bewußten Leistung und ein unbewußtes Echo der psychischen Saiten, die der Künstler unbewußt in sich selber anschlägt. Eine gute originelle Arbeit eines Künstlers muß nicht mit den Konventionen seiner Zeit brechen; sie muß nur die rechte Harmonie zwischen der Idee, den Fertigkeiten und dem Empfinden des Künstlers zeigen – den Beweis für die künstlerische Selbsterkenntnis, eine persönliche Geschichte, die authentisch erzählt wird.

Im idealen Fall ist eine Person, die sich erfolgreich in moderne modische Kleider unterschiedlichster Stilrichtung kleidet, ebenfalls genau so ein Ergebnis, eine Art harmonisches Kunstwerk, das aus verborgenen inneren Trieben und klaren äußeren Entscheidungen zusammengesetzt ist, die in einem erkennbaren Medium aneinander gekoppelt sind. Wie in allen anderen Künsten liefern die Talentiertesten die besseren Beispiele, und darin liegt eines der Probleme mit der Mode. Viele Menschen fühlen sich wie Künstler, die nicht talentiert genug sind angesichts der vielen Wahlmöglichkeiten und Meta-Wahlmöglichkeiten, die die Mode anbietet.

Unsere große modische Freiheit und Vielfalt der Auswahl, immer noch besonders für Frauen, reflektiert die gesellschaftliche Freiheit des letzten Viertels eines Jahrhunderts, in dem gesellschaftliche Bräuche keine starken Richtlinien mehr für angemessene Kleidung liefern. In den dreißiger Jahren war es immer noch richtig oder falsch, bestimmte Kleidungsstücke zu bestimmten Gelegenheiten zu tragen, und die Leute wußten so ungefähr, welche Dinge sie für ihr normales Leben brauchten; persönlicher Geschmack und Ausdruck hatten ihre bequemen Grenzen, innerhalb derer sie operierten. So auch die Mode. Leute mit wenig Phantasie konnten sich wenigstens mit Selbstvertrauen darauf verlassen, daß sie sich richtig anzogen. In letzter Zeit ist die Idee eines objektiven Standards, besonders für konservative Kleidung im Geschäftsleben, aufgegeben worden, und wir wissen, daß das nicht allen gefällt.

Unter allen anderen Aspekten des modernen Lebens ist der einzige Maßstab für die Auswahl von Kleidung ein persönlicher. Man kann bei jeder Gelegenheit in jeder beliebigen Gruppe mit den vorherrschenden Vorlieben konkurrieren oder auch nicht – man kann zu einem eleganten Abendessen in einem Seidenkleid gehen oder die einzige Frau in grauen Flanellhosen und einem Pullover oder in schwarzem Leder und Stahlnieten sein; aber man wird auf jeden Fall nur als jemand betrachtet werden, der diese besondere Wahl traf, und nicht als jemand, der richtig oder falsch angezogen ist.

Wir stellen uns Kleidung heute weitgehend als persönliche und nicht als gesellschaftliche Veranstaltung vor, weil unter anderem die Stilisierung der Antimode in Mode ist. Äußerer Druck auf Konformität hin wird heute als Eingriff in die persönliche Freiheit gesehen. Als Widerspiegelung dieser Haltung wird jede persönliche Vorliebe bei zuvor restriktiven öffentlichen Ereignissen honoriert. In Restaurants gibt es keine Kleidervorschriften mehr, öffentliche Veranstaltungen mit erwünschtem korrektem Abendanzug werden häufig von einem Gutteil von Männern besucht, die trotzdem informelle Mode tragen. In der Oper wird keine Abendgarderobe vorgeschrieben; Frauen brauchen in der Kirche keine Hüte mehr zu tragen. Heute wird die Idee eines harmonischen Bildes in der Öffentlichkeit abgelehnt, und es wird uns statt dessen nahegelegt, daß jeder ein befriedigendes Einzelbild aus seiner individuellen Gestalt entwerfen soll, ohne Rücksicht darauf, was die größere Gruppe tut.

Trotzdem ist Konformität für unser gesellschaftliches Wohlbefinden weiterhin unbedingt erforderlich, besonders um unser Gleichgewicht in einer fragmentierten Gesellschaft aufrechtzuerhalten. Die vielschichtige Modeindustrie liefert pflichtschuldig eine Fülle verschiedener Möglichkeiten für das Aussehen bei Restaurant- oder Opernbesuchen, und wir sind gezwungen, unserem ungefähr angepeilten Kurs zu folgen. Die persönliche Belastung hat sich daher enorm vergrößert. Es wird nicht verlangt, daß wir den Anlaß als solchen auf vorgeschriebene Art respektieren; wir müssen unsere eigene Version dessen, was ein Anlaß von uns *persönlich* erfordert, herstellen – was dann jeder sehen und beurteilen kann. Wir sind tatsächlich gezwungen, uns zu offenbaren, genau wie jeder moderne Künstler, der aus eigenem Antrieb und nicht im Auftrag des Königs oder der Kirche oder ähnlichem arbeitet.

Die Belastung hat sich deshalb vergrößert, weil wir noch immer nicht wie Narren aussehen wollen. Wir wissen, daß unsere Wahl jetzt eine Bildergeschichte darstellt, eine persönliche Illustration unseres innersten Gefühls für unsere Beziehung zur Welt, und das bedeutet, mit der einen oder anderen Gruppe konform zu gehen. Eine gewählte Modeform dient jetzt als eine Art gewähltes Medium, ist ebenso eine konventionelle Form, in die wir unsere Gedanken gießen, wie ein willkommener Schutzschild, um sich dahinter zu verstecken. Darin ähnelt sie früheren gesellschaftlichen Zwängen wie auch alter Stammeskleidung. Einer bestimmten Mode zu folgen, besonders einer exzentrischen, kann von ganz allein Stärke erzeugen, so wie es die Uniform tut, indem sie die individuelle Angst mit der Verkleidung allgemeiner Tapferkeit maskiert. Wenn wir uns die jungen Schwarzen in den Städten anschauen, die sich alle knallbunt oder mit haarsträubender Verve anziehen und die in einer unfreundlichen Welt Lust zum Ausdruck bringen, wird dies deutlich.

Da es so viele Moden und Arten von Mode gibt, offenbaren wir uns nicht nur durch unsere kleinen besonderen, sondern durch unsere allgemeinen Vorlieben, durch die größeren Pinselstriche, mit denen wir uns bemalen und die auf Teile der Gesellschaft verweisen, mit denen wir entweder beabsichtigt oder ohne es zu merken in Verbindung gebracht werden wollen. Gerade die Moden, die wir übernehmen und die nur die betonen, die wir ablehnen, offenbaren wiederum unsere unerfüllten Wünsche, wie auch unseren hohen oder niedrigen Grad an Selbsterkenntnis; und wie immer in der Kunst ist die absolute Kontrolle über den gesamten Prozeß weder möglich noch wünschenswert, da die moderne Mode, wie die moderne Kunst, speziell dazu da sind, das Unbewußte freizusetzen.

Die starke Reaktion dagegen war von Anfang an ein ständiger Kontrapunkt zur Mode. Einwände gegen die Mode, weil sie nicht in der Lage war, Frieden, Gleichheit, Stabilität und Schönheit zu erzeugen, weil sie visuelle Verstörungen, Sonderbarkeiten und Skandale förderte, haben ihre Entwicklung dadurch angetrieben, daß sie mit ihr in Konkurrenz standen. Das Ergebnis war die wiederkehrende Mode der Antimode, die, wann immer sie besonders stark hervortrat, die Geschwindigkeit der Veränderungen noch beschleunigt hat. Manchmal waren politische Umstürze die Ursache für Antimode-Bewegungen, aber sie waren gewöhnlich nicht die Ursache für die spezifischen Formen der Veränderungen, für die sie eintraten. Diese formalen Verschiebungen werden wie stets aus dem Inneren der Mode selbst diktiert und dann später mit Vernunft oder

Leidenschaft gerechtfertigt, abhängig vom historischen
Moment. Wenn die Antimode in Gestalt der Kleidung hervortrat, war sie oft einfach die nächste Mode, die ein wenig
früher als erwartet einsetzte. In der heutigen Zeit der vielen
Moden ist sie nur eine Mode mehr. Frauen, die sich nicht
feminin kleiden, sehen nicht so sehr nach politischer
Opposition zu ihren geschmückten Schwestern aus, sondern einfach nur modisch anders gekleidet.

Die Mode verdammenden Schriften, Predigten und Gesetze haben sehr geringe Wirkungen gehabt, obwohl sie
ständige Begleiter der Modegeschichte waren. Die Mode hat
vor allem Spott provoziert, aber viel Zorn und Mißbilligung
wurde durch ihre allgemeine Respektlosigkeit hervorgerufen. Da eine Mode einen komplizierten geheimen Wunsch
verkörpert, sieht sie immer, wenn sie zum ersten Mal auftaucht, in gewisser Weise anmaßend aus; aber die auf Mode
eingestimmte heutige Welt paßt sich der Anmaßung, die
Respektabilität gewinnt, schnell an. Obwohl die Mode
genauso lächerlich ist wie immer, hat sie in letzter Zeit viel
weniger gedruckten Spott hervorgerufen als noch vor einer
Generation. Das Vergnügen, das sie bereitet, ist legitim
geworden, gemeinsam mit sexuellem Vergnügen und anderen emotionalen Freuden. Und wie bei Sex und anderen
Dingen haben die persönlichen Probleme, die sie aufwirft,
ihren Wert nur gesteigert.

WAHRNEHMUNGEN

DIE WAHRNEHMUNG DER MODE GESCHIEHT IN WIRKLICH-
keit auf zweierlei Art. Die erste ist äußerlich und besteht
aus unseren subjektiven Reaktionen auf das, was gerade

jetzt draußen geschieht, was in den Medien zu sehen ist, was wir tragen und die Leute in unserem Kreis und was die Leute auf der Straße anhaben.

Um auf diese Weise zu reagieren, neigen wir dazu, die Zeichen, die gegenwärtig in Gebrauch sind, zu beachten, die unmittelbaren gemeinsamen Vereinbarungen zu akzeptieren und so zu reagieren, wie wir es müssen – wir mögen es, wir mögen es nicht, es sieht provinziell aus, es sieht folkloristisch aus, wir verachten es, wir lieben es, es sieht nostalgisch aus, es sieht nach Karriere aus, wir wollen es, wir ignorieren es ganz bewußt. Wir sagen, das werde ich nie tragen, ich wünschte, ich könnte mir so etwas leisten, das würde toll an mir aussehen, das ist unmöglich für mich, er sollte dieses nicht tragen, sie sieht in jenem großartig aus. Wenn wir die Mode derart direkt nehmen, brauchen wir bloß die gegenwärtige Bedeutung in Betracht zu ziehen, um zu wissen, wie wir angemessen darauf reagieren, und um die Zeichen zu verstehen, müssen wir oft vorübergehend blind für die Form sein.

Aber wir sind in Wirklichkeit nicht blind. Wir nehmen die Form sehr wohl wahr, und sie berührt uns, spricht direkt zu unserer unbewußten Erinnerung und Phantasie, genauso wie es Farben tun, sie zieht uns an oder stößt uns ab, wie es die Formen in der Kunst tun, gleich welchen Stil oder welchen Gegenstand sie haben, oder sie läßt uns vielleicht kalt, wie es in der Kunst auch passieren kann. Diese Ebene, die uns anzieht, ist der Grund für die vielen Stile und Moden in der modernen Bekleidung, die die Mode nur zu manipulieren, aber nicht auszulöschen scheinen, indem sie ihre Verwendung und ihre Bedeutung verändern, aber ihre Existenz nicht ernstlich bedrohen. Andererseits kommen und gehen die aufregenden äußerlichen Erscheinungen, denen der beständig zwingende Charakter fehlt, ohne Probleme, werden vergessen und immer wieder zufällig neu

entdeckt, wie etwa ein schwarzes enges Band um den Hals
oder Handschuhe mit Stulpen. Wieder andere Erscheinungen mögen einen heftig abstoßen und eine Weile genau deshalb getragen werden, wie zum Beispiel Kleidungsstücke,
die mit Absicht in Fetzen geschnitten sind. Auch diese
Effekte verschwinden und werden dann wiederentdeckt.

Die wirklichen Veränderungen in der inneren Welt des
kollektiven Gefühls vollziehen sich langsam, und nur langsam verändert sich unser Geschmack in Fragen der Form
von Kleidung. Unsere heutigen Vorlieben können immer
noch modern genannt werden; nur eine immense kulturelle
Verschiebung könnte zum Beispiel das totale Verschwinden
von Hosen und Jacken oder von Schuhbändern und
Hemdkragen herbeiführen. Dies müßte eine ähnlich große
Veränderung sein wie die, die am Ende Wämser und Kniehosen abgeschafft hat. Eine ebenso große Veränderung
erlaubte es den Frauen schließlich, in der Öffentlichkeit
Hosen zu tragen, eine Veränderung, die lange auf sich hatte
warten lassen. Die unterbewußte Phantasie muß sich permanent verändern, bevor bestimmte befriedigende Erscheinungen, die der Mode zugrunde liegen, aufhören, die
Tiefen der kollektiven Seele zu erschüttern. Dieselben ein-
schneidenden Veränderungen sind erforderlich, bevor zag-
hafte Visionen ihren wahren Ursprung finden und Eindruck
machen können, wie im Falle der kurzen Röcke in diesem
Jahrhundert. In der Zwischenzeit sind es nur die kleinen
Veränderungen bestehender Formen, die unsere Aufmerksamkeit auf sich ziehen und unser gegenwärtiges persönli-
ches Interesse an der ganzen Angelegenheit erregen.

Ich habe von Anfang an Kleidung immer als Kunst gesehen – statt als Zeichen für etwas anderes oder als einen
sozialen Brauch, der nur mit anderen sozialen Bräuchen
verknüpft ist. Nur wenn wir die Geschichte der Kleidung
als einen Teil der Kunstgeschichte ansehen und als eine

Kunst mit einer eigenen Geschichte, können wir das tatsächliche Aussehen von Kleidung erforschen und all das
erwägen, was sie so potent macht. Kunsttraditionen ohne
namentlich bekannte Künstler – die Architektur der Maya,
byzantinische Mosaiken – sind für die Geschichte der Kleidung besonders relevant, um zu beobachten, wie die
lebendige Form ihre eigene Phraseologie entwickeln kann.
Wie in Kunstwerken können wir die Genealogie der Form
anhand der Kleidung studieren, lernen, wie und wo sie aus
ihren eigenen früheren Stadien ihre Ursprünge hat oder
wie und wo sie bewußt nach früheren Gepflogenheiten
kopiert wird, und wir können so entdecken, wie die
Phänomene der Kleidung eine große Menge an emotionaler
und ästhetischer Arbeit leisten können, die über unmittelbare soziale und politische Fakten hinausgeht.

Wir können überdies die rein bildlichen Quellen eines
Großteils des formalen Materials von Kleidung studieren –
Piratenkleidung zum Beispiel, die so häufig in der modernen Mode beschworen wurde, hat außer auf bewegten
oder unbewegten Bildern keine Wahrheit und kein Leben.
Die Kleidung hat ihre eigene formale Vergangenheit, aber
sie hat oft aus der Vergangenheit der Bilder gestohlen, einfach um ihre formalen Komponenten zu verständlichen Bildern zu arrangieren. Erst wenn wir etwas über derartige
Quellen gelernt haben, können wir über die gegenwärtige
soziale Signifikanz nachdenken, die sich den Formen zu-
weilen willkürlich angeheftet hat, und hoffen, zu einer Art
umfassendem Verständnis der Macht der Kleidung zu kommen.

Die Mode ist das modernisierende Agens für Kleidung
gewesen, das System, das es der Form in der Kleidung möglich gemacht hat, eine eigene Geschichte hervorzubringen
und auf sich selbst zu verweisen – Kleidung in eine moderne
Kunst zu verwandeln. Wenn wir die dynamische moderne

Form untersuchen, die Kleidung im Westen angenommen hat, bemerken wir bald, daß in ihr hauptsächlich ein temporärer Ausdruck von Sexualität aufscheint. Sie definiert nicht bloß die Unterschiede zwischen männlichen und weiblichen bekleideten Körpern, sondern beschreibt eine sexuelle Beziehung, die ein veränderliches, temporäres Leben hat. Die soziale Bedeutung hängt von der sexuellen ab, weil es die Sexualität ist, die der Form ihre Kraft gibt, ihre Fähigkeit, überhaupt soziale Bedeutung zu haben.

Die moderne Herrenschneiderei war das herausragende Beispiel dafür, wie die Form durch Mode entwickelt wurde. Sie begann damit, daß sie alltägliche, unmodische Kleidungsstücke nahm, die tatsächlich in Gebrauch waren und eindeutig in der damaligen Zeit für eine bestimmte Männlichkeit stand. Daraus entstand ganz modern ein gut integriertes, abstraktes visuelles Schema. Die formale Komposition war sowohl fundamental sexuell aufgeladen wie ausreichend flexibel, um eine sich verändernde soziale Bedeutung aufzunehmen – unscheinbar oder exklusiv anzumuten, snobistisch oder demokratisch, steif oder lässig, düster und langweilig oder geschmeidig und subtil, für Rücksichtslosigkeit und Täuschung oder für Ehrlichkeit und Integrität zu stehen –, aber auch eine unabhängige und dynamische formale Bahn einzuschlagen, deren Ziel noch nicht absehbar ist.

DIE WIRKLICHE VERÄNDERUNG, DIE ALL DIE NEUE sexuelle Flexibilität in der Bekleidung zum Vorschein bringt, ist ein neues Stadium des Modeganzen, stellt einen weiteren Sprung im modernen Bewußtsein dar. Die Medien haben alle ephemeren Bilderwelten greifbarer und wirklicher gemacht und viel wichtiger denn je; es gibt nicht mehr die absolute Annahme, daß die visuelle Realität eine Sache ist und die visuelle Kunst eine andere. Die Herstellung visueller Wahrheit ist Big Busineß, nicht mehr bloß die Provinz der privaten kreativen Auseinandersetzung oder auch die Provinz schlichter Täuschung. Kleidung, jetzt gefestigt in ihrer Rolle als populäre kommerzielle Kraft, die Bilder produziert, hat sich daher noch weiter vom Unbewußten, wie es uns traditionell bekannt ist, entfernt und ist fester in dem beabsichtigten Austausch ablösbarer Visionen verankert, wo »traditionelle Sitten« einfach nur ein Aspekt dieses Austauschs sind.

Die Mode beansprucht ihren Platz in einer neuen, beweglichen optischen Welt, wo keine einzige Ansicht zu einer beliebigen Sache als die wahre anerkannt wird. In gewissem Sinne hatte die Mode einfach ihr »Coming out« und zeigt jetzt, daß sie sich immer mit solchen Dingen befaßt hat, und aufgrund des allgemeinen Bewußtseinswandels wurde die Mode als Phänomen wichtiger und bedeutender. Sie findet nicht mehr statt, ohne daß groß Notiz von ihr genommen wird, weil sie konventionell überflüssig und unseriös und daher unwichtig ist. Jetzt begreift man sie genau aus diesem Grunde als etwas sehr Wichtiges. Die Mode bestätigt die tiefe Bedeutung aller Erscheinung. Die Bürde, die dies Menschen, die nur begrenzt verstehen, wozu sie ihre Augen haben, auferlegt, bringt die Mode immer wieder in Schwierigkeiten, und das bestätigt ihre Bedeutung mehr denn je. Wir leben in einer Welt sichtbarer Projektionen, und wir sind alle sichtbare Projektionen in ihr. Ob es uns gefällt oder nicht, wir alle sehen irgendwie aus und sind dafür verantwortlich.

Ein anderer Charakterzug der neuen Medienexistenz der Mode ist die breite Aufklärung, die jeder über Vielfalt und Qualität der Kleidung erhält, die die ganze Welt trägt. Wir können alles sehen und beurteilen und ein äußerst verfeinertes Gefühl für Kleidung entwickeln, ohne uns darum auch nur bemühen zu müssen. Wir dürfen Ansichten zu der

Kleidung öffentlicher Figuren entwickeln, deren Ensembles
wir im Detail studieren können, und wir können sehen, was
genau sie in Brüssel und Jerusalem, in London und dem
belagerten Sarajewo, in Kuwait City und im hungernden
Somalia tragen. Ob wir darauf achten oder nicht, uns sind
diese Details in unserem Wohnzimmer präsent; keine
Kleidung ist fremd, obwohl sie sonderbar sein kann.

In unserer eigenen Welt wird jetzt anerkannt, daß die
Botschaften der Mode widersprüchlich sind; man weiß, daß
das Wirken unbewußter und bewußter Kräfte sichtlich
gleichzeitig im Spiel ist. Jeder redet im wesentlichen wie ein
Dichter mit sich selbst. Die Designer liefern bloß das
Vokabular, und das Publikum kann als Reaktion darauf
begeistert sein, in Ehrfurcht erstarren oder es nicht bemerken. Die berühmten Modedesigner ähneln mehr denn je
eher Film- und Videoproduzenten als Handwerkern − selbst
wenn sie Handwerker sind. Sie folgen einigen Trends, ohne
es zu merken, während sie andere vorsätzlich entwickeln
oder vermeiden; sie fällen kluge Entscheidungen, indem sie
ungeprüften Impulsen folgen. Sie stehlen voneinander. Sie
machen kostspielige Fehler. Der Wunsch, sich zu unterscheiden, kann ihre Produktionen extrem maniert machen, und das fordert unvorhersehbare Reaktionen heraus.

Aber seit die Mode in separate Kategorien auseinanderfiel,
gibt die Haute Couture nicht mehr die Form vor, in die alle
weibliche Kleidung gegossen wird; und tatsächlich geben
heute wieder Männer den Ton an, die es ablehnen, die
Launen anderer diktiert zu bekommen. Designer, die nicht
berühmt sind, liefern den Großteil unserer Kleidung, verwenden eine breite Palette imaginativer Quellen, um viele

---

Der Anzug weist auf eine unbekannte Zukunft hin. Allen Freiheiten, die
man sich mit dem originalen Schneiderschema nahm, ist es bislang nicht
gelungen, die Form auszulöschen, sondern nur, ihre dynamischen und
anscheinend unendlichen Möglichkeiten zu beweisen.

Lois Greenfield: *Modefotografie,*
David Parsons von der Parsons Dance Co.
in einem Anzug von Calvin Klein,
aus: *Men's Fashions of the Times,* 28. März 1993.

Märkte zu bedienen. Folglich werden Designer allgemein nicht mehr als Diktatoren wahrgenommen, sondern als kompetente Praktiker, hoffnungsvolle Experimentierer, kühn inspirierte Abenteurer oder offensichtlich verrückte Spieler. Sie alle zielen darauf, dem profitablen Strom zu folgen, der sich hauptsächlich auf etablierte Formen verläßt, der aber nur weitere Profite abwerfen kann, wenn darin Überraschungen auftauchen. Je stärker der gemeinsame Strom ist, in dem wir schwimmen, um so mehr möchten wir glauben, daß wir frei sind – eines aber wissen wir immer: daß wir nicht sicher sind.

Anhang

AUSGEWÄHLTE BIBLIOGRAPHIE

Adams, Robert M.: *The Roman Stamp: Frame and Facade in Some Forms of Neoclassicism*, Berkeley, Cal. 1974.

Ash, Juliet und Lee Wright (Hg.): *Components of Dress: Design, Manufacturing and Image-Making in the Fashion Industry*, London und New York 1988.

Banta, Martha: *Imaging American Women: Idea und Ideals in Cultural History*, New York 1987.

Barbey d'Aurevilly, Jules: *Dandyism* (1844). Üb. von Douglas Ainslee, New York 1988.

Barthes, Roland: *Le Système de la mode*, Paris 1967, dt.: *Die Sprache der Mode*, Frankfurt am Main 1985.

Beerbohm, Max: *Dandys und Dandys. Ausgesuchte Essays und Erzählungen*, Zürich 1989.

Bell, Quentin: *On Human Finery*, überarb. Ausg. New York 1976.

Brain, Robert: *The Decorated Body*, New York 1979.

Byrde, Penelope: *The Male Image*, London 1979.

Carlyle, Thomas: *Sartor Resartus* (1835), New York 1887, dt.: *Sartor Resartus oder Leben und Meinungen des Herrn Teufelsdröckh*, Leipzig 1985.

Carman, W.Y.: *British Military Uniforms*, New York 1957.

Chaumette, Xavier: *Le costume tailleur: La culture vestimentaire en France au XIX et XX siècles*, Paris 1992.

Cunnington C. Willett: *Handbook of English Costume in the Nineteenth Century*, London 1959.

Ders. und Phillis: *The History of Underclothes*, London 1951.

Davenport, Millia: *The Book of Costume*, 2 Bde., New York 1948.

Davis, Fred: *Fashion, Culture and Identity*, Chicago 1992.

Delbourg-Delphis, Marylene: *Masculin singulier: Le dandysme et son histoire*, Paris 1985.

Dijkstra, Bram: *Idols of Perversity: Fantasies of Feminine Evil in Fin-de-Siècle Culture*, New York 1986.

Ebin, Victoria: *The Body Decorated*, London 1979.

Epstein, Julia und Kristina Straub, (Hg.): *The Cultural Politics of Gender Ambiguity*, New York und London 1991.

Fairservis, Walter A.: *Costumes of the East*, New York 1971.

Flugel, J.C: *The Psychology of Clothes*, London 1930.

Focillon, Henri: *La vie des formes*, Paris 1943.

Fry, Roger: *Vision and Design*, London 1924.

Glynn, Prudence: *In Fashion: Dress in the Twentieth Century*, New York 1978.

Dies.: *Skin to Skin: Eroticism in Dress*, London 1982.

Hall-Duncan, Nancy: *The History of Fashion Photography*, New York 1979.

Hiler, Hilaire: *From Nudity to Raiment*, London 1921.

Hollander, Anne: *Seeing Through Clothes*, New York 1978.

Honour, Hugh: *Neo-classicism*, London 1968.

Kidwell, Claudia und Margaret C. Christman: *Suiting Everyone: The Democratization of Clothing in America*, Washington, D.C. 1974.

Kubler, George: *The Shape of Time: Remarks on the History of Things*, New Haven, Conn. 1962.

Kunzle, David: *Fashion and Fetishism*, Lanham, Md. 1980.

Laqueur, Thomas: *Making Sex*, Cambridge/Mass. 1990.

Laver, James: *Women's Dress in the Jazz Age*, London 1964.

Ders.: *Modesty in Dress*, London 1969.

Ley, Sandra: *Fashion for Everyone: The Story of Ready-to-Wear, 1870-1970*, New York 1970.

Lipovetsky, Gilles: *L'Empire de l'éphémère: La mode et son destin dans les sociétés modernes*, Paris 1987.

Lynam, Ruth (Hg.): *Paris Fashion: The Great Designers and Their Creations*, London 1972.

Marly, Diana De: *Fashion for Men. An Illustrated History*, London 1985.

Dies. : *The History of Haute Couture*, London 1980.

Martin, Paul: *European Military Uniforms: A Short History*, London 1963.

Martin, Richard und Harold Koda: *Jocks and Nerds: Men's Style in the Twentieth Century*, New York 1989.

Milbank, Caroline Reynolds: *Couture: The Great Designers*, New York 1985.

Molloy, John T.: *Dress for Success*, New York 1975.

Ders.: *The Woman's Dress for Success Book*, New York 1977.

Moore, Doris Langley: *Fashion through Fashion Plates, 1771-1970*, London 1971.

Oakes, Alma und Margot Hamilton Hill: *Rural Costume*, London und New York 1970.

Pellegrin, Nicole: *Les vêtements de la liberté*, Paris 1989.

Perrot, Philippe: *Les dessus et les dessous de la bourgeoisie*, Paris 1981.

Ders.: *Le travail des apparences*, Paris 1984.

Pevsner, Nikolaus: *An Outline of European Architecture*, überarb. Fassung, London 1975, dt.: *Europäische Architektur von den Anfängen bis zur Gegenwart*, München 1963, 1981.

Polhemus, Ted und Lynn Procter: *Fashion and Anti-fashion: An Anthropology of Clothing and Adornment*, London 1978.

Ribeiro, Aileen: *Dress and Morality*, New York 1986.

Dies.: *Dress in Eighteenth-Century Europe, 1715-1789*, New York 1985.

Rosenblum, Robert: *Transformations in Late Eighteenth-Century Art*, Princeton, N. J. 1967.

Rudofsky, Bernard: *Are Clothes Modern?*, New York 1947.

Ders.: *The Unfashionable Human Body*, New York 1978.

Schoeffler, O. E. und William Gale: *Esquire's Encyclopedia of 20th Century Men's Fashions*, New York 1973.

Simmel, Georg: »Fashion«, in: *The International Quarterly*, Bd. 10, Oktober 1904.

Snowden, James: *The Folk Dress of Europe*, New York 1979.

Squire, Geoffrey: *Dress and Society, 1560-1970*, New York 1974.

Steele, Valerie: *Fashion and Eroticism*, New York 1995.

Dies. und Claudia Kidwell: *Men and Women. Dressing the Part*, Washington, D.C. 1989.

Walkley, Christina: *The Ghost in the Looking-Glass: The Victorian Seamstress*, London 1981.

Warner, Marina: *Joan of Arc*, New York 1981.

Wilson, Elizabeth: *Adorned in Dreams: Fashion and Modernity*, Berkeley, Cal. 1988.

VERZEICHNIS DER ILLUSTRATIONEN

61   Römisches Basrelief: *Ara Pacis*, Alinari/Art Resource, New York

61   Byzantinisches Mosaik: *Die Kaiserin Theodora und Gefolge*, Scala/Art Resource, New York

63   Handschriftenillumination: *Le Roman de la violette*, Bibliothèque Nationale, Paris

63   Meister E. S.: *Der Ritter und seine Dame*

84   François Clouet: *Le Duc d'Alençon*, National Gallery of Art, Washington, D.C., Sammlung Samuel H. Kress

85   Sánchez Coello: *Königin Anna von Österreich*, Erich Lessing/Art Resource, New York

96   Anton Van Dyck: *Henri II. von Lothringen, Herzog von Guise*, National Gallery of Art, Washington, D.C., Geschenk von Cornelius Vanderbilt Whitney

97   Anton Van Dyck: *Henrietta Maria von Frankreich*, National Gallery of Art, Washington, D.C., Sammlung Samuel H. Kress

99   Jan Vermeer: *Mann und Frau beim Weintrinken*, Foto Marburg/Art Resource, New York

108   Jean de St.-Jean: *Habit d'épée*

108   Jean de St.-Jean: *Eine Dame beim Spaziergang auf dem Lande*

109   Nicolas Bonnart: *Anne de France, Tochter von Ludwig XIV.*

122   Französischer Modedruck: *Marie-Antoinette und Ludwig XVI.*, Museum Louvre, Paris, Sammlung E. de Rothschild

123   Jacques-Louis David: *Porträt von A. L. Lavoisier und seiner Frau*, Metropolitan Museum of Art, New York

132   George Stubbs: *Sir John Nelthorpe bei der Jagd*. Mit freundlicher Erlaubnis von Lt. Col. R.S. Nelthorpe

133   Louis Léopold Boilly: *Porträt von Chénard als »Sans-Culotte«*. Giraudon/Art Resource, New York

152   Johann Joachim Winckelmann: *Zeichnung einer bemalten griechischen Vase*. Universität Glasgow

152 Thomas Hope: *Zeichnung Jupiters*

153 Jacques-Louis David: *Madame Récamier*, Alinari/Art Resource, New York

154 Modestich: *Grand Négligé*

155 J.G. Bourdet: *Une Promenade*, Bibliothèque Nationale, Paris

167 Caspar David Friedrich: *Wanderer über dem Nebelmeer*, Foto Marburg/Art Resource, New York

168 Eugène Delacroix: *Baron Schwiter*, The National Gallery, London. Reproduziert mit freundlicher Erlaubnis der Kuratoren

169 John Everett Millais: *Porträt von John Ruskin*. Mit freundlicher Erlaubnis von Mrs. Patrick Gibson

173 R. Howlett: Fotographie, *Isambard Kingdom Brunel vor den Ketten der »Great Eastern«*, George Eastman House

173 Fotografie, *Lincoln mit Generalmajor McClerman und E. J. Allan Pinkerton bei Antietam*, Chicago Historical Society

193 Frédéric Bazille: *Porträt von Renoir*, Giraudon/Art Resource, New York

193 Henri Fantin-Latour: *Porträt von Manet*, The Art Institute, Chicago, Stiftung Stickney

202 Claude Monet: *Bazille und Camille*, National Gallery of Art, Washington/D.C., Sammlung Ailes Mellon Bruce

203 John Singer Sargent: *Mr. and Mrs. I. N. Phelps Stokes*, Metropolitan Musem of Art, New York, Vermächtnis von Edith Minturn Stokes

208 Georges Barbier: *Modezeichnung*. Aus: *Le journal des dames et des modes*

209 Fotografie: *Eine Dame beim Rennen in Longchamps*. Bibliothèque Nationale, Paris, Sammlung Seeberger

213 *Modefotografie, Kleid von Alix Grès*. Mit freundlicher Erlaubnis von *Vogue*, © 1938 (eneuert 1966) von The Condé Nast Publications Inc.

215 Kammermann: *Fotografie, Chanel in ihrer Wohnung*, RAPHO, Paris

242 *Französisches Modebild*

243 *Werbefotografie von Clara Bow*, Fotofest, New York

245 *Schnappschuß von Marlene Dietrich*. Mit freundlicher Erlaubnis von Peter Riva

246 Man Ray: *Porträt von Balthus*, © 1994 ARS/New York/ADAGP/Man Ray Trust, Paris

247 Esther Bubley: *Greyhound-Bus-Bahnhof*, Ekstrom Library, Universiät von Louisville, Kent

255 Horst v. Horst: *Gesellschaftsfotografie, Kleid von Christian Dior*. Mit freundlicher Erlaubnis von *Vogue*, © 1949 (erneuert 1964) von The Condé Nast Publications Inc.

256 Franz Xaver Winterhalter: *Porträt der Kaiserin Elisabeth*, Erich Lessing/Art Resource, New York

276 Helmut Newton: *Modefotografie, Anzug von Yves Saint Laurent*. Aus: *Vogue* 1975. Alle Rechte vorbehalten, Mailand

277 Lara Rossignol: *Modefotografie, Anzug von Rhonda Harness*

289 *Webefotografie von Marlon Brando in »Endstation Sehnsucht«*, Fotofest, New York

307 Lois Greenfield: *Modefotografie von David Parsons*, © 1993 von Louis Greenfield

NAMENSREGISTER
Halbfette Seitenzahlen verweisen auf Illustrationen

Adam, Robert, 162;

Armani, Giorgio, 182, 214;

Astaire, Fred, 217;

Augustus, Kaiser, 60;

Balenciaga, Cristóbal, 214;

Balmain, Pierre, 214;

Balzac, Honoré de, 198;

Bara, Theda, 218;

Barbier, George
- *Modezeichnung*, **208**;

Baudelaire, Charles, 198;

Bazille, Frédéric
- *Porträt von Renoir*, **193**;

Blake, William, 157;

Blass, Bill, 182;

Bloomer, Amelia, 89, 199;

Boilly, Louis Léopold, 157;
- *Porträt von Chénard als »Sans-Culotte«*, **133**;

Bonnart, Nicolas
- *Anne de France, Tochter von Ludwig XIV*, **109**;

Botticelli, Sandro, 192;

Boucher, Francois, 248;

Bourdet, J.G.
- *Une Promenade*, **155**; '

Bow, Clara, 218, **243**;

Brando, Marlon
- *Werbefotografie*, **289**;

Braque, Georges, 248;

Breughel, 129;

Brontë, Charlotte, 170;

Bronzino, Agnolo, 248;

Brummell, Beau, 66, 147 f., 160;

Bubley, Esther
- *Greyhound Bus-Bahnhof, New York City*, **247**;

Callot, Jacques, 86;

Castle Vernon, 217;

Chanel, Gabrielle, 212, 214, **215**, 219, 264;

Christine von Schweden, 121;

Close, Glenn, 257;

Clouet, Francois
- *Le Duc d'Alençon*, **84**;

Coello, Sanchez
- *Königin Anna von Österreich*, **85**;

Courbet, Gustave, 192;

David, Jacques-Louis, 138 f., 149 f., 164;
- *Madame Récamier*, **153**;
- *Porträt von A.L. Lavoisier und seiner Frau*, **123**;

Delacroix, Eugène
- *Baron Schwiter*, **168**;

della Francesca, Piero, 129;

Denis, Maurice, 248;

Dickens, Charles, 40;
Dietrich, Marlene, 76, **245**;
Dior, Christian, 214, 254, **255**, 259;
Doucet, Jacques, 194;
Dürer, Albrecht, 50, 93;

Elisabeth I, 219 ff., **256**;
Endstation Sehnsucht (Film) **289**;
Evelyn, John, 116;

Fantin-Latour, Henri
   Porträt von Manet, **193**;
Flaubert, Gustave, 195;
Flaxmann, John, 157;
Flügel, J.C., 43;
Flynn, Errol, 257;
Friedrich, Caspar David
- *Wanderer über dem Nebelmeer*,
   167;
Frith, William Powell, 156;

Gainsborough, Thomas, 248;
Garbo, Greta, 257;
Gérard, François, 150;
Gere, Richard, 257;
Gillray, 157;
Giorgione, 92;
Givenchy, Hubert de, 214;
Goya, Francisco, 157;
Greenfield, Lois, **307**;
Grès, Alix, 211, **213**;
Harness, Rhonda, Anzug von, **277**;
Heinrich VIII, 116, 121;
Heston, Charlton, 257;
Holbein, Hans, 129;
Hope, Thomas
- *Zeichnung Jupiters*, **152**;
Horst, Horst v.
- *Fotografie von*, **255**;

Howlett, R., Fotografie,
- *Isambard Kingdom Brunel vor den
   Ketten der »Great Eastern«*, **173**;

Ingres, Jean-Auguste-Dominique,
   192;

Johanna von Orleans, 76 f., 89;

Kamali, Norma, 216;
Karan, Donna, 182, 216;
Karl I, 121;
Katharina die Große, 219;
Klein, Calvin, Anzug von, **307**;

Lacroix, Christian, 194, 214;
Laqueur, Thomas, 121;
Ledoux, Claude Nicolas, 137, 139;
Léger, Fernand, 248;
*Lincoln mit Generalmajor McCler-
   nan und E.J. Allan Pinkerton bei
   Antietam*, Amerikanische Foto-
   grafie, **173**;
Loren, Sophia, 257;
Ludwig XIV, 130 f.;
Manet, Edouard, 156, **193**;
Man Ray
- *Porträt von Balthus*, **246**;
Marie Antoinette, 25;
- *Marie Antoinette und Ludwig XVI*,
   122;
Masaccio, 64;
Meister E.S.
- *Der Ritter und seine Dame*, **63**;
Matisse, Henry, 274;
Medici, Katharina von, 219 f.;
Michelangelo, 149 f.;
Millais, John Everett
- *Porträt von John Ruskin*, **169**;

Molyneux, Pierre, 214;
Monet, Claude, 156,
- *Bazille und Camille*, **202**;
- *Frauen im Garten*, 249;
Morris, William, 227;
Newton, Helmut
- *Modefotografie*, **276**;

Ovid, 192;

Parsons, David, **307**;
Patou, Jean, 214;
Pepys, Samuel, 116;
Pevsner, Nikolaus, 137;
Picasso, Pablo
- *Les Demoiselles d'Avignon*, 194;
Pickford, Mary, 218;
Poiret, Paul, 214, 218;
Proust, Marcel, 127;

Renoir, Auguste, **193**;
Reynolds, Sir Joshua, 149 f.;
Robespierre, Maximilien, 126;
Rossignol, Lara
- *Modefotografie*, **277**;
Rowlandson, Thomas, 157;
Rubens, Peter Paul, 192;
Rubinstein, Helena, 238;
Ruskin, John, 227;

St.-Jean, Jean de
- *Eine Dame beim Spaziergang auf dem Lande* , **108**;
- *Habit d'épée*, **108**;
Saint-Just, 126;
Saint Laurent, Yves, 214,
- *Anzug von*, **276**;
Sand, Georges, 70, 89;
Sargent, John Singer

- *Mr. und Mrs. I.N. Phleps Stokes*, **203**;
Schiaparelli, Elsa, 214;
Shaftesbury, 116;
Shaw, George Bernard, 202;
Soane, Sir John, 138 f.;
Stendhal, 198;
Stubbs, George
- *Sir John Nelthorpe Lincolnshire*, **132**;

Talma, 139;
Tizian, 92, 129, 150, 248;
Terborch, 248;
Tolstoi, Leo, 195;

Van Dyck, Anton, 86, 248,
- *Heinrich II von Lothringen*, **96**,
- *Henrietta Maria von Frankreich, Königin von England mit ihrem Zwerg*, **97**;
Van Gogh, Vincent, 67, 222;
Verdi, 221;
Vermeer, Jan
- *Mann und Frau beim Weintrinken*, **99**;
Versace, Gianni, 182;
Vionnet, Madeleine, 211;

Wilde, Oscar, 202;
Winckelmann, Johann Joachim
- *Zeichnung einer bemalten griechischen Vase*, aus: *Monumenti Antichi, Inediti*, 139, **152**;
Winterhalter, Franz Xavier
- *Porträt der Kaiserin Elisabeth von Österreich*, 255, **256**;
Worth, Charles Frederick, 187 bis 204, 214, 249;